U0129354

民國文學中的
邊緣作家群體

張 堂 錡 著

民國文學與文化系列論叢

文史哲出版社印行

國家圖書館出版品預行編目資料

民國文學中的邊緣作家群體 / 張堂錡著. --
初版 -- 臺北市：文史哲,民 105.08
　　頁；公分（民國文學與文化系列論叢；1）
　　ISBN 978-986-314-318-5（平裝）

1.中國文學史　2.現代文學　3.文學評論

820.908　　　　　　　　　　　　　105014773

民國文學與文化系列論叢 1

民國文學中的邊緣作家群體

著　　者：張　　　堂　　　錡
出 版 者：文　史　哲　出　版　社
　　　　　http://www.lapen.com.tw
　　　　　e-mail：lapen@ms74.hinet.net
登記證字號：行政院新聞局版臺業字五三三七號
發 行 人：彭　　　正　　　雄
發 行 所：文　史　哲　出　版　社
印 刷 者：文　史　哲　出　版　社
　　　　　臺北市羅斯福路一段七十二巷四號
　　　　　郵政劃撥帳號：一六一八○一七五
　　　　　電話886-2-23511028 · 傳真886-2-23965656

定價新臺幣四二○元

2016 年（民一○五）八月初版

民國文學中的邊緣作家群體

目　　次

總序一

民國文學史觀的建構
—— 現代文學研究的新思維與新視野

張堂錡

一

　　「民國文學」是有關中國現代文學學科研究歷史進程中，繼「中國新文學」、「中國現代文學」、「20世紀中國文學」、「百年中國文學」之後，近期出現並開始受到重視與討論的一種新的學科命名與思維方式。它的名稱、內涵與意義都還在形成、發展的初始階段。類似的思維與說法還有「民國史視角」、「民國視野」、「民國機制」等。這些不同的名稱，大抵都不脫一個共同的「史觀」，那就是回歸到最基本也最明確的時間框架上來進行闡釋。陳國恩〈關於民國文學與現代文學〉即明確指出：「作為斷代文學史，民國文學中的『民國』可以是一個時間框架。就像先秦文學、兩漢文學、魏晉南北朝文學、隋唐文學和宋元明清文學中的各

個朝代是一個時間概念一樣,民國文學中的民國,是指從辛亥革命到 1949 年中華人民共和國成立這一時段。凡在這一時段裡的文學,就是民國文學。」這應該是大陸學界對「民國文學」一詞較為簡單卻完整的解釋。

北京師大的李怡則提出「民國機制」的說法,他在〈民國機制:中國現代文學的一種闡釋框架〉中也認為:「民國機制就是從清王朝覆滅開始,在新的社會體制下逐步形成的推動社會文化與文學發展的諸種社會力量的綜合」,然而,「隨著 1949 年政權更迭,一系列新的政治制度、經濟方式及社會文化氛圍、精神導向的重大改變,民國機制自然也就不復存在了。中國文學在新的機制中發展,需要我們另外的解釋。」當然,他們也都注意到了「民國」從清王朝－中華民國－中華人民共和國的線性時間概念之外的更豐富意義,例如陳國恩提到了民國的價值取向;李怡也強調必須「從學術的維度上看『政權』的文化意義,而不是從政治正義的角度批判現代中國的政治優劣」,他認為這樣的「民國文學」研究是「對一個時代的文學潛能的考察,是對文學生長機制的剖析,是在不迴避政治型態的前提下尋找現代中國文學的內在脈絡。」

面對大陸學界出現的這些不同聲音,在台灣的現代文學研究者已經不能再視而不見,如何在一種學術交流、理性互動、嚴謹對話、多元尊重的立場上進行對相關議題的深入討論,應該說,對兩岸學者都是一次難得的「歷史機遇」。台灣高喊「建國百年」,大陸紀念「辛亥百年」,一個「民國」,各自表述。但不管怎麼說,「民國」開始能夠被大陸學界接

受並引起討論熱潮，這本身就是一種試圖突破既有現代文學研究框架的努力，也是大陸學界在意識型態方面對「民國」不再刻意迴避或淡化的一種轉變。正是在這種轉變中，我們看到了中國現代文學研究的新契機。

二

　　民國文學不是單一的學術命題，不論從研究方法或視野上來看，它都必須涉及到民國的歷史、政治、經濟、教育、法律、文化、社會與思想等諸多領域，它必然是一個跨學科、跨地域、跨國別的學術視角，彼此之間的複雜關係說明了此一命題的豐富性與延展性。

　　必須正視的是，台灣對「民國」的理解是以「建國百年」為前提，而大陸學界則是以「辛亥百年」為前提，如此一來，大陸對「民國」的解釋是一個至 1949 年為止的政權，但台灣則是主張在 1949 年之後「民國」依然存在且持續發展的事實。拋開歷史或政治的解釋權、主導權不論，「民國」並未在「共和國」之後消失，這是不爭的事實。因此，在討論民國文學與文化之際，就會出現 38 年與 100 年的不同史觀。箇中複雜牽扯的種種原因或現實，正是過去對「民國文學」研究難以開展的限制所在。而恰恰是這樣的分歧，李怡所提出的「民國機制」也就更顯得有其必要性與可操作性。他說 1949 年政權更迭之後，民國機制不復存在，指的是「中華民國在大陸」階段，共和國機制在 1949 年之後取代了民國機制，但是「中華民國在台灣」階段，要如何來解決、解釋，「民國

機制」其實可以更靈活地扮演這樣的闡釋功能。

　　「民國文學」的提出，並不是要取代「現代文學」，事實上也難以取代，因為二者的側重點不同，前者關注現代文學中的「民國性」，後者關注民國文學的「現代性」，這是一種在相互參照中豐富彼此的平等關係。現代性的探討，由於其文學規律與標準難以固定化，使得現代文學的起點與終點至今仍是一種遊移的狀態，從晚清到辛亥，從五四到1949，再由 20 世紀到 21 世紀，所謂文學的「現代化」與「現代性」都仍在發展之中。「民國性」亦然。從時間跨度上，現代文學涵蓋了民國文學，但在民國性的發展上，它仍在台灣有機地延續著，二者處於平行發展的狀態，不存在誰取代誰的問題。

　　在大陸階段的民國性，是當前大陸「民國文學」研究的重心，它有明確的歷史範疇與時間框架，但是在台灣階段的民國性，保留了什麼？改變了什麼？在與台灣在地的本土性結合之後，型塑出何種不同面貌的民國性呢？這是兩岸學者都可以認真思考的問題。

　　民國文史的參照研究，其重要性無庸置疑，而其限度與難度也在預料之中。「民國文學」作為一個學術的生長點，其意義與價值已經初步得到學界的肯定。現代文學的研究，在經過早期對「現代性」的思索與追求之後，發展到對「民國性」的探討與深究，應該說也是符合現代文學史發展規律的一次深化與超越。在理解與尊重的基礎上，兩岸學界確實可以在這方面開展更多的合作機會與對話空間。

三

　　為了呼應並引領這一充滿學術生機與活力的學術命題，政大文學院與北京師範大學於 2014 年幾乎同時成立了「民國歷史文化與文學研究中心」，四川大學、四川民族大學也相繼成立了類似的研究中心；政大中文研究所於 2015 年正式開設「民國文學專題」課程；以堅持學術立場、文學本位、開放思想為宗旨的學術半年刊《民國文學與文化研究》，在李怡、張堂錡兩位主編的策劃下，已於 2015 年 12 月在台灣出版創刊號；由李怡、張中良主編的《民國文學史論》、《民國歷史文化與中國現代文學研究》兩套叢書則分別由花城出版社、山東文藝出版社出版，在學界產生廣泛的迴響。規模更大、影響更深遠的是由李怡擔任主編、台灣花木蘭出版社印行的《民國文化與文學研究文叢》，自 2012 年起陸續出版了《五編》七十餘冊，計畫推出百餘冊，這套書的出版，對現代中國文學研究打開了新的學術思路，其影響力正逐漸擴大中。

　　對「民國文學」研究的鼓吹提倡，台灣的花木蘭出版社可以說扮演了積極推動的重要角色。自 2016 年 4 月起，由劉福春、李怡兩人主編的《民國文學珍稀文獻集成》叢書第一輯 50 冊正式發行，並計畫在數年內連續出版這套叢書上千種，這真是令人振奮也令人嘆為觀止的大型學術出版計畫！

　　從 2016 年 8 月起，文史哲出版社也成為民國文學研究的又一個重要學術平台，除了山東文藝出版社授權將其出版的

《民國歷史文化與中國現代文學研究》叢書 6 本交由文史哲
出版社出版之外，其他有關民國文學研究的學術專著也將列
入新規劃的《民國文學與文化系列論叢》中陸續出版，如此
一來，民國文學研究將有了一個集中展現成果、開拓學術對
話的重要陣地，這對兩岸的民國文學研究而言都是一個正面
而積極的發展。文史哲出版社是台灣學術界具有代表性的老
字號出版社，經營四十多年來，出版過的學術書籍超過千種
以上，對兩岸學術交流更是不遺餘力，彭正雄社長的學術用
心與使命感實在讓人欽佩！這次願意促成這套叢書的出版，
可說是再一次印證了彭社長的文化熱忱與學術理念。

　　我們相信，只要不斷的耕耘，這套書的文學史意義將會
日益彰顯，對民國文學的研究也將會在這個基礎上讓更多人
看見，並在現代文學領域產生不容忽視的影響力。對於「民
國文學」的提倡與落實，我們認為是一段仍需持續努力、不
斷對話的過程，但願這套叢書的問世，對兩岸學界的看見「民
國文學」是一個嶄新而美好的開始。

　　　　　　　　　　　　　　　2016 年 7 月，台北

總序二

民國歷史文化與中國現代文學研究的新可能

李　怡

　　中國現代文學發生發展的社會歷史背景是「民國」，從民國歷史文化的角度考察中國現代文學，既是這一歷史階段文化自身的要求，也是中國現代文學研究新的動向。

　　中國現代史上的「中華民國」是現代中國歷史進程的重要環節，無論是作為「亞洲第一個共和國」的歷史標誌，還是包括中國共產黨人在內的全體中國人都曾為「民國」的民主自由理想而奮鬥犧牲的重要事實，「民國」之於現代中國的意義都是值得我們加以深究的。與此同時，中國現代文學的「敘史」也一直都在不斷修正自己的框架結構，從一開始的「新文學」、「現代文學」到 1980 年代中期的「二十世紀中國文學」，每一種命名的背後都有顯而易見的歷史合理性，但同時又都不可避免地產生難以完全解決的問題。「新文學」在特定的歷史年代拉開了與傳統文學樣式的距離，但「新」

的命名畢竟如此感性，終究缺乏更理性的論證；「現代文學」確立了「現代」的價值指向，問題是「現代」已經成了多種文化爭相解釋、共同分享的概念，中國之「現代」究竟為何物，實在不容易說清楚；「二十世紀中國文學」確立的是百年來中國文學的自主性，但是這樣以「世紀」紀年為基礎的時間概念能否清晰呈現這一文學自主的含義呢？人們依然不無疑問。正是在這樣一種背景上，關於中國現代文學「敘史」的「民國」定位被提了出來，形成了越來越多的「民國文學史」命名的呼籲。

「民國文學」的設想最早是從事現代史料工作的陳福康教授在 1997 年提出來的[1]，但是似乎沒有引起太多的注意；2003 年，張福貴先生再次提出以「民國文學」取代「現代文學」的設想，希望文學史敘述能夠「從意義概念返回到時間概念」[2]，不過響應者依然寥寥。沉寂數年之後，在新世紀第一個十年即將結束的時候，終於有更多的學者注意到了這個問題，特別是最近兩三年，主動進入這一領域的學者大量增加。國內期刊包括《中國社會科學》、《文學評論》、《中國現代文學研究叢刊》、《文藝爭鳴》、《海南師範大學學報》、《鄭州大學學報》、《現代中國文化與文學》都先後發表了大量論文，《文藝爭鳴》與《海南師範大學學報》等還定期推出了專欄討論。張中良先生進一步提出了中國現代

---

1 陳福康：《應該「退休」的學科名稱》，原載 1997 年 11 月 20 日《文學報》，後收入《民國文壇探隱》，上海書店出版社 1999 年。

2 張福貴：《從意義概念返回到時間概念 —— 關於中國現代文學的命名問題》，香港《文學世紀》2003 年 4 期。

文學研究的「民國史視角」問題，我本人也在宣導「文學的民國機制」研究。在我看來，「民國文學」研究的興起十分正常，它們都顯示了中國現代文學研究在經歷了半個多世紀的探索之後一次重要的學術自覺和學術深化，並且與在此之前的幾次發展不同，這一次的理論開拓和質疑並不是外來學術思潮衝擊和感應的結果，從總體上看屬於中國學術在自我反思中的一種成熟。

當前學界的民國文學論述正沿著三個方向展開：一是試圖重新確立學科的名稱，進而完成一部全新的現代文學史；二是為舊體文學、通俗文學等「新文學」之外的文學現象回歸統一的文學史框架尋找新的命名；三是努力返回到歷史的現場，對民國社會歷史中影響文學的因素展開詳盡的梳理和分析，結合民國文學歷史的一些基本環節對當時的文學現象進行新的闡述和研究。在我看來，前兩個方向的問題還需要一定時間的學術積累，並非當即可以完成的工作，否則，倉促上陣的文學史寫作，很可能就是各種舊說的彙集或者簡單拼貼，而第三個方面的工作恰恰是文學史認識的最堅實的基礎，需要我們付出扎實的努力。

從民國歷史文化的角度研究中國現代文學，可以為我們拓展一系列新的學術空間。

例如民國經濟形態所造就的文學機制，民國法制形態影響下的文學發展，民國教育制度的存在為文學新生力量的成長創造怎樣的文化條件、為廣大知識分子的生存提供怎樣的物質與精神的基礎等等。還有，仔細梳理中國現代作家的「民國體驗」，就能夠更加有效地進入他們固有的精神世界與情

感世界，為我們的中國現代文學提出更實事求是的解釋。

　　當然，討論中國現代文學的「民國」意義，挖掘其中的創造「機制」絕不是為了美化那一段歷史。在現代中國文化建設的漫長里程中，在我們的現代文化建設目標遠遠沒有完成的時候，沒有任何一段歷史值得我們如此「理想化處理」，嚴肅的學術研究絕不能混同於大眾流行的「民國熱」。今天我們對歷史的梳理和總結是為了呈現 20 世紀上半葉中國文學發展的一些可資借鑒的機制，以為未來中國文學的生長探尋可能 ── 在過去相當長的歷史中，我們習慣於在外國文學發展的歷史中尋找我們模仿的物件，通過介紹和引入西方文學的各種模式展開自己。殊不知，其中的文化與民族的間隔也可能造成我們難以逾越的障礙。如今，重新返回我們自己的歷史，在現代中國人自己有過的歷史經驗和智慧成果中反思和批判，也許就不失為一條新路。

　　呈現在讀者諸君面前的這一套「民國文學與文化系列論叢」，試圖從不同的方向挖掘「以歷史透視文學」的可能。這裡既有新的方法論的宣導 ── 諸如「民國」作為「方法」或者作為「空間」的含義，也有不同歷史階段的文學新論，有「民國」下能夠容納的特殊的文學現象梳理 ── 如民國時期的佛教文學，也有民國文學品種的嶄新闡述。它們都能夠帶給我們對於歷史和文學的一系列新的感受，雖然尚不能說架構起了民國歷史文化現象的完整的知識結構，卻可以說是開闢了文學研究的新的可能。但願我們業已成熟的中國現代文學研究，能夠因此而思想激蕩、生機勃發。

2014 年 6 月，北京

導　言

瞬間的輝煌：民國文學邊緣作家群體研究的文學史意義

　　過去對 1949 年以前的民國文學社團流派研究，多集中於在當時產生重大影響的主流作家群體，例如 1920 年代的文學研究會、創造社，1930 年代的左聯，1940 年代的文協，或是在文學史上具高知名度者如新月社、語絲社、新感覺派、七月詩派、東北作家群、京派、海派等，對這些主流社團流派研究的豐富成果已經成為民國文學史敘述不可或缺的重要組成，其在文學史冊上佔有顯著地位實屬必然。

　　然而，對主流社團流派的過度重視，也不免使得文學史的敘述流於單調而重複。事實上，主流之外，眾多邊緣作家群體的存在，正是民國文學史精彩面貌形成的原因之一。社團流派大量湧現、異彩紛呈的現象，本身就是文學「現代化」的一部分，在描繪民國文學發展軌跡時，眾多規模不大、時間不長、名聲不響的社團流派遭到忽視其實是文學史敘述自身的損失。

　　有鑑於此，本書將把焦點置於 1949 年以前民國文學中的一些邊緣作家群體，探討它們的形成、發展、特色與影響，

試圖填補文學史研究的一些空白，並對主流社團流派的研究
產生具有學術意義的參照作用。

一、文學社團流派的繁榮發展是
民國文學的一大特色

根據茅盾在《中國新文學大系・小說一集・導言》的說
法，現代文學社團出現的高峰期是第一個十年的後半期（1922
～1926 年），從 1922 年至 1925 年，僅三年多的時間裡，「先
後成立的文學團體及刊物」就有「不下一百餘」之多。錢理
群等編寫的《中國現代文學三十年》也提到，「據統計，1921
年到 1923 年，全國出現大小文學社團四十餘個，出版文藝刊
物五十多種。而到 1925 年，文學社團和相應刊物激增到一百
多個。」[1]到了第二個十年，上海文藝出版社在編輯《中國新
文學大系（1927～1937）》的史料・索引集時，也收錄了在
三〇年代的文學和文化社團 240 個。這說明了文學社團、流
派、刊物在民國時期得到了空前的繁榮發展，而這和民國文
學取得豐富多樣的成就有密不可分的關係。正如賈植芳所分
析的：

> 從 1917 年到 1949 年的三十多年之間，我們現在稱之
> 為現代文學的歷史時期，其所以能在我國文學史上開
> 闢出一個歷史新紀元，取得自己的歷史性成就和影

---

1 錢理群、溫儒敏、吳福輝：《中國現代文學三十年》修訂本（北京大學出
　版社，1998），頁 16。

響，應該說是與三十多年來文學社團和文學流派的不
斷興起、演化和發展有著直接關聯和影響的。正像春
秋戰國時期，在歷史激變的時代形勢下，形成百家競
說，孔北老南，九流十家，相繼並作那樣一種學術黃
金時代一樣。這兩個歷史時期，前後輝映，它們順應
歷史發展趨勢，所向披靡，為中國社會的發展和前
進，為民族文化、文學的發展和繁榮，開闢了新的道
路，做出了巨大的歷史性貢獻。[2]

　　他用「學術黃金時代」形容民國時期的文學表現，並將
之與春秋戰國時代的百家爭鳴局面相提並論，應該說這樣的
認知是有其學理依據的。

　　中國現代文學與古代文學明顯區別的標誌之一，是大量
湧現的文學社團流派。中國古代儘管有竹林七賢、公安三袁、
江西詩派等文人群體的聚合，但缺乏現代社團所具備的明確
宗旨、規約、組織、會費、機關刊物等「形式要件」，而且
數量甚少，對當時文壇所產生的影響也有一定的局限。但民
國以後的社團流派不僅數量空前，而且是促使新文學運動日
益豐富、不斷前進的重要推力。在范泉主編的《中國現代文
學社團流派辭典》（上海書店，1993）中，就收錄了社團流
派辭目 1082 條，其中社團就有 1035 條，真如張中良所言：
「文學愛好者自由結社，文學社團數量之多、分布之廣泛、

---

2 賈植芳主編：《中國現代文學社團流派》（江蘇教育出版社，1989）上卷，
　頁 1。

色彩之豐富,前所未有。」[3]不管是目標宗旨的為人生、為藝術、為革命,還是政治區域的國統區、淪陷區、解放區,時間階段的五四、三十年代、抗戰時期,亦或是文學思潮的左翼文學、自由主義文學、現代主義文學、民族主義文學,甚至是雅與俗、新與舊、文言與白話、城市與鄉村、寫實與浪漫,都有相應的文學社團搖旗吶喊,也有眾多的文學流派應運而生,民國文學的生態系統因此顯得多樣、豐富、精彩,呈現出前所未見的百舸爭流、相生相融的精神風貌。

研究中國現代文學社團史的朱壽桐曾指出:「新中國成立後,文學社團的活動基本上不再可能,除非是地下狀態的。五〇年代各地還曾有過沙龍性的文學社團或俱樂部式的文學小圈子,例如江蘇高曉聲、方之、蘆芒等組織的『探求者』,不過幾乎在它們剛一露面之際,馬上遭逢『反右』等政治運動,全都給打下去了,甚至連中國作家協會這樣的『合法』組織一度也終止了活動。」[4]假如這樣的說法可以成立,那麼就更明確地可以說明,在清王朝結束之後、新中國誕生之前的民國時期,至少就文學社團流派的生成、活動與成果來看,確實是中國文學史上的一個「黃金時代」。

對文學社團流派的現象及其發展軌跡進行學術描繪,本身就是現代文學史研究的一部分,也就是說,若想準確地描述和闡釋現代文學的性質和型態,掌握多元多維的社團流派現象是必要的。而且,一個有趣的事實是,只要在現代文學史上佔有一定地位或產生過一定影響的作家,幾乎都和社團

---

3 張中良:《民族國家概念與民國文學》(廣州:花城出版社,2014),頁58。
4 朱壽桐:《中國現代社團文學史》(北京:人民文學出版社,2004),頁16。

流派有密不可分的關係，例如周作人、劉半農、葉聖陶、劉大白、朱自清、劉延陵、冰心、俞平伯、王統照、朱湘、梁宗岱、鄭振鐸、許地山等人都和文學研究會有關，郭沫若、郁達夫、成仿吾、田漢、張資平等人都和創造社有關，徐志摩、胡適、陳西瀅、林徽因、聞一多、梁實秋等人都和新月派有關，魯迅、林語堂、錢玄同、孫伏園、馮沅君、柔石等人都和語絲社有關，至於三〇年代的中國左翼作家聯盟，抗戰時期的中華全國文藝界抗敵協會，以及京派、海派等，加入或相關的作家就更多了。他們個別的文學成就壯大了社團，社團也在共同的風格主張下彰顯了他們，可以說，一部中國現代文學史就是一部文學社團流派史。這樣的表述方式只有在民國時期才能真正成立。

二、沒有民國，就沒有「五四」，更沒有「三〇年代」

　　五四新文學運動發生於民國時期，這是一個不容否認的事實。沒有民國時期的政治氣候、文化氛圍與思想解放，五四新文學運動就不可能以雷霆萬鈞之姿對文學傳統進行前所未有的破壞與建設，五四新文化運動也不可能以所向披靡之態對舊道德舊文化展開猛烈的攻擊與突破，是民國提供了五四的歷史舞台，反過來，五四的光芒讓民國文學有了生機與活力。朱壽桐說：「整個中國現代文學歷史時期，最適合於文人結社的社會狀況和政治氣候無疑是五四前後的那些年。」分析其原因，和民國特殊的時空環境有關：

那是一個政治統制相當薄弱的時代，用周作人的話
說，那是一個「王綱解紐」的時代，用蔡元培的話說，
「當時思想言論的自由，幾達極點」，用胡適的話說，
「帝制推倒以後，頑固的勢力已不能集中作威福
了」，這樣的政治氣候才可能容任文人結社和文人會
黨的自由活動。當然，在北洋軍閥統治之下也並非真
有什麼政治自由，陳獨秀就曾遭到逮捕，李大釗還被
處死。正如蔡元培所說，「北洋軍閥」承襲袁世凱「壓
制自由思想的淫威」還方興未艾，問題是那些腐朽的
軍閥統治者往往為內部政爭、外部搶奪以及列強逼迫
等等搞得焦頭爛額，首尾難顧，有時竟分心不出管制
思想輿論，從而客觀上造成了相對思想自由的空間。
在這樣一個政治雖不怎麼自由，但思想文化相對來說
還比較自由的時代，便容易普遍形成多種多樣的文人
團體。[5]

　　政治上的限制，使作家們轉而將心力置於文學，而思想
文化上的鬆綁，使文人結社成為一種風尚而趨於活躍。這種
環境的自由與條件的成熟，促成了文學社團紛紛湧現，各種
言論主張給思想界和文壇帶來解放的契機和青春的氣息，從
而將五四文學推到歷史的舞台，揭開現代文學光輝的序幕。

　　辛亥革命締造了亞洲第一個民主共和國，儘管軍閥的混

---

5 朱壽桐：《中國現代社團文學史》，頁 16、17。

戰讓民國的起步艱難，險阻重重，但隨著《臨時約法》、《訓
政時期約法》的通過，法治基礎逐步穩固，民主共和意識逐
漸深入人心，袁世凱稱帝與張勛復辟的草草收場，證明了民
國的民主體制使帝制和獨裁終將遭到人民的反對而歸於失
敗。1914 年、1930 年分別由北京政府、南京政府頒佈實施的
《出版法》，使文學的發展得到了一定的法律保障。1916 年
7 月 8 日，北京政府明令通知在袁世凱政府時期被查禁的《民
國雜誌》、《少年中國晨報》、《民國月刊》、《覺民日報》、
《甲寅》等二十一家報刊解禁，而一些新創辦的報刊也趁機
出版，到 1916 年底，「全國共有報紙 289 種，比前一年增加
了 85%」[6]。雖然查封報刊、逮捕作家的事件仍然層出不窮，
但報刊、文學的發展確實得到了較為寬廣的空間。

　　1930 年代許多左翼作家被捕，左翼出版物被查禁，但在
《出版法》的保障下，當局也投鼠忌器，不敢做得太過。魯
迅在《且介亭雜文二集》的〈後記〉記下了 1934 年兩則有關
出版的新聞，從中可以看出一些端倪。首先是 3 月 14 日的《大
美晚報》載，「滬市黨部於上月十九日奉中央黨部電令，派
員挨戶至各新書店，查禁書籍至百四十九種之多，牽涉書店
二十五家」，「引起上海出版業之恐慌」，於是，「由新書
業組織之中國著作人出版人聯合會集議，於二月二十五日推
舉代表向黨部請願結果，蒙市黨部俯允轉呈中央，將各書重
行審查，從輕發落，同日接中央復電，允予照准。」最後的
結果是「竟解禁了三十七種，應加刪改，才准發行的是二十

---

6 方漢奇：《中國近代報刊史》（太原：山西教育出版社，1991），頁 726。

二種」[7]，雖然其他還是被查禁，但顯然並非「無法無天」，出版業還是獲得一定的法律保障。為了避免書商的經濟損失，同時也可以控制「反動」言論，上海成立了「中央圖書雜誌審查委員會」，採事前預審方式進行出版審查，在九月二十五日的《中華日報》上載：「中央圖書雜誌審查委員會，自在滬成立以來，迄今四閱月，審查各種雜誌書籍，共計有五百餘種之多……如非對黨對政府絕對顯明不利之文字，請其刪改外，餘均一秉大公，無絲毫偏袒，故數月來相安無事，過去出版界，因無審查機關，往往出書以後，受到扣留或查禁之事，自審查會成立後，此種事件已不再發生矣。」這個作法被魯迅稱為「善政」，可惜實施不到一年，因受日方壓力而中止[8]。魯迅錄下這兩則新聞，主要還是對當局查禁出版表達譏刺與不滿，但也從另一個角度說明了出版法律與機制仍有其一定的作用，使當政者不敢為所欲為。

從軍閥政府到國民政府，從軍政到訓政，國民黨在全國統一、南京政府建立後試圖一黨集權專制的傾向是非常明顯的，但是，在「民國」的政體框架下，民國法制和言論出版保障沒有因此消失，相反的，與國民政府文藝政策針鋒相對的「革命文學」、「左翼文學」趁勢而起，甚至造成了三〇年代文學的盛極一時。這當然不能完全歸因於「民國」機制的發揮，但要說無關卻也是昧於事實的。舉例來說，1928 年，在孫科、胡漢民等人的建議下，國民黨實施行政、立法、司

7　魯迅：《魯迅全集》（北京：人民文學出版社，1981）第 6 卷，頁 452、459。
8　同上註，頁 462、463。

法、考試、監察五權分立制，這個原本在憲政時期才要落實的制度卻提前在訓政時期啟動，說明了國民黨仍然必須考慮到民主的分權與制衡，也就是不能走向專制獨裁，同時必須朝著憲政的方向前進。又如三〇年代知識界發生的「獨裁和民主」論爭，和民國政體、法制的存在也是密切相關，張武軍對此有一段精闢的分析：

> 在自由主義的丁文江等人看來，中國政府應像德意那樣需要獨裁專制加強國力，這就說明之前中華民國並非是完全的獨裁政體，正說明了民國憲政機制的有效。在胡適等民主派看來，國民政府不夠民主有獨裁傾向，如果說訓政時期的國民政府是一黨專制，卻允許人們有反對這種獨裁專制的自由，這也不正說明了中華民國憲政機制的有效。總之，民主和獨裁可以自由討論，「獨立評論」，這本身就是民主憲政的體現。[9]

不僅如此，張武軍還進一步申論了三0年代前後，左右翼文學的興起其實得益於民國憲政和法制，他的結論是：「事實上，正由於革命先賢和廣大知識分子所爭取到的民國憲政機制的存在，革命文學的倡導也獲得較大的自由。正是在廣大革命青年的期待下，在民國憲政和法律言論自由的保障下，共產黨人提出的無產階級革命文學反而蓬勃興起。除了革命文學的口號引發巨大關注之外，左翼作家實際上控制了

---

9 張武軍：〈民國語境下的左翼文學〉，《鄭州大學學報》，2012 年第 5 期，頁125。

大量的刊物」。[10]一個耐人尋思的現象是，當左翼文學成為主潮之際，反而是站在政府立場的右翼文學受到嘲弄譏諷，例如王平陵、葉楚傖等人於 1930 年在南京、上海發起的「三民主義文學」、「民族主義文學」運動，除了受到魯迅、茅盾等人的批駁，也受到胡適、梁實秋等人辛辣的質疑；當張道藩提出要以三民主義文藝作為「我們所需要的文藝政策」時，又再一次受到梁實秋等人的激烈反對。當然，左翼也好，右翼也好，各自對立又同步發展，因此造成了三 0 年代文學的成熟與豐收，這種成熟與豐收也證明了民國機制對文學的有效性。

在「民國」的政治氛圍與法律機制的保護下，我們看到了共產黨領導人陳獨秀一再被捕，卻又一再獲釋；魯迅一再被通緝，卻並未被真正逮捕下獄。陳獨秀被捕後，檢察官以「危害民國」及「叛國罪」向法院起訴，而為其辯護的章士釗則強調這是思想和言論出版的自由，不應有罪，尤其是在有憲法保障的「民國」更不能如此，他說：「民國者何？民主共和國之謂也，亦別於君主專制國之稱，……其內容無他，即力爭憲法上集會、結社、言論、出版、信仰之自由權利。」

---

10 同上註，頁 125。張武軍指出，由於國民黨政府在軍事方面的壓制，共產黨武裝革命陷入低谷，這是不爭的事實。革命文學的提出正是由於革命之路被堵死，從而轉向文學。大革命期間，火熱的革命激情已經徹底點燃，青年們嚮往革命、追隨革命成為潮流和風尚。在真正的革命期間，用魯迅的話來說，「大家忙著革命，沒有閒空談文學了」，由於國共的分裂和國民黨日趨保守，革命運動戛然而止。當革命的行動比較艱難時，革命文學就成為革命青年們的僅有的慰藉和選擇。加上民國憲政和法律言論自由的保障，革命文學因此得以興起。

[11]這樣的認知應該說已是民國知識分子的共同心聲與信念。魯迅於 1925 年 8 月 14 日被教育總長章士釗非法免除教育部僉事一職,隨即於 8 月 22 日遞狀向平政院控告章士釗,1926 年 1 月 17 日,魯迅的控告勝訴,教育部依法取消免職令。還有,當北新書局拖欠魯迅鉅額版稅,屢催不得要領,魯迅也是一狀告到法院,最終獲得圓滿解決,這些都是在民國法制下人身權利及作家著作權受到應有保障的事例。

　　除了政治氛圍、法制保障,現代文學的繁榮也和民國以來新式教育的普及興盛有關。新式教育培育出了民國的新青年,而新青年則成了現代文學最主要的創作者、閱讀者與傳播者,同時,新教育、新文化、新思想洗禮下的新青年,也成為民國機制最堅定的支持者。民主共和的立國精神,儘管在民國建立以後並未得到充分的貫徹,破壞民主共和的事例不勝枚舉,但即使如此,它終究逐漸成為越來越多人認同與支持的「民國價值」,一旦發生與此價值信念衝突的情況,仍會招來多數人的反對與批評。且不說袁世凱稱帝的失敗,張勳復辟的醜劇,即以「五四」時期的北大為例,蔡元培「囊括大典,網羅眾家,思想自由,兼容並包」的治校理念,應該說正是清王朝和過去封建傳統教育制度下不敢想像,但卻是民國體制下受到肯定、視為理所當然的教育訴求。蔡元培曾加入同盟會,擔任過中華民國南京臨時政府教育總長,他於 1917 年 1 月出任北大校長,當時是黎元洪主政下的北洋政府,由此可以看出北洋政府對於憲法保障下的教育制度還是

11　〈章士釗律師為陳獨秀的辯護詞〉,《申報》,1933 年 5 月 4 日。

有一定的尊重與敬畏。後人在評價黎元洪時，認為他從完全沒有共和意識的清朝督統成長為民國體制下的參政者，對民國價值和體制表現出了一定的擁護和遵守，這在他對袁世凱、張勛兩次復辟都表示反對的立場上可以看出。

蔡元培主持下的北大，成了自由民主思想的中心，新文化新文學的搖籃，其影響不僅在北大，也在全國，不僅在當時，更在以後。當國家主權受到威脅，他選擇和學生站在一起，發揮了教育愛國的巨大影響力，「五四運動」因此成了民國歷史上輝煌耀眼的一章。當蔡元培為營救示威學生而提出辭呈，北洋政府無奈也只能表達慰留之意；1924 年至 1925年間，北京爆發「女師大風潮」，主要是反對校長楊蔭榆，然而這場校內的風暴，在楊蔭榆要求軍警包圍學校，勒令學生離校，以及當時的教育總長章士釗在國務會議上提請停辦女師大，並派軍警強行接收，此一「非法」行徑，不僅引起女師大師生的激烈反彈，也激起全國教育界人士、廣大青年學生的憤慨，而展開大規模的「驅羊（楊）運動」。支持學生的魯迅被章士釗下令免職，但這種倒行逆施的作為顯然違背了民國以來逐漸形成的民主與法制精神，經過不斷的抗爭，終於在 1925 年冬恢復了女師大。

除了北大、女師大，還有清華、南開、復旦、魯藝、西南聯大等，都在不同階段扮演了與民國命運共同一體的愛國角色，為民國的發展壯大做出不可替代的貢獻，同時，也為民國文學的繁榮提供了重要的條件與動力。三〇年代京派的形成基本上就以大學校園為中心，以在北大任教的朱光潛家定期聚會的活動「讀詩會」為例，大部分京派作家都參加了

這個自由結合的文學活動，包括北大的梁宗岱、馮至、孫大雨、羅念生、周作人、葉公超、廢名、卞之琳、何其芳，清華的朱自清、俞平伯、王力、李健吾、林庚、曹葆華，以及林徽因、周煦良等，這種談詩論藝、輕鬆交流的藝術氛圍，對民國文學的穩定發展提供了必要的條件。

　　還有西南聯大，這所在抗戰時期以其突出的學術與文學成就榮耀了民國教育史冊的學府，雖然只存在短短八年多，卻是 1949 年以前足以和五四時期北大的地位相提並論的學府，而這和國民政府的戰時教育政策息息相關。1938 年 8 月，國民政府頒布《總動員時期督導教育工作辦法綱領》，明文規定「戰時須作平時看」的辦學方針，要各級教員機關務持鎮靜，「一切仍以維持正常為其主旨」。1938 年 4 月，國民黨臨時全國代表大會在武漢召開，會上確立了《中國國民黨抗戰建國綱領》，明確抗戰與建國同時並舉的政策，「同時並舉」的深意是：抗戰只是過程，建立一個自由民主的中國才是終極目標。國家建設的內涵，必然包括了文化建設，「這就為知識分子在抗戰中埋首於文化（學術、文學）創造提供了『合法性』」[12]，於是才使西南聯大在抗戰八年中培養出了優秀的學生，例如楊振寧、李政道等一批自然科學家，殷海光這樣的思想家，以及何炳棣、王浩等社會人文科學家。

　　至於任教的老師在這一時期完成的學術研究更是成績斐然，尤以語言學和哲學有突破性的表現。在語言學的開創上，例如羅常培對西南少數民族語言的研究彌補了學界在這方面

---

12 姚丹：《西南聯大歷史情境中的文學活動》（桂林：廣西師範大學出版社，2000），頁 26。

因為長期得不到第一手資料而難以突破的困境，王力完成於這個階段的《中國現代語法》、《中國語法理論》，使他確立了語言學家的地位；在哲學的開創上，例如馮友蘭以《貞元六書》闡明自己的哲學體系，賀麟以《近代唯心論簡釋》建立了「新心學」哲學體系，金岳霖以《邏輯》為中國哲學引進數理邏輯的概念。在戰爭刺激與民族危亡的威脅下，這批學者以學術報國的積極動力，在偏安一隅的西南聯大投入全部心力，使各學科屢有超越性的創見。在文學表現上，馮至於 1941 年完成新詩《十四行集》，建立中國十四行詩的典範；朱自清、聞一多在戰爭後期寫下了大量雜文；沈從文的小說《長河》、陳銓的小說《狂飆》，豐富了四〇年代的小說風貌。王力、費孝通、潘光旦等人的雜文，對學術普及化、社會現象的批評都留下了精彩的作品。透過這些老師的鼓勵支持，學生們組成的文藝社團有十多個，包括南湖詩社、高原文藝社、南荒文藝社、冬青文藝社、文聚社等，培養出如穆旦、袁可嘉、杜運燮、汪曾祺、鄭敏等一批學生作家。這讓西南聯大成為抗戰烽火中的一頁傳奇。五四時期北大「思想自由，兼容並包」的精神，和抗戰時期西南聯大「不合理的自由，為聯大所不取，合理的不自由，同為聯大所尊重」13的精神實為遙相呼應，彼此輝映。這樣的精神最終都成了民國價值的一部分。可以說，從北大到聯大，從蔡元培到梅貽琦，從教育到文學，從五四、三〇年代到抗戰，民國的機制始終發揮著或隱或顯的推進、制衡或保障的作用。

---

13 陳雪屏：〈國立西南聯合大學簡介〉，見董鼐編：《學府紀聞：國立西南聯合大學》（台北：南京出版公司，1981），頁 5。

三、邊緣作家群體研究的文學史意義

　　民國機制的存在，使五四文學突破性的發生成為可能，使三〇年代文學的繁榮成為現代文學的標誌，即使是戰爭的四〇年代，文學也在艱困中前進，在紛亂中不失成熟。這樣的說法不是預測，而是歷史事實。閉塞的中國文壇在五四時期才迎來了新鮮的現代氣息，大規模的文學翻譯活動，打開了中國文壇的視野，在廣大的青年中掀起巨大波瀾。北洋政府實際上的「王綱解紐」，國民政府統治上的「力有未逮」，給了文學、文人喘息、壯大的機會。各種西方文化、哲學、文學思潮一時湧入，無政府主義、馬克思主義、人道主義、資本主義、佛洛伊德心理學說、尼采超人哲學、叔本華悲觀論、國家主義、進化論、現實主義、自然主義、浪漫主義、唯美主義、象徵主義、存在主義、意象派等等，都在短時間內被介紹引進到中國來，思想的大解放，促成了文學的大解放，於是而有民國文學第一個十年的百花齊放。

　　正如郁達夫所言：「五四運動的最大的成功，第一要算『個人』的發見。從前的人，是為君而存在，為道而存在，為父母而存在的，現在的人才曉得為自我而存在了。」[14]這種個性的張揚、自我的表現、個人的發現，使民國文學從一開始就有了迥異以往的特質。然而，從五四到抗戰，現代文學的發展有由個人到集體、由個性到共性的組織化、集中化

14　郁達夫：《中國新文學大系・散文二集・導言》（台北：業強出版社，1990年根據1935年趙家璧主編、上海良友圖書公司版本重印），頁5。

的傾向，這是抗戰的特殊時空所致，也是現代文學自身藝術
規律的發展脈絡，幸與不幸很難一言定論。但若以社團流派
的發展而言，朱壽桐的看法是一針見血的，他說：

> 整個文壇由原來社團林立的局面開始走向左翼文學
> 的大一統。這種在左翼文壇上的大一統局面有利於團
> 結廣大革命文學家和進步作家，對國民黨的統治進行
> 有力和有效的鬥爭，但在文學社團的產生、壯大和發
> 展，則不會起實際的鼓勵作用。[15]

　　當文人結社的氣候不再，不同流派的生存空間受到擠
壓，文學朝向大一統的方向發展時，現代文學的審美追求被
現實功能給取代，格局自然也就難以恢弘拓開了。

　　回顧二十世紀前半葉的文學史，還是不得不承認，第一
個十年的「五四」時期是最有活力、充滿無限可能性的階段，
茅盾就激動地說道：「一個普遍的全國的文學的活動開始到
來！」[16]鄭伯奇則更進一部地分析：「不僅是『一個普遍的
全國的文學的活動開始到來』，而且十九世紀到二十世紀這
百多年來在西歐活動過了的文學傾向也紛至沓來地流入到中
國。浪漫主義，現實主義，象徵主義，新古典主義，甚至表
現派，未來派等尚未成熟的傾向都在這五年間在中國文學史

15　朱壽桐：《中國現代社團文學史》，頁 19。
16　茅盾：《中國新文學大系・小說一集・導言》（台北：業強出版社，1990
　　年根據 1935 年趙家璧主編、上海良友圖書公司版本重印），頁 5。

上露過一下面目。」[17]這麼多的主義被引進、學習、模仿，因此而有了五花八門的文學社團、流派，有了各式各樣的文學風格、審美主張，從而使第一個十年有了絢爛而豐富的文學風貌。

　　在這些令人目不暇給的社團流派中，規模不大、人數不多、活動時間不長的小社團、小流派，雖然在時代文學大潮下往往如浮花浪蕊般很快消失，但它們曾有的主張、活動、影響卻是不能完全忽視的。茅盾在 1935 年《中國新文學大系・小說一集・導言》中就注意到邊緣文人群體對文學史發展的重要性，他說：

> 他們的團體和刊物也許產生了以後旋又消滅，然而他們對於新文學發展的意義卻是很大的。這幾年的雜亂而且也好像有點浪費的團體活動和小型刊物的出版，就好比是尼羅河的大氾濫，跟著來的是大群的有希望的青年作家，他們在那狂猛的文學大活動的洪水中已經練得一副好身手，他們的出現使得新文學史上第一個「十年」的後半期頓然有聲有色！[18]

　　事實證明，很多後來在文學史產生過一定影響的作家都是從一些小社團裡逐漸成長起來的，例如湖畔詩社的四位年

---

17 鄭伯奇：《中國新文學大系・小說三集・導言》（台北：業強出版社，1990 年根據 1935 年趙家璧主編、上海良友圖書公司版本重印），頁 3。
18 茅盾：《中國新文學大系・小說一集・導言》（台北：業強出版社，1990 年根據 1935 年趙家璧主編、上海良友圖書公司版本重印），頁 8。

輕詩人汪靜之、潘漠華、應修人、馮雪峰，就是在結社之後
以四人詩作合集《湖畔》躍上文壇；巴金的第一首長詩〈報
復〉，也是發表在小社團「孤吟社」的社刊《孤吟》上；九
葉詩派的主要成員穆旦，是在就讀西南聯大時期參加學生文
學社團南湖詩社、冬青文藝社而嶄露頭角，冬青文藝社同時
培養出了杜運燮、汪曾祺等日後馳名文壇的作家；1922 年，
幾位不到二十歲的杭州中學生戴望舒、張天翼、杜衡、施蟄
存等組成了文學社團「蘭社」，出版以發表小說為主的社刊
《蘭友》，張天翼、施蟄存就是在這個小小的社團裡磨練文
筆，蓄勢待發。

　　可以說，這些小社團流派或成為培養新銳作家的搖籃，
或成為作家文人志同道合、相互交流的陣地，他們關心現實，
但並不冀望會對社會產生多大的影響，因此反而能將主要心
力放在純文學的創作，而使現代文學在寫實功利與浪漫純美
間取得某種平衡，不致於隨著時代潮流而太向寫實功利傾斜。

　　本書所要討論的正是位居時代邊緣，卻能在文學審美上
有獨特表現的作家群體。這其中又可以分成兩種型態，一是
有正式成立社團來支撐文學活動的，如新南社、湖畔詩社與
立達文人群（以「立達學會」為基礎，也有人稱為「立達派」）
等；一是在當時並未成立社團，而是文學史研究者依其文學
共性與密切關係而命名的文人群體，也就是郁達夫所說的：
「原來文學上的派別，是事過之後，旁人（文學批評家們）
替加上去的名目，並不是先有了派，以後大家去參加，當派

員，領薪水，做文章，像當職員那麼的。」[19]這類的文人群
體有白馬湖作家群、開明派文人、東吳女作家群等。和第一
類文人群體相比，第二類更顯得邊緣而鬆散，甚至其命名也
尚未得到統一的認定，例如白馬湖作家群，也被稱為「白馬
湖派」、「白馬湖散文作家群」；開明派文人也被稱為「開明
派」；東吳女作家群也被稱為「東吳系女作家」。這其中，立
達文人群、開明派文人、東吳女作家群等名詞是筆者所提出。

　　對近現代文學史略有所知的人應該會明白，由柳亞子、
陳去病、高旭等人於光緒 33 年發起於上海、宣統元年（1909）
正式成立於蘇州的南社，曾經在反清、反袁、北伐等政治活
動上產生過積極的影響，在橫跨民國建立前後的十幾年中，
南社成員曾經發展至一千一百人以上，聲勢不可謂小，柳亞
子甚至得意地說：「請看今日之域中，竟是南社之天下！」
南社到民國 12 年（1923）因內部分裂而停止活動，但在該年
底，由柳亞子等人又發起成立新南社，並發行《新南社社刊》。
和舊南社相比，新南社其實欲振乏力，氣數已衰，社員最多
時僅二百餘人，且一半是舊南社的社員，維持一年左右就解
散了。目前學界對南社的研究方興未艾，相關成果逐漸豐富，
但對新南社的關注不多，和南社相比，新南社已經算是邊緣
的尾聲。這也是本書之所以會將新南社納入討論的原因。為
了讓讀者對新南社的歷史發展脈絡有清晰的掌握，因此將南
社的研究文章一併納入。南社的機關刊物《南社叢刻》主要
刊登古典詩、文、詞，而《新南社社刊》則刊登白話詩文，

---

19 郁達夫：《中國新文學大系・散文二集・導言》（台北：業強出版社，
　　1990 年根據 1935 年趙家璧主編、上海良友圖書公司版本重印），頁 12。

二者在文學態度上有明顯的差異。南社的活動主要在民國時期，但如果站在現代文學的角度，以文言文為主要書寫工具的南社，顯然會被排除在外，但若以民國文學的角度，則討論南社就是當然之義了。

除了南社曾經烜赫一時，湖畔詩社以其「反封建」的形象而曾經受到矚目，其他的作家群體存在時間都不長，也不屬於文學史的中心視野。長久以來，這些邊緣作家群體似乎處於一種「被遺忘的存在」狀態，並未引起較多研究者關注。學界多半集中精力於旗幟鮮明、口號響亮、宗旨明確的社團或流派，而規模較小、無嚴謹組織的旁支分流相對寂寞許多，這不能不說是一種缺憾。本書中所討論的邊緣作家群體，正可以提供一個主流之外的參照系。事實上，正規社團之外，作家群彼此之間的自然活動網絡一樣頻密，一樣值得觀察，他們的聚散分合、文學活動、交遊往來與主流社團、流派的興衰起落，可以相互印證、對照。民國文學史的豐富面向，在這些分眾、多元的邊緣作家群體上可以得到更為細膩、真實的呈現，也只有將這些邊緣作家群體納入，民國文學史的研究才能深耕廣織出一個更為開闊、輝煌的格局。

第一章　美善的雅集：南社與新南社

第一節　南社與《南社叢刻》

　　南社是中國近代一個以文章相砥礪、以氣節相標榜、以詩歌相酬唱的革命文學團體，由陳去病、高旭及柳亞子等人於光緒 33 年（1907）發起於上海，宣統元年（1909）正式成立於蘇州，停止活動於民國 12 年（1923）。辛亥革命前有社員二百餘人，辛亥革命後曾發展至一千一百人以上。在橫跨民國建立前後的十幾年中，南社成員一方面旗幟鮮明地提倡革命文學，勇於批判過去的文學傳統，在承接舊文學餘緒與為新文學開闢道路上，扮演了過渡而重要的角色；一方面則或藉慷慨激昂的文字，或以實際參加行動的方式，在推翻滿清、建立民國，以及民國以後的反袁運動、主張北伐等政治活動上，發生過積極的影響。

　　南社的成立，雖不免有其政治上的色彩，柳亞子說：「我們發起的南社，是想和同盟會做掎角的」[1]；在南社成立時，十七位社員中具同盟會籍者即有十四人，高旭還是同盟會江

---

1 柳亞子：〈新南社成立布告〉，《南社紀略》（上海：上海人民出版社，1983），頁 100。

蘇分會的會長。隨著社務的發展，于右任、宋教仁、黃興、
鄒魯、汪兆銘、陳英士等人都陸續加入，強化了政治色彩。
但是，南社終究不是政治團體，它的成立本質仍屬文藝社團，
社中同仁除利用詩文來鼓吹愛國及革命思想外，尚有其獨特
的、共同的文學取向，並且定期舉行文人雅集活動，發行社
刊《南社叢刻》，會員行止以規章相約範，會員需繳一定的
會費，擔任社務者由會員共同選舉產生等，這些特質，使南
社具備了現代學會社團的屬性。南社成員原本即有意號召繼
承明末復社、幾社文人的傳統2，雖然其組織更為嚴密，活動
更為積極，但繼承明末文人詩文酬唱、議政得失的精神傳統
並無二致。在這種以詩文鼓動風潮的精神凝聚下，加上政治
情勢的巨大變動，南社這個以「研究文學，提倡氣節」為宗
旨的文人集團，就因緣際會地躍上了中國近代文學史的舞台。

　　中國近代文學的發展，是一個明顯具備過渡色彩的階
段。舊傳統的包袱依舊，新文學的羽翼未豐，因此而有著繁
複多變的面貌。尤其是中西頻繁交流的催化，使中國的文化、
思想、社會、經濟、政治等方面都產生極大的變化，而這些
變化被強而有力地反映在文學作品中。南社的活動歷經清末
民初關鍵的十餘年，成員又密切關懷政治，因此，作為這個

2　1907 年，陳去病、吳梅、劉三等十一人在上海愚園集會，成立神交社，
　堪稱南社成立的先聲。柳亞子曾做〈神交社雅集圖記〉，號召社員們繼承
　復社的傳統；高旭在〈海上神交社集，以事不得往，陳佩忍書來索詩，且
　約再遊吳門，書此代簡〉一詩中也提到：「彈箏把劍又今時，幾復風流賴
　總持。」同樣要求繼承幾社、復社的遺風。至於神交社，柳亞子在《南社
　紀略》中已明言它「是南社的楔子」。正因為標榜此一遺風，南社特別強
　調對社員在民族氣節方面的要求。

文學社團的機關刊物《南社叢刻》中大量的詩文，便成為近代文學發展重要見證的一部分。在民初古今文學的論爭對抗中，大眾傳播媒體的大量出現與積極運用，是近代文學發展上迥異以往的一個重要特色。由於文學傳播管道、方式的進步，不論在政治理念的鼓吹、文化思潮的推動，或是文學主張的宣揚，都較以往容易產生「風起雲湧」的傳播效果，這一點，南社的主要成員顯然是有所認識，因此，南社成立後，即著手編輯《南社叢刻》，凝聚社員力量，反映、紀錄當時種種變化的軌跡，提倡宣導其各項主張；另一方面則積極吸收報刊媒體的記者、編輯入社。由於對傳播媒體的掌握，南社的知名度迅速爬升，影響力日益增強，社員人數也急遽膨脹。可惜，後來因政治奮鬥目標的模糊（反清、反袁之後，社員的凝聚力很快鬆散），文學主張的無法趕上新文化運動所帶來的快速轉變（部分成員因反對白話文而在論戰中敗下陣來），更大的致命傷，則是社團主其事者彼此間的內鬨不已，最後導致這個曾被譽為「武有黃埔，文有南社」的文學社團走上停頓、解散的命運。

　　對於南社在政治、文學、文化各方面的態度，以及社員彼此間的往來酬應，乃至於這個社團的興衰起伏，《南社叢刻》正好提供了一個客觀的史料存在。而在功能上，它積極扮演了對外發言的重要角色，以集中火力的方式向封建勢力開火，反映輿論，製造輿論，甚至企圖主導輿論。透過社員在政治上的地位與積極活動，加上掌控眾多大眾傳媒的優勢，《南社叢刻》所談論的話題、掀起的戰火，大多能在傳播的過程中獲得呼應或重視。因此，對這份刊物加以研究，

可以了解中國近代知識分子在對應時代變動時出處進退的思考態度。也由於南社的最後瓦解涉及幾位主其事者對這份刊物編輯型態、方針的主導權爭奪，因此，若從文學傳播、編輯的角度對這份刊物加以考察，應能掌握這個革命文學社團在文學、歷史兩個面向的時代意義。也就是說，南社的思想、主張，如何透過這份刊物的編輯設計（包括內容與形式）加以傳播？傳播的效果如何？他們透過這份刊物表現出何種集體性，以及面對社會劇烈變化下產生什麼互動？這是本文所試圖探討的。

一、《南社叢刻》的外在傳播條件與型態

掌握媒體，才能掌握發言權。這是中國近代知識分子面對政治社會變動的一項觀念上的強烈認知。近代報刊雜誌的出現如雨後春筍，蔚為大觀，也正說明了媒介是宣傳觀念的利器，是鼓動人心的工具，知識分子在其中結合、交鋒，展現書生報國的論政傳統。梁啟超的《新民叢報》與孫中山的《民報》系統一連串的思想論戰即是一例。在觀念透過媒介對外傳輸的效果上，毫無疑問的，報紙以其普及性、新聞性的特色，自然成為輿論爭奪的主戰場，相形之下，雜誌所扮演的角色則較不易在時效上達到相同的宣傳效果。但是，雜誌往往可以因其同仁的道義情感結合，宗旨的明確闡揚，而在深度的耕耘上獲致較報紙更明顯的效果。這一點，《南社叢刻》也不例外。然而，它的特殊之處在於這份刊物的「筆隊伍」，同時也是操控當時主要報紙媒體的「記者群」、「編

輯群」，這使它在傳播上佔了較大的優勢。

　　其實，《南社叢刻》本質上不過是一文藝社團之同仁刊物而已，因此在文章發表上不免以詩詞文等文學作品為限，而且社員唱和酬對的傾向明顯，使刊物流傳自然集中於社員與社友之間，為一典型的小眾傳媒。但是，透過編輯人力的流通，這份刊物的影響力大增。舉例來說，南社在民國2年初，成員約有四百餘人，但僅以當時的全國文化中心上海來看，主持筆政者即大多為南社社員，如《民國日報》有邵力子、成舍我、聞野鶴；《民權報》有蔣箸超、戴季陶；《民立報》有宋教仁、于右任、范鴻仙、葉楚傖、陳英士、徐血兒等；《神州日報》有黃賓虹、王無生：《大共和報》有汪東；《時報》有包天笑；《天鐸報》有鄒亞雲、陳布雷、李叔同；《太平洋報》有姚雨平、陳陶遺、柳亞子、蘇曼殊、胡樸安、胡寄塵、陳蛻安、姚鵷雛等；《民聲日報》有寧太一、汪蘭皋、黃侃等；《申報》有王鈍根、陳蝶仙、周瘦鵑等。其他多種雜誌，也大多是南社社友的地盤，可謂盛極一時。這種緊密的聯絡網路，使南社的思想主張河以迅速而大量地傳播給廣大讀者。成舍我後來曾回憶道：「當時在上海，若不是而南社的成員，不大能夠進報館當編輯。」[3]而柳亞子更得意地說：「請看今日之域中，竟是南社的天下。」這是《南社叢刻》作為一份小眾的同仁刊物，卻能在外在條件上擁有強大播力量的主要原因。

3　見成舍我口述、張堂錡整理之〈南社因我而內鬨〉一文，刊於民國78年11月13日《中央日報》，後收入拙著《生命風景》（台北：文史哲出版社，1994年4月增訂版）一書。

　　由於與報刊媒體／編輯人有如此密切的關係，《南社叢刻》一創刊，即以上海太平洋報館為發行所；第四集後代為發行的增為九處，有上海民立報社、上海秋星社、北京帝國日報社、杭州全浙公報社、汕頭中華新報社、桂林南風報社、檳榔嶼光華日報社等；至第十集起更增加到十三處，發行網路日益健全，且以報紙為發行主體。而刊物之稿件徵集，也以報社為聯絡點，如民立報館的朱少屏，鐵筆報館的柳亞子等。至於《南社叢刻》的撰稿群，也絕大多數是各報的記者、編輯等新聞工件者[4]。不過，這裡有兩點必須說明：第一、《南社叢刻》的內容性質以文學為主，在 1909 年 10 月 27 日南社成立前夕，曾發表〈南社條例十八條〉，規定「社員須不時寄稿本社，以待刊刻」，「寄稿限於文學一部，不得出文學之外」[5]：正式成立時所制訂並通過的〈條例〉更明分詩、文、詞三類，因此，許多社員所寫鼓吹反清革命的文章，遂發表在其他報刊上，這使《南社叢刻》保存了較高的文學藝術性，這是文人同仁刊物的特色，也是其與報紙在傳播型態上的不同；第二、南社成員雖有「義務」供稿，但這終究不具有必然的約束力，因此，22 集的社刊，撰稿者的廣泛性不足是無可避免的現象，因為在這同時，其他眾多的報紙媒體已經提供了更為寬廣的發表園地，所以，即使《南社叢刻》與大眾

---

4 事實上，在辛亥革命前夕，南社成員主要即以報刊編輯、記者、中小學教員及學生、藝人等為主；到了民國 5 年底出版的姓氏錄上，在 825 位社員中，有 318 人載明其職業，其中教育界佔百分之 30，新聞界佔百分之 22，工商、法政各佔百分之 20，編輯、文藝界佔百分之 7，可見共成員之組成特色。社刊之撰稿者自然亦呈現出此一特性。

5 楊天石、劉彥成：《南社》（北京，中華書局，1980），頁 16。

傳媒有良好的合作關係，仍不宜過度膨脹其功能，畢竟，它的屬性還在於是一份文學社團的小型同仁刊物。

雖然如此，但誠如前述所言，南社的誕生、崛起，與時代風潮、政治情勢有非常密切的互動關係，尤其在反清、反袁這兩項「革命大業」上，南社成員以其宣傳革命思想與行動並重的方式，的確在當時發揮了激奮人心、凝聚共識的作用，而《南社叢刻》以其機關刊物的角色，更適時地以文學為政治敲邊鼓。如果說，辛亥革命以前的《南社叢刻》是「反清專號」，而辛亥革命以後幾年是「反袁專號」，就其傳播的思想意識而言，應屬恰當。當然，「革命大業」是必須「共襄盛舉」才能「風起雲湧」的，在思想傳播方面，正是透過如前所述之媒體互動、呼應，大家以筆上陣，以文攻堅，才能達成目標。

二、《南社叢刻》的內在編輯組織與策略

在說明《南社叢刻》的外在傳播條件及其立場之後，我們可以細部地來對這份刊物的編輯組織、人力及其策略加以分析，因為這是這份刊物思想傳播的力量基礎。而在探討這份刊物之前，有必要對南社組織力量的另一表現型態 ——「春秋雅集」略作說明。

南社經常性的活動包括舉行雅集與出版《南社叢刻》。雅集在先，出刊在後。南社自成立到解體，一共舉行十八次正式雅集、四次臨時雅集。原本雅集時間應該在每年春秋佳

日，但事實上卻多有變動[6]。因為雅集活動往往牽繫社刊編輯
組織的異動，因此，在或因柳亞子退社、復社事件，或因政
治情勢演變，或因社團內部人事爭鬥等大小因素影響下，連
帶使得社刊的出版時間隨之變動，例如民國 5 年 4 月至 9 月，
因反袁成功，袁氏病故，南社成員欣喜快慰，不僅舉行四次
雅集，是年社刊也一口氣出了五集。而在內鬨其間，卻是二
到四年才出版一冊。不過，一共出版二十二集的《南社叢刻》，
恰好與南社前後共舉行二十二次雅集的次數相等，除了巧合
外，也說明二者之間的聯繫關係。

　　南社雅集時的活動包括會餐、收集雅費、攝影、報告、
補收入社書入社金以及談話，其中又以餐宴及賦詩論詞為重
頭戲，而詩詞酬唱的內容往往附錄於社刊之後，以為活動之
實錄[7]。除此之外，雅集活動還附帶有一項極重要的工作，即
制定或修政〈條例〉，這可說是整個社團的活動綱領及組織
規章。南社一共曾進行六次條例的修改。據柳亞子《南社紀
略》所言，蘇州虎丘成立大會上所制定及第二次雅集修訂之

---

6 民國元年（1912），柳亞子因編輯委員的編制問題而宣布脫社，而後經過
　數次修改條例，改變編制，柳才在民國三年重行入社，為表對其歡迎及選
　舉主任之事宜，在民國 3 年的 3 月至 10 月間，即舉行了四次雅集；又如
　民國 5 年 4 月至 9 月，因袁世凱稱帝美夢破碎，且於民國 5 年 6 月 6 日發
　疾而故，南社久被壓抑之悶氣得以抒發，柳亞子欣喜地發出「共和回復，
　文教再興」之言，遂較密集地舉行了四次雅集；但在民國 6 年因社員內鬨，
　舉行了第十六次雅集後，經過兩年才舉行第十七次雅集。
7 例如第九集即附錄由陳匪石筆述的〈南社第十次雅集紀事〉；第十集後附
　錄〈夏五社集愚園雲起樓即事分韻〉，前有陳匪石所作小識；第十二集的
　附錄一〈畿輔先哲祠分韻〉，詠詩的有二十一人，前有高旭的小引，說明
　宴集地點及相敘情形；第十九集的附錄三有長沙南社雅集分韻詩 20 首，
　由王競錄存等。

條例均已佚失，因此目前所見最早的條例是宣統 2 年（1910）
7 月第三次雅集時的〈南社第三次修改條例〉，其中與《南
社叢刻》有關的規定如下：

> 一、社友須不時寄稿本社，以待匯刊；所刊之稿，即
> 　　名為《南社叢刻》。
> 二、社稿歲刊兩集，以季夏季冬月朔出版，先兩月集
> 　　稿付印。
> 三、社中公推編輯員二人，會計、書記各一人，庶務
> 　　二人。
> 四、社稿以百頁為度，分詩、文、詞錄三種；詩、文
> 　　錄各四十頁，詞二十頁。
> 五、選事由編輯員分任。
> 六、社稿出版後，分贈社友每人一冊，其餘作賣品。

　　最後，規定條例每半年於雅集時修改。這份柳亞子口中
的〈南社大憲章〉[8]一共十三條，有關社刊部分即佔一半，足
見南社對社刊的重視。
　　條例中明定這是一份以詩文詞為主的半年刊，這三類文
稿各由一位「編輯員」擔任審稿工作，而且在各類文稿的篇
幅上也作了明確的安排，已大致對這份刊物的組織人力及運
作方式作了規範。比較特別的，是並未對刊物的宗旨提出說
明，即使在以後第四、五、六次的條例修改中，依然不曾對

---

8 柳亞子：〈我和南社的關係〉，《南社紀略》，頁 23。

此有任何意見提出，也許，這個宗旨說明是有意讓《南社叢刻》自行以其他方式來呈現。這裡所謂的「其他方式」，是指文稿的選用。透過編輯人的理念，編選文稿，藉其中內容的大體主流，來凸顯這份刊物的立場與宗旨。在民國3年3月第十次雅集時所修訂的最後一次〈南社條例〉中，南社才明訂宗旨為「研究文學，提倡氣節」，雖然，社團宗旨的明文訂定如此之遲，不過，其社團精神宗旨的實踐倒是自始即然，而且一以貫之。這一點，可以從《南社叢刻》的內容得到印證。

在《南社叢刻》第1集中首列陳去病所撰的一篇〈南社敘〉，應可視為發刊詞，此文在第九集又把它重行刊布，並加編者案語：「……今時勢且一再變遷矣，雖滄海桑田，盛衰靡定，而愚公精衛，信誓末忘。」可見其所具之代表性。在這篇發刊詞中，陳去病指出南社之成立有三「不得已」[9]：南社成員或如屈原賈傳之傷時憂國；或如見廈屋殘灰、銅駝荊棘，充滿易代興亡之感；或是感於蘇李情殷，思念同志，哀悼殉難故人。基於這三點，他殷殷叮囑社員的作品必須有感而發，「語長心重，本非無疾以呻吟；興往情來，畢竟傷時而涕泣。」這番話將南社成立之本意及其目標做了簡要的

---

9 陳去病〈南社敘〉指出：「湘水沈吟，比三閭兮自溺；江南愁嘆，等賈傳而煩冤。此不得已者一也。抑或攬髦丘之葛，重慨式微；采首山之薇，將歸曷適。竹石俱碎，淒淒朱鳥之珠；陵闕何依，黯黯冬青之樹。吊故家於喬木，廈屋山丘；尋浩劫於殘灰，銅駝荊棘。此不得已者又其一也。而且乘車戴笠，交重金蘭；異苔同岑，誼托肺腑。攜手作河梁之別，蘇李情殷；聚星應奎斗之芒，荀陳契合。或月明千里，引兩地相思；或鄰笛山陽，悵九京之永逝。此不得已者又其一也。」

提示，充分結合了一個政冶色彩濃厚的文學團體之性質與使命。這個性質，在以後各集文章的編排上得到淋漓盡致的闡釋，而其使命，也在社員實際參加政治活動中得到發揮。

以此宗旨為核心，整部《南社叢刻》從文章內容到編集形式的安排，都直接、明確且火力集中地向讀者傳播其訴求目標，前述之「反清專號」、「反袁專號」，正是透過編輯設計之後的主題呈現。我們可以從民國成立前夕、反清最烈時出版之第 4 集，與民國 5 年討袁最烈時出版之第十六集為例說明。

第 4 集是宣統 3 年 6 月 1 日出刊，內收文 34 篇、詩 371 首、詞 124 首。編者為柳亞子、俞劍華。以文為例，羅天覺的〈書岳女士麟書〉，藉悼社員岳麟書之死，痛陳「國家顛危，將陷於腥風血雨」；王鍾麒〈憫秋篇〉以悲慟之筆，追思秋瑾殉難，並疾呼「今者文武之道將窮，人神之禍攸酷，庶幾我民，抗彼夷族。我既為鷹隼之擊，彼將類蟄蟲之宿」，對清朝的敗亡直言不諱；陳去病所撰之〈秋社啟〉，亦哀秋瑾之死，認為「叔世亂離，人部替偽相襲。四海倒懸，士女激憤。爰有秋子，觝觸禁網。獄狀未具，遽嬰顯戮。萇弘碧血，如何可泯。悲悼悵側，曷云能已」，強烈控訴了清廷的殘暴；在〈越社敘〉中，更以激昂的語氣提醒國人「輓近以來，中國之變亦既亟矣。上無道術以速其亡，下亦無所補救以視其亡，而天下因益加危」，因此，他勉勵道：「孰謂天定勝人，而人定不可以勝天哉？蓋亦視乎人而已矣！」在集中詩詞裡，也有不少以伸張民族正氣，闡明民族大義，鼓吹書生報國為主旨的作品，如陳去病的〈惻惻〉一詩吟道：「圖

南此去舒長翮，逐北何年奏凱歌，愧殺鬚眉遜巾幗，要將兒女屬姤娥」，表現出反清排滿的心志；張光厚的〈金縷曲〉詞，自抒懷抱，「血滴滴，心肝一付，欲向神州橫灑失。奈窮途，總把廚頭誤，天不管，向誰訴。」充滿書生報國的悲涼情懷；又如葉葉的〈念奴嬌〉詞：「水天一色，有鯨波百丈，奔騰而出，一匹鮫綃新世界，容我憑欄。」，展現出作者對新時代的熱烈冀盼。這些集中處虛可見的熱血之作，對人心的鼓舞、刺激，應能發揮其一定作用，因此，宋教仁才在《民立報》上為文稱之：「其間感慨淋漓，可誦之篇不鮮也。」[10]

　　第十六集則是出版於民國 5 年 4 月。內收文 117 篇，詩 842 首，詞 133 首。編者為柳亞子。在《南社叢刻》二十二集中，此集刊載文章數量次多，足見以直抒己見、暢快議論為特色的散文體，為亟欲抨擊時政的南社諸子所喜用，且能盡情揮灑。在這一點上，柳亞子確實將其政治理念與編輯策略緊密結合，提供充分的篇幅，並且集中呈現，對袁世凱的喪權辱國、稱帝野心，都有尖銳的批判。例如文集中丁以布的〈祭宋遯初先生文〉，藉追思「英靈不泯」的宋教仁，暗指袁氏為梟賊；而張光厚則毫不容情地對袁氏的稱帝醜劇予以辛辣的諷刺，他在〈詠史四首〉詩中寫道：「暗裡黃袍已上身，眼前猶欲託公民。紛紛請願真多事，個個元勳肯讓人。民選竟能容指定，天從何必假因循。楊家家法真堪嚄，百代兒孫服莽新。」，痛責袁氏明明是帝制自為，卻又要假託民

---

10 柳亞子：《南社紀略》，頁 31。

意。第二首更進一步對「籌安會」、「公民團」、「全國請
願聯合會」之類的組織加以揭穿陰謀：「來許加官去送金，
奸雄操縱未深沈。袁公路有當塗讖，石敬塘真賣國人。篡位
豈能逃史筆，虛文偏欲騙民心。尋常一個籌安會，產出新朝
怪至尊。」全詩義正詞嚴，心雄氣盛，堪稱紀錄袁氏稱帝醜
劇的史詩；又如易象的〈哭周平子〉詩，也是直斥袁氏「糯
斯竊鉤強竊國」。這些詩文的主題明確，焦點集中，在對袁
氏的口誅筆伐上確實是產生了效果。

　　在此，我們必須指出，《南社叢刻》在這些立場的表明、
內容的呈現上，和這份刊物的「主編」、同時也是這個社團
「主任」的「靈魂人物」柳亞子有著不可分的關係。透過他
的鼓吹、結合，刊物的風格得以凸顯，從選文、廣告、圖片
安排等編輯工作的設計，我們也可看出他的政治態度與思想
傾向。如果陳去病的發刊詞是一種道義理想的揭櫫，則柳亞
子是自始至終透過編輯手段將這份理想對內落實、向外傳播
的主要人物。即使不談編輯理念，僅從編輯行政角度來看，
說他是《南社叢刻》的支柱，亦屬公允。在二十二集社刊中，
所選出的編輯員往往名不副實，被推選出者多因他務而無暇
出任，導致除了一、二、八、二十一、二十二集外均為柳亞
子一人所編。據鄭逸梅《南社叢談》書中透露，由於社費的
收繳並未嚴格執行，而刊印社刊所需紙張印工甚多，這些款
項，大多由他墊付。此外，亡故社友遺集的輯刊，也往往是
他一人出錢出力，所以，為了南社，柳亞子私人斥資達「萬
金之巨」。不僅如此，連所有來稿的抄寫發排，也都是由柳

亞子擔任[11]，因此，要談《南社叢刻》的組織、編務、行政
等大小事項，都與柳氏脫離不了關係。

　　基本上，柳亞子懂得編輯技巧，也具有靈活的編輯能力，
這一點，從《南社叢刻》初期編排方式的演變可以看出。依
照〈條例〉規定，社刊由三人擔任文、詩、詞三類的「編輯
員」，第一次也推出了陳去病、高旭、龐檗子三人，但實際
上是由高旭一人主編，在內容編排的次序上如下：〈南社詩
文詞選敍〉（即陳去病〈南社敍〉）、文選 5 篇、《磨劍室
文初集》1 卷、《願無盡廬詩話》1 卷、詩錄 59 首、《未濟
廬詩集》1 卷、《蜚景集詩》1 卷、《有奇堂詩集》1 卷、《寄
塵詩稿》1 卷、詞選 13 首、《鈍劍詞》1 卷、《蜚景集詞》1
卷、《寄塵詞稿》1 卷。可以看出編輯功夫的馬虎，次序雜
亂無章，各人專集佔去太多篇幅，且與一般用稿間雜交替，
文少詩多，都顯示了高旭在編輯上的缺乏概念。出第 2 集時，
因陳去病在杭州高等學校教書，由他負責編輯並在杭州出
版。這一集的內容編排已有改進，次序如下：文選 3 篇、詩
錄 97 首、詞選 14 首、《巢南雜著》1 卷、《磨劍室詩集》2
卷、《未濟廬詩集》1 卷、《更山齋詩》1 卷、《王席門先生
雜記》1 卷。將文、詩、詞選集中編排，而各家專集列在後
面，使刊物的編排醒目有重點。然而，詩文的分配仍嫌懸殊，

---

11 鄭氏回憶道：「那時社友寄來的詩詞文稿，有的行書，有的草書，很不
　　一律，且有寫在花箋上，字跡娟秀，鈐著印章，成為一個橫幅，或一個
　　手卷，這樣交給手民，弄髒了未免可惜。亞子就把這些稿子統體謄寫一
　　遍，然後發給排字房。這樣成為慣例。以後這個抄胥工作，往往由亞子
　　擔任。」見鄭逸梅：《南社叢談》（上海：上海人民出版社，1981），
　　頁 11-13。

且在排列次序上無特殊意義，既非按作者姓氏筆劃，也非依籍貫省份，加上校對不嚴，錯字不少，使本集的出版仍令人不甚滿意。集中《王席門先生雜記》與南社毫不相干，席門，明代人，姚石子鈔得其文 5 篇，做為鄉邦文獻，因其同為金山遺民，刊載於此實屬不妥。類此現象，柳氏頗覺不滿，尤其認為專集佔去太多篇幅，致使社員的作品不能普遍發表，將來社員一多，更成問題，於是，透過一場設計過的改選策略，他取得了編輯主導權[12]，從第 3 集起，他取消固定的個人專欄，重新編排，將內容分成三大部門，一為文選，二為詩選，三為詞選，成為這份刊物的固定模式，直至二十二集結束，始終未變。這種僅分文類，對社員作品充分開放園地的作法，使刊物的稿源大增，也強化了社員對刊物及社團的向心力，這一點編輯上的改變，是柳亞子與俞劍華合力所為，顯然柳氏對此安排是滿意的，他認為這是「革命以後的第一聲」[13]。

除了在內容編排上做了改變外，自第 3 集起，封面顏色由粉紅改成瓷青，較為大方古雅；並且在卷首刊出女社員岳麟書的遺像，由朱少屏撰寫行述，這個編輯方式成為《南社叢刻》的一大特色，一方面是紀念死者，一方面也發揮了激

---

12 這一段「奪權」經過，和柳亞子《南社紀略》的「張園雅集」部分有詳細的描述。由於在雅集時推選寧太一任文選編輯、景耀月任詩選編輯、王無生任詞選編輯，使得 1、2 集主編高旭、陳去病很不高興。推舉的三位編輯，寧、景二人均未出席，辭謝不肯就職；王無聲雖在上海，以事忙不克分身也不參加，在無人負責的情況下，柳亞子拉了俞劍華幫忙，由柳抄寫，俞任選政，才促使第 3 集出版。

13 柳亞子：《南社紀略》，頁 25。

揚生者革命情感的作用。例如第六集有為革命犧牲的烈士周實丹遺像；第九集有宋教仁遺像，並附葉楚傖追悼的短文〈不盡餘哀錄〉。隨著革命情勢的加速演變，南社社員犧牲的人數也增多，於是第十集一次列了七人遺像，後附略歷；第十三集多達八人，第十九集則有陳英士、黃興等七人；第二十集更多達十一人。這種安排，不僅可凝聚社員革命情感，即使是對非社員，也可迅速傳達刊物的立場，具備直接、強烈的傳播效果。此外，自第九集起，南社雅集活動的攝影照片開始出現，此後也成了刊物的一大特色，並且一一註明參加者，為社團活動留下珍貴的史料，這也是同仁刊物經常具有的編輯方式。

自第八集起，《南社叢刻》在刊物末頁開始出現廣告，主要是售書廣告，有陳去病《笠澤詞徵》、柳亞子《春航集》、王漁洋《阮亭詩餘》、胡寄塵《虞初近志》、《弱女飄零記》、夏綺秋《中國民國國歌》等，均註明書名、編撰者、刊行者、冊數、定價、發行處。接著還有介紹國學叢選、分贈流霞書屋遺集、索閱阮烈士遺集的啟事。這個型態一直維持到停刊為止。第十集起，部分廣告移至刊物前，如「馬君武詩集已出版」的消息、介紹「中華實業叢報之四大特色」的促銷報紙廣告，安排在雅集活動照片之後。而末頁的「售書告白表」中，除了刊登其他書的廣告外，也開始注意到社刊的促銷，因此而有「南社第九集」的廣告，飆明定價四角，由上海文明書局發行，但這並未形成慣例，除了第十一集又做了一次社刊廣告外，並未再出現。這應與社員本身的著作甚多，篇幅有限有關。廣告自從在刊物面前出現後，其樣式與內容也

隨之豐富起來，以第十三集為例，即有中國留美學生月報的訂報啟事、《科學雜誌》第一至三期的出版通告及各期目錄、《公言雜誌》第三期出版啟事，以及《馬君武詩集》、《章氏叢書》、《潘力田先生遺詩》、吳石華《桐花閣詞鈔》、《國學叢選》、《池北偶談》、劉向《新序》、《文始》、《雅言》、《世德堂六子》等書或雜誌的出版廣告。此外，還有余天遂代書堂匾、楹聯、市招等字的「顛公書約」。從廣告量的增加，可以說明《南社叢刻》的讀者群及銷售量應有增加，這和它的發行所（經銷處）的增加，一樣可視為傳播力量的擴大。當然，在廣告的內容上不免會以社員作品為主，這仍是同仁刊物的普遍現象，不足為奇。

在文章的選用刊登上，並無一明文的「選稿標準」，而是聽任各類主編的裁決。基本上，只要符合是社員身分、文體為文言文、文類為詩文詞、主題不違背南社宗旨等條件，大概都能入選。綜觀二十二集正式出版的《南社叢刻》，其呈現的內容確實豐富而廣泛，有的記述社團活動，有的表達社團態度，有的反映社友之間的交往、遊踪、志趣、見解，有的抒發生活感懷，有的對政治、社會作直接的抨擊，可說是林林總總，樣貌不一。但正如前面對第 4 集、第 16 集的分析，其宗旨的掌握仍是清楚的，大致立場也是維持的。至於在文類的刊登上，詩共刊 12116 首，文共 1416 篇，詞共 2805 首，以詩的數量明顯佔上風，這也說明南社的代表性文學創作是詩。在《南社叢刻》中，雖可見到一些有關小說的討論，也刊登小說的序言，但始終不曾刊載過小說，而南社成員中善寫小說者不少，為彌補此一缺憾，另行出版《南社小說集》，

原意是作為《南社叢刻》的輔佐刊物，可惜只出一期，沒有續刊。其排印格式一如《南社叢刻》，內容上也以「開通風氣，棒喝社會」為主，收有周瘦鵑的〈自由〉、成舍我的〈鬼醫生〉、貢少芹的〈哀川民〉等。

透過以上的說明，我們可以了解，在以柳亞子為核心的編輯組織運作下，這份刊物以其明確的政治立場為號召，積極扮演南社機關刊物的功能，自內容的選編、圖片的設計到廣告的安排，都能有與清楚的目的：一來傳播社團理念；二來聯繫社員情誼。這兩項目的，在以文學為媒介的策略下得到了一定的效果，不論從文學或歷史的角度來檢驗，《南社叢刻》那有其不容忽視的重要價值。

三、從《南社叢刻》之編輯、傳播
角度看南社的歷史發展

以上分析了《南社叢刻》所對應的外在社會環境，及其以一文學媒體角色與當時報刊媒體之間的互動與聯繫。其次，也對這份刊物的內在編輯組織、運作，及刊物的內容、特色做了探討，並且對其在文學、歷史方面的價值也給予肯定。事實上，南社的崛起、壯大、停頓到解體，《南社叢刻》作為其機關刊物，正好成為這個歷史發展規律的縮影。我們透過這份刊物，看到社員間惺惺相惜的革命情感，也看到英雄主義在社員間掀起的風雨波瀾。在帶領南社走向更高發展的過程中，《南社叢刻》適時發揮了推波助瀾的功能；在導致南社步向分崩離析、最後解體的過程中，《南社叢刻》一

樣扮演了不可或缺的關鍵角色。而不論是壯大或停頓的過程，都與前面所論之編輯與傳播的運用有關，因此，以下的論述便以這兩個角度切入，來探討《南社叢刻》由盛而衰的主因，當然，它也同時解釋了這個文學團體在歷史發展上不得不然的解體宿命。

　　誠如前面所言，要談南社與《南社叢刻》，就離不開柳亞子。沒有柳亞子，這個社團的影響力將大打折扣，同樣的，沒有柳亞子，《南社叢刻》能否持續出刊都成問題。這也就是當年柳亞子何以會說出「沒有柳亞子，就不會有南社」這句話[14]，柳亞子之所以能成為這個社團與刊物的「靈魂人物」，並且在整個社團的發展歷史中扮演舉足輕重的角色，和他長期掌控社刊的編務有絕對的關係。從他在第三次雅集與俞劍華聯手讓陳去病、高旭落選，進而負責社刊編務的「張家花園革命」（柳亞子自語）開始，就已表現出他在這方面的強烈企圖心。其實，柳亞子雖為南社三位創始人之一，但他初期在社中的地位並不高，這可以從下面三點看出：第一、代表社刊的〈南社敘〉由陳去病執筆；第二、在第一次會議中，柳亞子僅被選為書記員而已；第三、高旭未出席也被推舉為詩選編輯員。對一份文學刊物來說，負責文稿的編選才是重要而有實權的工作，但直到第六次雅集為止，柳都只擔任書記員或會計員的職務，這對他而言，不能不說是一種缺憾，畢竟，社刊的編輯工作，由於被選的編輯員多因故而未真正投入，反而是柳亞子一直負責實際編務，結果每次的選

14　見鄭逸梅：《南社叢談》，頁11。

舉都未如他意。因此，第七次的雅集活動上，才會爆發柳亞子要求的修改條例之爭，因而根本改變了《南社叢刻》的編輯組織。

這次的爭論，主要是柳亞子提議將編輯員三人制改成一人制，也就是所謂的「三頭制」與「一頭制」之爭，而且他還毛遂自薦要當這「一人」。他說：「我覺得南社的編輯事情，老實說，除了我之外，是找不出相當的人來擔任的了。一個人就不容易找，何況要三個人呢？所以我的主張，是改三頭制為一頭制，人選則我來做自薦的毛遂，這是為了南社的前途，我認為用不著避免大權獨攬的嫌疑的。」[15] 然而，也許是「張家花園革命」所造成的芥蒂吧，他的提議被否決。第二天，柳亞子在《民立報》上登出廣告，宣佈脫社。這個風波最後在南社其他成員的讓步下得到解決，第十次雅集時產生了〈第六次修改條例〉，於有「革命的涵義」，遂稱為〈南社條例〉，其中規定「本社設主任一人，總攬社務，並主持選政，由社友全體投票公舉」、「連選者得連任，會計、書記、幹事，隨主任為進退」。由此可見，主任確已獨攬大權，從組織人事的安排、編輯行政、刊物選稿等大小事項均有決定權，這已徹底改變了社刊的運作型態，而柳亞子也在以後的多次票選中連選連任，造成他與社團密不可分的關係，而《南社叢刻》的編務也因此確實有了較制度化的靈活發展。

其實，所謂的「三頭制」也就是編輯委員制，而「一頭

---

15 柳亞子：《南社紀略》，頁 51。

制」也就是主編制，類似總編輯的功能，這兩種制度都只與社刊的編務有關而已。「主任制」卻不僅如此，它類似社長一職，可以綜攬社務，包括社刊在內。柳亞子說：「我這時候的主張，以為對於南社，非用絕對的集權制，是無法把滿盤散沙般的多數文人，組織起來的。我就想進一步的改革，要把編輯員制改為主任制」[16]。平心而論，南社的成員文人名士的氣息頗重，組織難免鬆散，而社刊的編務推動也一直不上軌道，柳亞子的提議可以收到鞏固組織、強化領導的效果，只不過由於協商過程的意氣之爭，導致橫生波折。至於編委制與主編制，其實可以並行不悖，由各類文稿主編與總編輯彼此間尋找出合理的運作模式，但當時柳亞子等人尚缺乏這種認識。爭論的結果，柳亞子如願出任「主任」一職，在民國 3 年 5 月復社後，脫期已久的《南社叢刻》在柳亞子重新投入、加強編務後，一年內密集出版了第九、十、十一、十二、十三、十四等六集，雅集活動也如期舉行，社務推動逐漸上軌道。

　　這次的編輯權之爭，對南社的整體發展有著重要的影響，由於事權的統一，南社力量逐漸壯大，並在隨後的反袁運動中展現了火力集中的輿論影響力，《南社叢刻》成為結合反袁力量的文字基地。對於因反袁而遭殺害的社員如寧太一、陳英士、范鴻仙、仇亮、姚勇忱、楊性恂、吳虎頭、周仲穆等，《南社叢刻》上都發表其遺像、哀詩、挽詩，以示哀悼；此外，社團也積極搜集他們的文稿、詩稿，為他們作

---

16 柳亞子：《南社紀略》，頁 60。

傳，編輯遺稿，以表彰其革命精神。可以說，在柳亞子的銳意推動下，整個社務包括社刊的編輯，都表現出旺盛的活力，而這必須歸因於「主任制」的實施。

　　但是，也正因為社務及社刊的推動，是繫於金字塔式的編輯型態與組織結構，在後來發生的唐宋詩大辯論中，柳亞子濫用了主任一職所賦予的職權，而展開了一場牽扯多家媒體的文學主張傳播戰，這場論戰使大多數社員都捲了進去，最後並導致南社的沒落。論戰的中心是關於同光體的爭辯。南社成員中有姚錫鈞、胡先驌、聞野鶴、朱鴛雛等人是同光體的崇拜者，他們經常發表詩文贊美同光體，推崇鄭孝胥、陳衍、陳三立等人，他們對詩的看法恰與陳去病、柳亞子等人的文學主張背道而馳。陳、柳等人藉指責江西詩派來反駁同光派，認為「政冶壞於北洋派，詩學壞於西江派。欲中華民國之政治上軌道，非掃盡北洋派不可；欲中華民國之詩學有價值，非掃盡西江派不可。」[17]這就正式點燃了兩派的戰火。其實，這場文學論戰的背後，代表的是政治立場的對抗。同光體的代表詩人在辛亥革命後以遺老自居，敵視共和，當張勳擁廢帝溥儀復辟，同光體詩人紛紛出場。對此，柳亞子深惡痛絕[18]，因此，柳亞子在《南社叢刻》第二十集中答胡先驌的詩中說：「分寧茶客黃山谷，能解詩家三昧無。千古

---

17 見《民國日報》，1917 年 6 月 29 日。引自楊天石、劉彥成《南社》，頁 132。
18 柳亞子在〈我和朱鴛雛的公案〉文中說：「我呢，對於宋詩本身，本來沒有什麼仇怨，我就是不滿意於滿清的一切，尤其是一般亡國大夫的遺老們……既不能從黃忠浩、陸鍾琦於地下，又偏要以遺老孤忠自命，這就覺得是進退失據了。」見《南社紀略》，頁 149。

知言馮定遠，比他嫠婦與驢夫。」並且開始在《民國日報》的文藝欄上大打筆戰，柳亞子與聞野鶴、朱鴛雛你來我往，互不相讓，將《南社叢刻》上的戰火轉移到南社成員主筆政的報紙媒體上。這個現象也是必然，因為《南社叢刻》的編政操在柳亞子手上，自然不可能有反柳的文章出現，所以，另闢戰場便成為聞、朱等人最好的選擇。《民國日報》由於是南社作者的主要陣地，加上經理邵力子、總編輯葉楚傖、副刊編輯成舍我均為南社成員，於是成為這場論爭的主戰場，並且在隨後日益升高的「戰爭」中，戰火波及其他報紙，成為一場大眾傳媒的爭奪戰。

　　這場原本是文學主張的論戰，由於傳播媒體功能的發揮，編輯角色的關鍵影響，使其成為中國近代多次思想傳播論戰中的一個例證。這之間扮演重要角色的是成舍我，他在編發雙方論爭稿的同時，偏好宋體詩的他一邊又不斷刊載朱、聞的大量詩作，這就很明顯地表明了編輯抑柳揚宋的態度。柳亞子深知此點，寫信給葉楚傖提出批評，葉以總編輯身分要求副刊編輯成舍我暫時停發朱、聞等人的宋詩，成舍我因此捲入這場論戰。幾天後，成舍我將未刊之稿轉給《中華新報》總編輯吳稚暉，吳將這些稿件大登特登，再度引起柳之不滿，要求制止，朱鴛雛因此而在《中華新報》上發表了〈論詩斥柳亞子〉詩詞 6 首，除了繼續捧鄭孝胥、陳三立外，還做人身攻擊地罵柳是「一盲」、「豎兒」、「螳螂」、「廉恥喪」、「狗聲嚎」、「區區蝘蜓」等，盛怒之下的柳亞子，以其南社主任的身分，立即擬了一份開除朱鴛雛南社社籍的廣告，通過葉楚傖在《民國日報》上刊出，與此同時，

柳亞子還在民國 6 年 7 月出版的《南社叢刻》第二十集中以「南社緊急布告」的方式刊出啟事「布告天下,咸使聞知」,並有「附斥朱璽一則」,痛罵了宋詩派與朱鴛雛[19]。柳亞子在《民國日報》上刊出的廣告,成舍我是經辦人之一,於是他也草擬了一份啟事自費刊出,抨擊柳氏沒有資格驅逐社員出社,要求「似此專橫恣肆之主任,自應急謀抵制」[20]。他認為至此已無「新聞自由」可言,遂宣佈未正式驅逐柳亞子之前,與「現在的南社」斷絕關係。這一啟事一出,柳亞子便如法炮製,仿處置朱鴛雛之法,將成舍我逐出南社。柳亞子回憶說:「不過這事情的發生,已在《南社》二十集出版以後,來不及登到社集上面去,只印了一張單張的東西,夾在社集裡面來分送,後來這單張大家都丟掉了,所以人家只知道鴛雛的公案,而不曉得還有驅逐成舍我的連台好戲呢。」[21]由柳的這些動作看來,意氣之爭確已讓他濫用了「主任」

---

19 「南社緊急布告」如下:「茲有附名本社之松江人朱璽,號鴛雛,又號孽兒者,妄肆雌黃,腥聞昭著,業已驅逐出社,特此布告天下,咸使聞知。中華民國 6 年 8 月 1 日,南社主任柳棄疾白。」由《南社叢刻》出刊日期為七月看來,這則布告是臨時加上的。「附斥朱璽一則」較長,佔滿一頁,內容有:「七月三十一日,中華新報有署名朱鴛雛所謂論詩斥柳亞子者,詞既惡俗,旨尤鄙倍……陳三立、鄭孝胥之門徒,乃下劣至此,亦閩派將衰之兆也……」對朱鴛雛也展開人身攻擊式的批評。

20 見「南社社員公鑒」,《中華新報》,1917 年 8 月 8 日。內容大意是:柳亞子因論詩與聞、朱不和,一論唐詩,一論宋詩,於是竟不准《民國日報》刊登,又不許《中華新報》登,如此一來,哪有新聞自由可言?南社是個完全平等的文學社團,柳亞子不過是個書記,不是社長,怎能驅逐他人出社!如此專橫恣肆之主任,自應急謀抵制。有關這段公案經過,參看柳之〈我和朱鴛雛的公案〉及成舍我之〈南社因我而內鬨〉二文,即可知其梗概。

21 柳亞子:《南社紀略》,頁 152。

一職的「特權」[22]，《南社叢刻》以其社刊的地位，也成為柳運作的基地。事發後，引起支持朱、柳兩派人馬接連不斷的表態、攻訐，如田桐、葉楚傖、胡樸安等三十四人在《民國日報》發表啟事，支持柳之處置；以蔡守為首的「南社廣東分社」則指責柳亞子，鼓動改選，南社瀕於分裂。從民國6 年 8 月 14 日至 9 月 15 日，先後有南社社員八批、二百餘人次在《民國日報》發表啟事，繼續這場論戰，導致媒體上充斥了南社內鬩鬥爭的聲音，如此一來，南社元氣大傷，柳也覺得灰心短氣，怏怏然辭去了南社主任的職務，由姚石子接任，南社也因此沒落，最後停頓。

　　回顧這場前後持續年餘的紛擾，《南社叢刻》上的詩論實為癥結，成舍我編輯角色的扮演則為關鍵，最後回到社刊上的驅逐啟事則是引爆點。不可否認的，唐宋詩之爭在當時也有革命派與遺老派在政治上的對壘意味，但根本衝突仍是文學主張的殊異，而傳播媒體編輯人的介入與園地的爭奪，是使這場論爭擴大的外因。《南社叢刻》從最初扮演向封建勢力開火的前進基地角色，一變為爭奪文學主張發言權的角力場，再變為大眾傳媒體系中的爭權陣地，這種演變，同時忠實反映了該文學社團崛起、壯大到沒落的歷史發展。從組織內部的編輯權之爭，到外在傳播媒體的利用、互動，《南社叢刻》提供了一個觀察與解釋的角度。其實，同光體與南社的爭戰，如從傳播媒介上看，同光體作家的作品雖然有很

---

22 對於這段「失控」的演變，柳亞子事後非常後悔，在〈我和朱鴛雛的公案〉一文中，他明白表示：「這是我平生所很追悔而苦於懺贖無從的事情。」

大一部分發表在報刊上，但兩者之間並無必然的聯繫。

南社則不同，其成員大部分直接主辦報刊，也善於利用此一新的媒介形式，因此，在傳播戰上，結構鬆散的同光體很難與之抗衡，只不過，情勢的發展最後演變成南社成員自己的內鬨，在一定程度上模糊了原本詩論歧異的焦點[23]。

《南社叢刻》在柳亞子撒手不管後，姚石子自費請傅熊湘、陳去病、余十眉等人編輯出版了第二十一、二十二集，此後南社活動就停止了。然而，也許是柳亞子在社中地位的深受肯定吧，自他辭去主任職務後，稿件仍源源不斷寄到他那裡。基於對南社無法割捨的情感，他將來稿精心整理，請人謄寫，又親自校勘，加上標題，編成《南社叢刻》第二十三、二十四集未刊稿，一直沒有印行，直到 1994 年 4 月才在列入國際南社學會發行的南社叢書中出版[24]。其作大約成於民國 7 年前後，在內容上有不少關於革命史料的文章，如二十三集後之附錄一，有〈癸丑後陳英士先生之革命計畫及事略〉、〈肇和戰役實紀〉、〈追悼陳英士先生及癸丑以後殉國諸烈士大會記〉3 篇；附錄二則是追悼犧牲社員寧太一、

23　在陳伯海、袁進主編的《上海近代文學史》（上海人民出版社，1992）一書中，認為如果將二者加以比較，似乎過去的文學史都是對同光體作家持批判態度，對南社比較肯定其進步作用，但是，在實際上，兩者都同樣走向衰亡的一路。而且在兩者之間，南社相對衰亡得更快，經過這場論戰後，南社活動停頓，其文學主張也不再具有強烈的影響力，但同光體在舊詩領域仍一直保持著相對程度的影響力。就這一點來說，南社社員彼此間的內鬨確實對此一團體造成極大的傷害。

24　國際南社學會成立於 1989 年 5 月 4 日，秘書處設於香港，除發行《通訊》外，也出版南社叢書，每套十種，目前出到第二套。這本由馬以君點校的《南社叢刻第 23 集、第 24 集未刊稿》是由北京社會科學文獻出版社1994 年出版。

吳虎頭、鄒子良等八人的文章；附錄三是〈雲南舉義實錄〉，堪稱第一手的革命文獻。和前二十二集相比，在內容上並無太大不同，依然保有其抨擊時政、追悼烈士的特色，倒是在形式上這兩集都只有文錄、詩錄兩類，詞錄一欄從缺，不知何故。這兩集的未刊稿，是柳亞子未了的心願，如今得由其哲嗣柳無忌先生推動成立的國際南社學會編印出版，算是完成先人遺志，而《南社叢刻》至此也應該真正完整地走入歷史，成為近代文學史上的一項豐富遺產，留待後人挖掘、研究了。

四、五四風潮下南社的沒落

南社在鼎盛時期，曾出現許多分支機構，如浙江的越社、瀋陽的遼社、廣州的廣南社、廣東分社（粵社），及湖南的長沙分社、上海的又雲社、鷗社、南京的淮南社及國學商兌會等，結合了不小的革命力量，透過各分社的活動、宣傳，南社的影響力也日增。這些分社的創社宣言都在《南社叢刻》上發表，如陳去病的〈越社敘〉刊於第 4 集，姚石子的〈淮南社敘〉刊於第五集，陶牧的〈遼社發刊詞〉、謝華國的〈南社粵支部敘〉等也都在社刊上發表過。這些或隸屬南社，或由南社社友組織的平行團體，都在一定程度上增強了南社的對外傳播力量，而他們所創辦的一些刊物，如《越社叢刻》、《國學叢選》、《南社湘集》等，也在形式上模仿《南社叢刻》，可視為《南社叢刻》的姊妹刊物。

由於《南社叢刻》印數不多，沒有多久即無處購求，成

為絕版刊物。胡樸安為了彌補此一缺憾，便於民國 13 年春編
刊了一套十二冊的《南社叢選》，編排和《南社叢刻》同一
格式，由上海國學社刊印。胡樸安因自己所藏的《南社叢刻》
缺第一、二集，所以他所編的《叢選》是從第三集起，實不
無遺憾。其內容也是分文選、詩選、詞選三類。較別出心裁
的，是在每一作者的姓名下都附有小傳，這是《南社叢刻》
所沒有的。這套書的出版，使《南社叢刻》得以持續其影響
力，不因絕版而消失，因此，傅熊湘在書前的序言中說：「是
南社得柳而大，得胡而長也。」[25]另外，柳亞子也將《南社
叢刻》重新編選，出版了《南社詩集》六冊、《南社詞集》
二冊，於民國 19 年由上海開華書局出版，但《南社文選》則
一直沒有刊行。這些重編的選集都以作家為主，將其作品合
攏在一起，對《南社叢刻》而言，確有其內容系統化、編排
清晰的優點，更重要的，是《南社叢刻》的生命因此而得以
流傳下來。

　　南社的活動力在民國 12、13 年時突然消退，固然與上述
之社員內鬨有必然的關係，其實，還有另一重要的原因，即
新文化運動的風起雲湧，白話文的書寫成為時代不可倒流的
大勢所趨，而南社諸人在思想前進的過程中相對落伍，造成
其難以阻擋的沒落命運。對這一點，柳亞子事後也承認：「追
求南社沒落的原因，一方面果然由於這一次的內鬨，一方面
實在是時代已在五四風潮以後，青年的思想早已突飛猛進，
而南社還是抱殘守缺，弄他的調調兒，抓不到青年的心理。」

---

25 胡樸安編《南社叢選》，收入沈雲龍主編：《近代中國史料叢刊》第三
　輯（台北：文海出版社），分三冊印行，傅序收於第一冊頁 8。

[26]至於文言白話之爭，以柳亞子為例，最初也「熱烈的反對過」，後來才漸漸「傾向到白話文一方面來」，而且，促使他轉變的因素中，人的因素要大於文學因素，而南社社員中反對新文化的仍居大多數[27]，這一點恐怕才是終結南社命運的最主要原因。也因此，柳亞子等人成立新南社，在發行的《新南社社刊》中完全用白話文，與《南社叢刻》形成強烈的對比。從《南社叢刻》到《新南社社刊》，除了代表一個文學社團的歷史演變外，也說明了他們所對應的文學社會與時勢所趨。

　　一共二十二集的《南社叢刻》，不論是其中的文學內容或革命史料都極豐富，值得探討的議題尚多，本文僅從其與外在文學傳播媒體的互動，以及其內部的編輯型態來討論，一方面藉此觀察這份刊物的形式與內容，一方面也藉以呈現這個文學社團的歷史發展。在中國近代文學發展史上，南社有其一席之地，可惜過去相關研究不多，直到國際南社學會成立，「南學」的研究才稍受重視，期待會有更多的研究人力投入此一行列。

26　柳亞子：《南社紀略》，頁153。

27　見柳亞子〈新南社成立布告〉：「新文化運動發現之初，文言白話的論爭，盛極一時。我最初抱著中國文學界傳統的觀念，對於白話文，也熱烈的反對過；中間抱持放任主義，想置之不論不議之列；最後覺得做白話文的人，所懷抱的主張，都和我相合，而做文言文去攻擊白話文的人，卻和我主張太遠了，於是我就漸漸地傾向到白話文一方面來……但舊南社的舊朋友，除了少數先我覺悟的外，其餘抱著十八世紀遺老式的頭腦，反對新文化的，竟居大多數。那麼，我們就不能和他們分家，另行組織。」見《南社紀略》，頁101。

第二節　南社因我而內訌 —— 訪成舍我談南社社務停頓始末

　　有關南社的事情，中央研究院有資料，因為南社曾出過好幾本書，可以找來看看。在那個時代，南社每半年就會出一本集子，那都是很珍貴的，因為當時像胡漢民、汪精衛等人都是社員，我也是社員，其實說起來這些都是過去的新聞了。

　　目前在臺灣是否還有南社的成員，我不清楚，一個都不知道。隔了這麼久，很難會在一起。南社幾乎是與同盟會同時開辦的，而且參加南社的，也多半是同盟會會員，二者之間一直有種無形卻緊密的聯繫。不過到民國六年因鬧糾紛就趨於停頓了，集子也不出，大家就散了。南社從宣統元年（一九〇九年）成立到民國六年停頓，大概近十年活動的時間，當時在上海，若不是南社的成員，不大能夠進報館當編輯，可說是盛極一時。

　　至於南社後來為什麼會鬧糾紛，導致社務停頓呢？說來這件事的主角是我。當時南社的發起人之一柳亞子，他是個公子哥兒，家裡很有錢，他贊同革命，而且也喜歡寫詩作文，於是大家就推他擔任「書記」，可惜後來因為對詩的看法，跟人鬧意見，紛紛擾擾，不久社務就趨於停頓，會沒開，集子也不出了。

　　南社在那八、九年間，大概每半年就聚一次會，有時是

一年一次。差不多都是在暑假期間。我當時是上海《民國日報》副刊的編輯，《民國日報》是國民黨的機關報，邵力子是經理，葉楚傖是總編輯。我十四、五歲左右就加入國民黨，民國四年加入南社，是葉楚傖介紹我參加的。

前面說過，南社的停頓是因我而起，它的經過是這樣的：當時柳亞子喜歡作唐詩，但那時宋詩最流行，我和幾個朋友，像朱鴛雛、聞野鶴，他們和我的年紀差不多，都喜歡作宋詩，常常在我的《民國日報》副刊上發表詩作，柳亞子看了很不高興，就寫信給葉楚傖。葉楚傖和柳亞子是非常要好的朋友，像拜把兄弟似的。他在信中寫著：自從成某人（按：指成舍我先生）到《民國日報》後，離經叛道，居然登了很多宋詩，請加以制止。葉楚傖接信後，很緊張，就告訴我以後少登，於是漸漸我們就不登宋詩了。

在上海，國民黨還有一個機關報，是《中華新報》，吳稚暉擔任總主筆，他不贊成作詩要分派，因此對柳亞子的作法不表苟同。有一天，我有事到《中華新報》去，碰見了吳稚暉，他問我：為什麼朱鴛雛等人的詩都不登呢？我就據實回答說：柳亞子不許登。吳稚暉這個人有時喜歡搗蛋，就說：既然你們不登，那把詩給我，《中華新報》登。我回去後，把這消息告訴朱鴛雛等人，他們聽了高興得跳起來，於是我就把他們的詩轉送到《中華新報》去發表。《中華新報》藉此大登特登，搞得很熱鬧。柳亞子看了很生氣，就寫了封信給葉楚傖說：沒想到你們會把詩交給《中華新報》登，現在我寫了一篇罵朱、聞二人及《中華新報》的文章，請你們務必刊登，也請你制止《中華新報》再登朱、聞二人的詩。葉

接信後，立即覆了一信說：我們不登可以，叫別人也不登，恐怕不太好。

不料，這件事竟讓朱、聞二人知道，於是就在《中華新報》上寫了四首詩，譏刺柳亞子，把他罵得狗血淋頭。柳亞子見了十分惱怒，就立刻寫封信給葉楚傖，並附上一則廣告啟事。廣告的內容我還記得：

> 南社公告：茲有松江人朱鴛雛者，妄肆雌黃，腥聞昭著，業已驅逐出社，特此布告天下，咸使聞知。

他在信中，要求葉楚傖刊登這廣告，若不登，則「唯有蹈東海而死耳，楚傖，忍失此老友乎？」葉楚傖遂將啟事交給我，並說：若不登，按柳亞子個性，可能真的會跳海去，他不是一個隨便說假話的人。

我當時還年輕，才十八、九歲，葉楚傖則三十多歲。我看看他，只好拿去廣告組，請他們刊登。然後我就在自己的寫字檯上，也擬了一則廣告，大意是這樣：

> 南社同仁公鑒：柳亞子因論詩與朱、聞不合，一論唐詩，一論宋詩，遂不准《民國日報》刊登，又不許《中華新報》登，如此一來，哪有新聞（言論）自由可言？南社是個完全平等的文學社團，柳亞子不過是個書記，不是社長，怎能驅逐他人出社？如此荒唐之人，怎能主持一個文學社團呢？請所有南社同仁主持公道，最好能一起驅逐柳亞子出社！

　　恰好那時葉楚傖抽著雪茄走過，看我伏在案上寫字，便好奇過來瞧瞧，連說：這怎麼可以！不行啦！然後就把廣告撕掉！我很生氣，問他：怎麼把我的廣告撕了？他說：你怎可驅逐柳亞子出社？我立刻反駁：那他又怎能驅逐朱、聞二人出社呢？而且，最不應該的是，你怎可撕我的廣告。

　　葉楚傖聽了，拍拍我肩膀說：我就是可以撕你的廣告。我覺得真是豈有此理。便說：就因為你是總編輯，我是編輯，就可以撕嗎？好，那我現在立刻辭職！

　　葉楚傖知道我翻臉，也不理我，就出去找經理邵力子了。於是我重新再寫一則廣告，準備刊登。但那時我很窮，在《申報》上登，一則要二塊錢，我沒錢，只好拿衣服去典當了二塊錢，後也辭去了《民國日報》編輯工作。

　　第二天，《申報》登出了這則廣告。上海各界知道之後，群情沸騰，很多南社的成員，從天津、廣東、北京來到上海，大家聚會紛紛表示反對柳亞子作法。這件事，可以說是直接影響到南社的發展，從此之後社務就停頓了。民國十二年，柳亞子又發起「新南社」，可是參加的人已經大為減少，第二年就停止了。至此，南社的活動可以說是完全結束。（成舍我口述、張堂錡整理）

第三節　新南社與《新南社社刊》

　　以「研究文學，提倡氣節」為宗旨的南社，是中國近代

文學史上一個重要的文學社團，它是由柳亞子、高旭和陳去病三人發起，宣統元年（1909）在蘇州虎丘正式成立。起初會員只有二十餘人，辛亥革命時，增至二百餘人，辛亥革命後更激增至千人以上。但是，民國成立後，他們革命反清的目標已失去號召力。五四新文學運動的發生，白話文的興起，他們在文壇上領袖風騷的地位迅速被取代。加上社員眾多，魚龍混雜，甚至意見分歧，內鬨蜂起，遂於民國 12 年因沒落而解體。

在南社日趨停頓之際，幾位南社舊成員結合了新成員，成立「新南社」，希望能在新文化運動的大勢下，與時代相對應，引納新的世界思潮，致力於成為民眾的代言人。可以說，南社的沒落命運肇因於新文化運動，而新南社的崛起也是新文化運動所影響下的結果。雖然它只有年餘就瓦解，但和舊南社相比，它確實是向前邁進了一步，這一點從他們發行的《新南社社刊》中可以得到具體的印證。

由於種種原因，過去海內外對南社及其社員的研究都十分貧乏，造成這方面在中國近代文學史的研究幾乎是個空白。近年來，大陸方面已開始重視此一重大課題，相關研究日漸增多。而且，有關的紀念及研究會也相繼成立，如上海成立了南社研究會和南社聯誼會，江蘇省吳江縣已建立柳亞子故居紀念館，中國南社與柳亞子研究會於 1990 年 11 月 13 日在北京成立，廣東南社研究會於 1992 年 6 月 14 日成立。更重要的是，國際南社學會於 1989 年 5 月 4 日成立，秘書處設在香港，不論在南社資料的整理、挖掘，相關著作的出版或研究人力的整合凝聚上，都有著可觀的成績展現，可以說

是目前最具活動力、而且研究成果最豐碩的研究團體。這個
由柳亞子哲嗣柳無忌發起成立的學會，會員已遍佈包括台
灣、香港、新加坡、馬來西亞、日本在內的亞洲、歐洲、北
美、澳洲，這是南社研究的可喜發展。台灣部分，相形的研
究成果比較薄弱，除了不多的概述性文章外，較有系統的研
究僅有陳香杏的碩士論文《南社研究 ── 以思想層面為主》
（台灣師範大學歷史研究所，1993），以及林香伶以博士論
文為基礎修訂出版的《南社文學綜論》（里仁書局，2009），
此外就只有少數南社成員的個別研究。整體來說，有關南社
的研究仍屬起步階段，特別是有關新南社的研究，因其壽命
甚短，加上《新南社社刊》的不易搜見，一直未見有較深入
的研究成果出現。在整個南社歷史的發展上，它經常是被視
為尾聲餘韻，往往一筆帶過。其實，它仍有其不可忽視的研
究價值。本文將以《新南社社刊》為論述主體，作較深入的
分析，以此看出南社成員在舊南社沒落時的自處之道，如何
與當時風起雲湧的新文化熱潮相對應。雖然，《新南社社刊》
僅發行一期就停刊，但就是這一期，使我們了解了南社向前
發展的一個面向，也看到了當時知識分子對國是的憂心與尋
找出路的努力。

一、新南社的歷史發展

　　要探討《新南社社刊》，必須先說明新南社的歷史發展。
新南社是民國 12 年（1923）10 月 14 日成立，而舊南社
在該年 12 月還出版了由陳去病、余十眉編，姚光印行的《南

社叢刻》第二十二集，所以，它可說是在舊南社沒落之際誕
生的。新南社社長柳亞子在《南社紀略》一書中，提到早於
該年 5 月時即已著手發起，八位發起人是：柳亞子、葉楚傖、
胡樸安、余十眉、邵力子、陳望道、曹聚仁、陳德徵。其中
前五位是南社舊社員，後三位則是新加入，而且都是新文化
運動方面的人。除了柳、余二人外，其他六人都在《民國日
報》工作，因此柳亞子說：「新南社是以《民國日報》為大
本營的」[28]，這和南社以上海愚園為主要活動地不同。

　　成立之前，葉楚傖寫了一份〈新南社發起宣言〉，提到
新南社的使命是要「追隨著時代，與民眾相見」，而其途徑
則是「國學整理和思想介紹」。在這個基礎上，他強調新南
社將對世界思潮「誠實而充分的向國內輸送」，並「十分誠
意願和別的團體的伴侶合作」[29]。除宣言外，還有一篇〈新
南社組織大綱〉，後改為〈新南社條例〉，其中明訂新南社
的宗旨有下列五點：（1）整理國學；（2）引納新潮；（3）
提倡人類的氣節；（4）發揮民族的精神；（5）指示人生高
遠的途徑。由此可知，新南社並未放棄舊南社的原始精神，
依然強調氣節，也主張整理國學，但它也頗能因應新文化運
動的大潮流，注意新思想的鼓吹。在這篇後來刊於《新南社
社刊》的〈條例〉中，對社團的組織也有所規範：「本社設
社長一人，總攬社務，由社員投票公舉，任期三年，連舉得
連任。編輯主任三人，幹事二人，會計一人，書記一人，都

---

28 見柳無忌編：《柳亞子文集：南社紀略》（上海：上海人民出版社，1983），
　　頁 91。
29 同上註。

由社長委託，任期和社長一律。」在這項規定下，成立當天宣布了社團人事安排：社長柳亞子，編輯主任邵力子、陳望道、胡樸安三人，幹事葉楚傖、吳孟芙、陳布雷三人，比原先規劃多出一人。會計胡樸安，書記余十眉。新南社的組織至此完全確立。新南社的「新」，是相對於舊南社而言，它也的確在思想鼓吹上表現出一番新的氣象，但作為一個文人社團，它在活動上沿襲了舊南社的型態，特別是〈條例〉中明訂每年雙五節、雙十節的聚餐，正是舊南社春秋雅集的翻版。在組織型態上也完全照舊南社既有的規定。唯一有較大不同的是社刊的編排：舊南社的《南社叢刻》分文錄、詩錄、詞錄三類；新南社的《新南社社刊》則不加分類，其間的差異在後面再加以詳述。

　　當組織架構完成後，柳亞子原本寫了一篇〈成立宣言〉，但因其個人色彩太重，葉楚傖認為不像團體的宣言，於是改成〈新南社成立布告〉，收於柳氏《南社紀略》一書。在這篇布告中，主要是談南社的衰敗原因，他對文言白話之爭的態度，以及他對新南社宗旨的個人看法。在其敘述中，又可看出所謂的「新南社」確實是不脫新舊雜陳的過渡色彩，例如他說：「新南社的成立，是舊南社中一部分的舊朋友，和新文化運動中一部分的新朋友，聯合起來，共同組織的。」可知此一社團的成員原本就是有新有舊，在新舊收存的現實下，自然產生看法分歧的現象。柳亞子說：

　　　　新南社宗旨的條文，是幾個發起人共同擬定的，但是對於第一條整理國學，我現在卻有一點懷疑，國學有

> 整理的價值嗎？整理好了，能有好影響給思想界嗎？
> 我很贊成某某先生「牛糞裡尋香水」的一句話，覺得
> 恐怕徒勞而無所獲呢！但學問是嘗試的，我們社裡，
> 有多少喜歡研究國學的人，讓他們去嘗試一下子也好[30]。

　　由此可見，新南社的成員在宗旨上並非立場一致。又如
第五條「指示人生高遠的途徑」，柳亞子認為「是某君主張
加入的」，「和我們趨向很不同」，「所以某君的玄妙高上
底主張我不能理會得」。一個某君的看法竟成為一個社團的
共同宗旨，柳氏雖不贊成卻並未改變，充分說明了新南社的
妥協性與爭議性。新南社的社員數目遠不及南社。民國 12
年 11 月，新南社通訊錄出版，從柳亞子到何凝冰共有 153
人，至 13 年 2 月又增加了 59 人，共 212 人。爾後陸續有人
入社，確切數字已無法查明。柳無忌根據柳亞子的校訂本再
增補成〈新南社社員錄〉，共有 230 人[31]。這是目前已知最
多的人數，其中舊南社社員約佔一半。

　　新南社不像南社在定期聚會上的慎重其事，而是以聚餐
為主，並且不普遍發通知，出席者多為上海方面的社員而已。
南社共舉行十八次雅集，新南社則舉行三次聚餐，不過也仿
南社舊例，餐後有攝影留念。第一次聚餐是民國 12 年 10 月
14 日的成立大會，地點在上海福州路小花園都益處菜館，拍
了一張照片，背面寫有出席者三十八人；第二次是民國 13
年 5 月 5 日，地點相同，三十餘人出席，也有拍照；第三次

---

30 柳無忌編：《柳亞子文集：南社紀略》，頁 102。
31 這份社員錄收於《南社紀略》之附錄，頁 233 至 235。

是該年的雙十節，地點則在上海南京路的新世界西餐部，餐畢又拍了一張三十七人的團體照。此後就沒有再舉行集會，而新南社也從此漸趨停頓了。新南社的壽命極短，自正式成立至社務停頓僅有一年，這主要是主其事者多有他務在身，無法專心經營，再加上當時局勢混亂，孫傳芳、段祺瑞、張作霖、曹錕、吳佩孚等軍閥相互鬥爭不已，影響了社務的發展。如柳亞子在給蔣慎吾的一封信中就總結說道：

> 經此一番刺激，我們知道運動軍閥和掉書袋都沒有用處，要革命非喚起民眾不可，於是毅然替方新的中國國民黨努力，連新南社也丟在九霄雲外了，這便是新南社停頓的真原因[32]。

　　據楊天石、劉彥成撰《南社》一書，提到民國 14 年 3 月 12 日國父逝世時，各地舉行追悼大會，新南社還曾送了一副輓聯：「薄華盛頓而不為，何況明祖；於馬克思為後進，庶幾列寧。」他們認為這是關於新南社活動的最後紀錄[33]。
　　正如柳亞子所言：「新南社的生命很短促，不過他的意

---

32 柳亞子所謂的「一番刺激」，是指當時正是孫、段、張締結三角同盟對付曹錕、吳佩孚的時代。江蘇督軍齊燮元屬於曹、吳一派，浙江督軍盧永祥和淞滬鎮守使何豐林則屬段祺瑞一派。在齊盧戰爭中，新南社是希望盧能打倒齊，於是柳亞子和陳去病就開始組織江蘇民治建設會，想在上海有一番作為。不料孫傳芳從福建打過來，盧永祥和何豐林都逃走了，柳、陳等人也只好偃旗息鼓。由於這件事，柳才覺得「運動軍閥」沒有用處，這封信收於《南社紀略》，題為〈關於新南社及其他〉，頁 161 至 163。

33 楊天石、劉彥成：《南社》（北京：中華書局，1980），頁 146。

義卻是值得紀念的」；「無論如何，新南社對於南社，總是後來居上的」（《南社紀略》，頁 109），這些話應屬公允。新南社的出現在近代中國歷史舞台，象徵了舊南社中一股因應時局、力求突破的創新精神。當然，這種求新求變的精神，是整個時代的大勢所趨，新南社的成員也只是順勢而進，並非有石破天驚的創舉或揚起風潮的言論，但在當時各種思想言論充斥、新舊勢力角逐激烈的情況下，他們能不逆時流，與時並進，已屬難得。《新南社社刊》作為新南社的代表刊物，正具體而微地表現了這種前進的努力。

二、《新南社社刊》的編輯組織型態

在〈新南社條例〉中，原本即有出版刊物的規定：「本社出版物分兩種：（一）《新南社月刊》（二）《新南社叢書》。體裁用語體文。組識法由編輯主任規定。撰述人除由編輯主任向社員中延訂外，社員都可以自由投稿。」以此為基礎，隨即又制訂更詳細的〈新南社編輯部組識法〉：

1、本社出版物，遵照本社條例，分為《新南社月刊》、
　　《新南社叢書》兩種。
2、本社出版物，遵照本社條例，統用語體文。
3、月刊定 13 年 1 月出第 1 卷第 1 號，內容不拘門類，
　　不分譯撰，唯以美善為主。
4、月刊撰述員，由編輯主任向社員中延訂，或每月
　　擔任作品，或間月擔任，須有負責的承認。

5、社友對於月刊，都可以自由投稿。

6、月刊另闢讀者論壇一門，對於非社員投稿，一律
　　歡迎。

7、編輯主任對於社員、非社員作品，都有去取和修
　　改的權利。倘有不願修改的，須預先聲明。

8、月刊稿件，無論登載與否，概不檢還，要檢還的，
　　也須預先聲明。

9、月刊送社員，每人一冊。有作品的可以酌量多送，
　　但至多不得過十冊。餘下的概作賣品。

10、叢書出版無定期，內容不拘門類，不分譯撰。

11、叢書的稿子，由社員自由擔任，經編輯主任審定
　　後付印。

12、叢書出版後，每千部送本書著作者一百部，其餘
　　概作賣品。

13、社員對於叢書，要購閱的，一律繳費。

14、編輯主任三人，推定一人負責，餘二人輔助之。
　　（附則）稿件請寄上海《民國日報》邵力子 —— 第
　　一屆負責的編輯主任。

　　這個編輯事宜的安排，不論是月刊或叢書，都有明確的
功能劃分與出版規定，然而，組織雖完善，執行的過程卻狀
況頻傳，原本的雄心並未得到充分的發揮。在叢書部分，因
邵力子辦《民國日報》事情太忙，撰稿的社員又少，因此叢
書計畫根本沒有實現，一本也沒出；至於月刊，也只出了一
期，按編輯部組識法應該在 13 年 1 月出版，卻遲至 5 月以後，
加上又沒有繼續出版的把握，遂把月刊改成《新南社社刊》。

就這樣，這本代表新南社時期唯一的刊物，就在命運未卜的情況下出版了。不過，刊物目錄仍註明是「新南社第一期」，可見成員仍有持續出版的企圖。

今人不解的是，柳亞子的《南社紀略》、鄭逸梅的《南社叢談》、陳香杏的《南社研究》等書，對〈條例〉或編輯部組織法中所言的社刊前身都是《新南社月刊》，而筆者手中的《新南社社刊》（藏中國國民黨黨史會）在刊物末頁附有〈新南社條例〉全文，卻註明是《新南社季刊》，其餘文字與上述諸書皆同。當然，鄭、陳二人的資料均引自柳著，這在他們的敘述中已有交代，所以，柳著何以寫成「月刊」令人費解。筆者以為，應以「季刊」較合理，因為在最早的〈新南社組識大綱〉中已提到出版物將分兩種：新潮季刊、國學季刊。可見最早是以「季刊」的型態在規劃的，修政成〈新南社條例〉時被改成《新南社月（季）刊》與《新南社叢書》。以當時的人力、財力，和過去南社時期編印《南社叢刻》的經驗來看，他們恐無此能力出版月刊，即使是季刊都顯得左支右絀，必須勉力而為才行。當然，也有可能在制訂〈條例〉時，成員信心勃勃地想每月定期出版，事後才發現不易做到，遂在出版第一期時，不僅改刊名，而且將月刊改成季刊。對這一點，柳亞子並未提及，因此，若不是柳亞子記錯，就是刊物登載有誤，有待進一步查證。

雖然邵力子因為事忙而耽擱了社刊的編輯工作，但畢竟是出版了。這本薄薄一百頁的刊物，封面請馬君武題字，內容方面除最前的目錄與最後的條例外，共刊載了十二篇文章、九首詩，下一節將加以詳述。條例之後是一則「介紹書

報」的小廣告，共介紹了《民國日報》、《新建設雜誌》、
《新民國雜誌》、《中國青年週刊》、《中國國民黨週刊》、
《社會科學講義》、《嚮導週報》、《新青年季刊》等八份
當時以介紹新思潮為主的報刊，互相宣傳、奧援的意味濃厚。
與廣告同頁的是版權頁，寫著「編輯兼發行者：新南社；代
售處；上海民國日報社及各大書坊；本刊定價每冊大洋二角。」
之所以以民國日報社為代售處，乃因新南社成員有多人在此
任職，是新南社的大本營所致。

　　基本上，新南社的組織法已觸及刊物宗旨、文字表現、
投稿及審稿、退稿規定，也對刊物內容方向、作者與媒體的
互動關係（包括權利與義務）都作了精簡的說明。從《新南
社社刊》中，我們可以看出其成員的編輯理念及其訴求的目
標實踐，雖然缺乏長期的檢驗機會（事實上，歷史的迅速發
展，也讓他們在尚未站穩腳步時就必須做下一步不同的選
擇，因應新形勢而另謀新的出路，從某個意義上說，歷史也
沒有給他們機會），但仍可窺其一斑，找出線索。以下就針
對刊物的內容作細部的分析。

三、《新南社社刊》的內容述評

　　正如條例所言，社刊的內容表現，在文字媒介上是白話
文、白話詩，在主題上是新思想的介紹，以美善的人生理想
為追求的目標，而且也不分譯撰，兼容並蓄，給人耳目一新
之感。十二篇文章，九首詩，一方面在思想上表現出引納新
潮的用意，一方面在文學表現上顯示出白話文運動的直接影

響。在當時諸多的「新」刊物中,這部社刊不落人後地為這場文體的大變革、思想觀念的多元化,盡了它在近代中國文學史、思想史發展上的一份心力。

首先,我們來看這十二篇風格殊異、題材豐富的文章。

(一) 沈玄廬〈最近的新俄羅斯〉

這篇文章有一附題:「從莫斯科寄回來的四封信」,說明了此文的結構是分四段各自獨立的形式,但在內容上卻又是緊密聯屬。沈玄廬於民國 12 年 9 月抵達他心中「世界革命的中心地」莫斯科,住了 75 天。這四封信分別是他於 10 月 10 日、17 日、11 月 8 日、9 日所寄。第一封信是介紹俄國的共黨、紅軍之組織、特色,認為其黨員犧牲奉獻的熱情令人敬佩,因此,「俄國將來的成就,斷非現在所能想像的。」而黨軍一體的情況,在他筆下更有著肯定的憧憬;其次又介紹俄國的經濟、社會現狀,對當時竭力發展農業和電氣事業的政策,他認為這是在「走必定應當這樣走的路罷了」。他甚至說:「凡是反對紅俄、指摘紅俄的,不是自欺的宗教家,便是帝國資本主義者底奴隸」,可見他對當時俄國實施的共產制度深信不疑。第二封信集中談農村的改變,認為當時的政府是代表農工利益的政府,所以極為關心農民,在他眼裡,「農民生活狀況,和桃花源裡人無所軒輊」。第三封信是敘述俄國軍隊的過人之處,特別是不分階級,積極求取新知的風氣,令他印象深刻,而發出讚歎之語:「共產主義能夠建設國家,在這個人慾橫流的世界中間,真好算是一樁奇事。」第四封信則是探討了工場的管理、工人、生活狀況、出品,

依然是多所肯定。這些信件篇幅甚長，將他所見當時俄國的「新貌」透過書信介紹給國人。

（二）沈玄廬〈留別留俄同志們的一封信〉

這篇長度僅次於上文的書信體文章，傳達的仍是對共產主義的嚮往，強調共產主義「大成功的日子，就是人類永遠弭兵的日子」，而中國將是「最後兩階級鬥爭的最大的戰場」。他對袁世凱與外國勢力結合危害中國之舉大加抨擊，並對美國、日本的壓迫中國表達強烈的反感，他說：「許多青年學生，對於張牙舞爪強盜式的日本，有一部分覺察了，而對於和言悅色騙賊式的美國，居然還當它是個好人。」在列強與軍閥勾結，中國淪為魚肉、且將亡國的憂慮下，他認為「斷沒有別的生路可尋」，只有「非革命不可」。最後他勉勵留俄同志們「知識是戰鬥的武器，知識是生活的工具」，大家應「切實地用功，誠實地說話，認真地做事」。值得注意的，是他在文中將中國國民黨、共產黨、社會主義青年團三個團體並立，認為這是「中國唯一的一線命根」，因為他們敢於向帝國主義列強和所豢養的軍閥鷹犬作戰，並且呼籲他們不要「四分五裂，互相猜忌」，要認清「中國底公敵」，互相合作。

（三）邵元沖〈英國的新村運動〉

邵元沖是浙江紹興人，中國同盟會會員，曾任立法院副院長、代理院長。他於民國 12 年 10 月赴英考察新村運動的規劃後撰成此文，介紹了英國新村運動的緣起、目的、成就和各項建設，最後道出自己的看法。他原本覺得新村事業在

中國有提倡的必要，但仔細深思後，他認為這種組織有三項缺點：（一）這只是消極的少數人找一塊清淨的地方，來度他們較安舒的生活，這絕不是廣義的度世主義，而只為狹義的自救主義；（二）能移居到這種新村中的人，是比較有一點資產的，無產階級則沒有本錢租地及造屋，享受不到這種新村幸福；（三）英國的新村運動只謀機械式的科學式的改良都市生活，對於現代的經濟組織，並未從根本上改造，故不可能有新社會實現的可能。基於這些缺失，他的結論是「新村運動者只是社會改良家，而不是社會主義者」，所以，「辦法雖可採取，主張還須徹底」。由此可知，他並不反對在中國實施新村運動，但他認為更根本的辦法是徹底實行社會主義。

（四）劉伯倫〈中國的亂源〉

劉伯倫對當時所謂「農村立國」的主張表示反對，認為中國的貧弱擾亂，是由於實業不發達，而實業不發達的最大原因是帝國主義的侵略。中國的手工業敵不過機械工業的競爭，造成大量失業者，不得不淪為兵匪，最後出現軍閥割據的局面，於是就有了反抗軍閥的民主革命運動。一旦民主革命運動成功，必然建立主權完全的民主政府，採用保護本國實業使它發達興盛的政策，這將不利於帝國主義，所以帝國主義者就想幫助軍閥，不使民主政府實現。這是本文的主旨，完全在抨擊帝國主義的侵略，語氣激昂。

（五）李未農〈精神分析底意義歷史和學說〉

正如題目所顯示的，此文介紹了在歐美的心理學說中尚

屬新學的精神分析說，從它的意義、歷史發展到主要的學說
都作了精要的說明，尤其是介紹了傅勒得（一譯佛洛伊德）
的《精神分析通論》和庸格（一譯榮格或楊格）的《無意識
底心理學》中的幾個重要觀念如無意識、意欲等，特別是當
時尚稱驚世駭俗的「性欲說」。他詳細說明傅勒得的主張：
「意欲中最強的一個，要算是性欲，被抑制最烈的也是性欲，
精神病底癥候和無意識的作用大半多與性欲有關係」。這種
學說對當時中國來說毋寧是新鮮而大膽的。

（六）陳德徵〈詩人拜輪底百年祭〉

作者以無比的崇敬和熱情的筆調，對拜輪（一譯拜倫）
的詩藝及其獻身革命的精神大加表揚。文章開始先介紹拜輪
的生平事蹟，然後稱讚他的出眾性情：「拜輪底天性是堅強
的，他覺得世界上除自己底熱情和憂鬱外，再也沒有別的東
西更有滋味了。因為他自己對他那熱情和憂鬱這樣有味，而
且因為他有那堅強的力量，我們稱他為天才……熱情的、自
我底意志極強盛的拜輪，在全歐、也許在全世界，是一個出
色的詩人呀！」最後，他說：「我愛拜輪，更崇拜他作品中
所表述的革命的力量，在他死後的一百年，我也不得不拿我
底熱情和我底傲骨，向他底靈魂獻祭。」這裡主要是對拜輪
死於幫助希臘人獨立的戰爭的行為，表達由衷的敬意。在他
心中，拜輪的人品和詩藝都值得中國人學習，甚至膜拜的。

（七）胡懷琛〈中國詩歌實質上變化的大關鍵〉

此文不從詩歌的形式立論，而是探討詩歌在實質上的變

化。他認為可分五個時期來說明：（一）純粹黃河流域的風氣，詩的實質只是溫柔敦厚的感情，可以《詩經》為代表；（二）是黃河流域思想和長江流域思想接觸時代，詩的實質加上南方神秘幽怪的故事，以《楚辭》為代表；（三）是漢族與匈奴接觸時代，又加入北方粗豪雄壯的氣概，蘇武李陵以後的詩就有這種氣概；（四）是老莊學說盛行的時代，加入了道家玄妙高尚的思想，晉以後人的詩即有此思想；（五）是中國人與印度人接觸的時代，加入佛學覺悟解脫的見識，南北朝以後人的詩即有此見識。胡懷琛各舉詩例說明五個時期的特色及其不同。他並強調，這種變化自唐以後便停頓了，沒有什麼東西加入，直到最近和歐洲文學接觸以後才再發生變化，但將來的變化會如何，他則不敢預測。

（八）高爾松、高爾柏〈加納博士底婦女參政運動論〉

加納博士（D. J. W. Garner）是當時負有國際盛名的政治學者，他的政治理想是主張極端的民治，所以他對婦女參政是持完全贊成的態度。本文是高氏兄弟根據他的《政治學大綱》一書中有關婦女參政部分的理論翻譯重寫而成，從婦女參政運動的發生談起，敘述了英國、英領屬地和美國的婦女參政運動，再說明其有關理論，包括正、反面的不同意見，加納博士的理論在此有精要的介紹。在贊成意見方面，加納提到四點：（一）公民權利的決定，是在道德和智慧上，不在生理的區別；（二）婦女要求參政權的目的不是要治理人家，而是要藉此抵禦以前被男性臣服時代所訂立的許多不平

等待遇和一切不合理的立法；（三）政治權的解放應隨公民權的解放而並行；（四）婦女參政可使公眾生活變得純潔而優美。至於反對的意見也有四點：（一）破壞女子特有的稟性；（二）破壞夫婦感情；（三）婦女不能從事兵役，所以不該有參政權；（四）多數女子不願意投票。對這四點，加納也一一加以反駁，最後得出「婦女參政的理由是很正當而明亮」的結論。本文全是加納的理論譯介，高氏兄弟做了忠實而簡要的宣傳。

（九）黃懺華〈哲學概說〉

黃懺華，原名燦華，廣東順德人，曾任立法院法制委員會秘書，是舊南社社員。他寫此文的動機是認為：「哲學並不是什麼幽玄的思想，哲學研究也並不是什麼幽玄的思想家底專門事業，實在可以說得是人人都有一點，而且人人都要一點」，於是他就從形式、方法、對象三方面，去觀察哲學的性質，得到一種簡單的定義就是：「哲學是拿滿足給全人性底各種要求，又拿萬有全般做對象的普汎的科學。」

（十）柳無忌〈譯蘇曼殊潮音序〉

柳無忌是舊、新南社社長柳亞子的公子，江蘇吳江人，耶魯大學博士，民國 35 年赴美講學，歷任耶魯大學、匹茲堡大學、印第安納大學教授。在印大時創辦東亞語言文學系，退休後為榮譽教授。柳氏對蘇曼殊有獨到精深的研究，曾編著《蘇曼殊全集》（與柳亞子合編）、《蘇曼殊年譜及其他》等書。本文是他翻譯蘇曼殊所做的《潮音》英文自序，內容

是介評英國兩個大詩人拜輪和師梨（一譯雪萊）的人格、作品的不同風味，精準而明確。例如說：「師梨的戀愛在他的思想中，拜輪的戀愛在他的動作中，是真正的愛著。」一語道出兩人在性格上的不同。文末還附有師梨的詩〈愛的哲學〉，原詩見《潮音》，但柳氏認為詩沒譯好，遂把它補譯出來。拜輪的詩也附一首〈留別雅典女郎〉，在《潮音》上也有譯文，不過是文言文，於是柳氏重譯成白話，詩中洋溢著熱烈的情感。

（十一）徐蔚南譯〈一張畫的悲思〉

本文是日本作家國木田獨步所作，徐蔚南將之從水戶部茂野的英譯本《獨步短篇小說選集》中重譯出來的。小說的內容是敘述兩個在繪畫藝術上有天分的小孩，彼此間由競爭轉而相知相勉的一段故事。其中對人物的性格刻劃、兒童心理的掌握、命運的無常變化等都有不錯的技巧呈現。從一張畫與一個天才藝術家的早夭為主軸，給人留下對人性、時代的深刻印象。徐蔚南原名毓麟，江蘇吳江人，曾任上海市通志館編輯主任。

（十二）徐蔚南譯〈讚劍〉

這篇文章是比利時人梅特林克的原著，徐蔚南的翻譯有些生硬。題為論劍，其實主要是探討神的判斷與法律的保護，認為一旦人間的正義成了啞子，宣告自己的無力時，我們只有訴之於昔日神的判斷。至於社會在法律上的保護則十分軟弱。因此，我們「要記著我們是強食弱肉的、互相爭鬥的動

物」，對於自然賦予我們的「原人的性質」不應放棄。換言之，全文對神與法律都持一種質疑的態度，而主張以「劍」——人的原始本能來面對人間的善惡。他甚至說：「如果一旦我們完全沒有了復仇心、疑心、憤怒、獸性、爭鬥心以及種種別的差誤，那便是我們的大禍吧！」徐蔚南之所以翻譯此文，應與當時達爾文的「物競天擇」說傳入中國，引起一陣討論熱潮的影響有關，這篇文章正是宣傳這種新思潮的相關學說之一。

除了以上這十二篇文章外，社刊後面 12 頁所刊的是白話詩九首，有譯稿，有創作，像劉大白的三首詩就是白話詩萌芽時期的佳作。《新南社社刊》之所以成為鼓吹新文化的一份期刊，這些在內容、形式上都與新時代相呼應的作品，是其明顯的標誌之一。以下略加介紹。

1.呂天民譯〈社會不平鳴〉

這是一首詞意淺白卻寓意探刻的詩作，原作者不詳。詩分三段，分別諷刺了軍官、豪富及大資本家，以直陳社會的不公不義為詩的主旨。首段言上將少校之胸旁有光煌之物，看是「文虎之勳章」，實為「士兵之頸血與腦漿」；次段敘寫宦門姬妾之鬢有光昭之物，看是「生髮之香膠」，實為「平民之血汗與脂膏」；末段寫大資本家的玻樽中有溫溫之光，看是「美酒之香檳」，實為「工人之血點與淚痕」。三段句法結構相同，的確是一針見血地道出下層人民的悲憤心聲。呂天民字旭初，雲南思茅人，中國同盟會會員，曾任《民立報》主筆、南京臨時政府司法部次長、立法委員。

2.劉大白〈秋燕〉、〈斜陽〉、〈黃葉〉

　　在「五四」新詩草創時期，劉大白算是承前啟後的詩人之一。五四後的幾年，是他創作力旺盛的時期，除在一些報刊發表大量新文學作品外，還在杭州辦了《責任週刊》，評論時事，宣傳新文化，充滿熱情。他同時也是傑出的學者、教育家，歷任復旦大學、上海大學教授。受五四精神的影響，他的詩很重視內容，在風格呈現上，可將其詩作分成哲理詩、抒情詩及社會寫實詩，劉大白可說是當時較早把眼光投向反映民間疾苦的少數詩人之一。當時也有一些詩人熱中於探索人生意義和宇宙奧秘，又加上印度詩哲泰戈爾的影響，哲理詩成為一時風尚，劉大白也在此一時潮下寫了一些哲理詩。至於抒情詩，他也寫了不少謳歌愛情，讚詠自然，表現內心感受的詩篇，如這三首詩即是。

　　〈秋燕〉一詩不長，描寫兩隻燕子的對話，原本是商量「去不去」，一隻說「不要去」，一隻說「不如去」，最後同意「一齊去」，結尾二句：「雙燕去了，把秋光撇下了」，頗具巧思。全詩看似寫景，實為抒自我之情，從猶豫到下定決心的過程，簡單兩語即生動呈現。最後以燕的飛去，道出時序的移轉，詩意率真，給人親切之感。

　　〈斜陽〉一詩在詩的意境上有較好的表現：「雲一疊疊的，打算遮住斜陽；然而漏了。教雨來洗吧，一絲絲的；然而水底也有斜陽。黃昏冷冷地說；『理他呢，斜陽罷了』／不一會兒，斜陽倦了，冉冉地去了。」這是劉大白寫於民國11年的作品，對斜陽的不願落下，深戀世間的形象，作了生

動的刻劃。詩人的獨特感受，藉神韻盎然的畫面表現出來，是他出色而典型的抒情詩作。寫景之餘，或也傳達了對人間理想、藝術境界的追求，雖然會遭遇不少挫折、打擊，但即使是已近黃昏，斜陽仍盡力散發出它的熱力，溫暖它所愛戀的世間。

〈黃葉〉一詩是詩人於民國 12 年寫於紹興的佳構：「和樹枝最親密的黃葉，當它對伴侶告辭的時候，微微地，只是臨風的一聲歎息／當黃葉駕起它善於歎息的雙翼，到處漂泊去了；樹枝儘自搖頭，也博不到它底回頭一顧！」從詞意上看，寫的是葉落離枝的自然現象，但透過作者的用情觀照，自然景物驟然獲得了生命與情感。詩人善於運用意象式的語言，活潑的擬人句法，將生命凋零的無奈表達得詩意盎然。這首詩在白話詩發展初期應算是成功之作。

3.何心冷〈不如歸的一幕〉

這是一首敘寫男女戀人離別的情詩。男主角要「奮勇地向前進」，可是「被伊那嗚咽的語聲喚住了」，兩人在港口話別，充滿不捨的愛意，但男主角終於乘船而去，獨留佳人殷殷期盼歸期的眼神。詩的末尾寫著：「月光慘澹了，它雖然也不住的安慰伊，可是在伊的頰邊，映出點點閃閃的淚了！」直接道出內心的感傷。全詩即以如此明朗、散文化的句法來表現，較欠缺含蓄的美感，在技巧上顯出嘗試時期的生澀。

4.謝遠定〈不幸的小鳥兒〉、〈晚禱〉

這首詩是一隻不幸鳥兒的自白，熱切期盼來到世上，卻

經歷了人間無數的黑暗，最後因奔波勞累而死。從「一天母親把我產出，我才知道世界這般冷酷」開始，這隻不幸的鳥兒，就不息地在這暗潮上飛騰。牠覺得自己的力氣逐漸用盡，看到「山啊，水啊，沙漠啊，墳墓也似的屋宇啊，一切的背著我，向黑暗裡退卻。」於是牠發出了人類也相同的吶喊：「我不過是一隻小鳥吧。我為光明，奔波了半生／可是我那光明？可是我那愛人呢？」沈痛的嘶吼，人類共有的無奈，透過鳥兒強而有力地傳達出來。作者對人生的深刻體驗，不禁引起我們的共鳴。在對世間絕望之後，牠悲觀地告訴自己：「我不能再繼續下去了，我要偕黑暗長隕。」最後八句，人稱觀點突然轉變，以圍觀者的眼光說：「當他掙扎著最後一息的時候，太陽已款款地從他背後東昇／待人們聚攏來把他底頭兒扭轉，啊！他已絕了生緣／人們都奇怪這隻小鳥兒，為什麼好好地睡死在園裡了／是誰可憐過這小鳥兒底不幸？是誰可憐過這不幸的小鳥？」最後兩句的質疑，給人無比哀淒的感受。雖然詩的技巧不成熟，但在內容的反映人生、社會上則仍有其可觀之處。

〈晚禱〉一詩，是謝遠定於民國 12 年在南京所寫。詩意較濃，將自己對月亮默默祈禱的深願真實地表現，詞意優美，意境清麗。詩分兩段，第二段寫著：「月姐，我底愛人喲！就讓我是你底小孩兒，給惹著開心而痛哭過了，也應該惠一塊小糖果吧？月姐，我底愛人喲！請你至少回過臉兒來喲！」有點童真的稚趣，也有點人生希望的追求，是首洋溢趣味的小詩。

5.黃懺華〈海上〉

　　詩分兩段，意思相同，先描述海景，再特寫海上衝浪前進的一條大船。唯一的差別是前段為日景，後段為夜景。在景物的描摩上，缺乏意境的烘托，純以白描手法，而修辭也並不出色，後段的詩句相形之下稍好，例如「是誰把神秘的幔子放下來，把多麼大的天空多麼寬的海面都遮住了，四圍都黑沈沈的靜悄悄的冷冰冰的，只聽見海水響。」不過，仍不脫散文句法的鬆散。兩段的末尾皆以大船作結：「一條漆黑的大船……在那個水天無際裡頭，衝波破浪地朝前進」；「但是那條大船呢，它仍然衝波破浪地朝前進。」可惜船的意象並未加以妥善運用，殊為可惜。

6.蘇兆驤〈冬夜〉

　　這是作者寫於民國 13 年元月的作品，敘寫詩人在冬夜的感思，意境典雅，辭意清暢優美，是首詩意濃郁的詩。起首是詩人在冬夜被驚醒；「一聲怪響，驚得我醒了。是在黑暗中，正循著軌道，向前猛進的火車。」醒後的詩人再也不能成眠，於是悲哀地思念起親人：「枕上的天國裡，姪女們散著亂髮，玫瑰的小唇，仍紅得可愛。我用手摸我的頰，伊的吻痕早乾了。」有一種朦朧的情思，透過詩人的筆端傳達出來，給人深刻的聯想。對於母親，作者也有永恆的想念：「被頭雖鐵般的冷，心頭卻爐般的熱了。坐在床沿上的，彷彿是我熱愛的慈母。」藉冷鐵熱爐的強烈對比，表現出冬夜與母愛的冷暖差異，使讀者與詩人一同感受思親的傷感。此外，作者也有理性的思考，他說：「詩人們，你把預言給了時鐘，

要它替你代宣麼？萬籟無聲的時候，得得地，得得地，時光的神底馬蹄！」道出創作的孤寂與生命的流逝。他甚至告訴自己：「有淚莫輕流！灑向筆頭，寫成文字，好得著不朽的結晶。」吶喊似的字句，可說是此詩的敗筆。最後，詩人仍恍惚自己是醒是夢，但他卻無限悲哀地說：「好景消磨了！故人星散了！人生本來如此的。連慣溫存枯枝的雪，也因冬暖不來了。」將內心的孤獨感與自我的期許雜揉在一起，交識成一首在冬夜一個旅人的哀歌。

　　以上是九首收於社刊中的詩歌創作，雖然在技巧、意境、修辭等方面都有許多明顯的缺點，對於詩歌的特質、內涵也尚無法完全掌握，但這畢竟是白話詩萌芽初期不可避免的現象。事實上，《新南社社刊》能擺脫舊南社時期以古文、古詩詞為主的型態，完全以白話文、詩為刊物內容的表現媒介，本身已是一種符合文學趨勢的進步走向。而在內容主題的多樣性、時代性方面，《新南社社刊》也有強烈的對應，實無愧其以「新」自許的宗旨。

四、《新南社社刊》的思想特色

　　新南社主要社員如柳亞子、邵力子、陳望道、胡樸安等人的思想傾向，事實上已透過《新南社社刊》顯現出來。刊名訂為「新」，除了與舊南社劃清界線外，也說明其以引介新思潮為宗旨的立場。在〈新南社條例〉中所言要「整理國學，引納新潮」的方向，在社刊中已得到初步的實踐，這從上述對其內容的評述中可以看出。以下將在內容的基礎上，

進一步論析這份刊物所呈顯出的思想特色。雖然，有些觀念、想法為個人意見的成分較多，但在編輯活動的過程中，從選稿到刊登，這些文稿已無形中代表了這份刊物對外的立場，因此，它的篇幅雖有限，仍可藉以對這份刊物 ── 或者說是對這個團體 ── 的思想特色做一番探討。

當然，新南社也不過只有短短一年的歷史，它成立初期，舊南社仍有活動，在相同的時代背景、流行思潮下，看法相同或相近是很自然的事，因此，有些思想傾向不一定是沿襲舊南社，而是一種持續發展，如反帝、反軍閥等。但在成員有意識的覺醒下，迥異過去的新思潮大量地出現在社刊中，確實是舊南社的《南社叢刻》中所沒有的。以下分四個方面來說明。

（一）反軍閥、反帝國主義的立場鮮明

南社的成立與壯大，可以說是在反清、反袁兩項政治目標的凝聚下所致。《南社叢刻》在內容上有相當的篇幅是鼓吹民族氣節，宣傳革命思想，就其傳播的思想意識而言，辛亥革命以前的《南社叢刻》是「反清專號」，而辛亥革命以後幾年則是「反袁專號」。相形之下，新南社時期，這兩項目標已經消失，取而代之的是反軍閥、反帝國主義。當然，這點在舊南社時期已有觸及，只是不像《新南社社刊》表現得如此強烈。沈玄廬在〈留別留俄同志們的一封信〉一文中，曾舉「京漢路罷工」事件及旅順大連收回問題，對軍閥及帝國主義的危害中國有明白的控訴，他說「京漢路罷工的事，這一件事底失敗點，都不足以算為我們底過失，中間有一個

大誤點，就是認為吳佩孚可以聯絡的謬誤。」對軍閥的不可信任加以抨擊。當時國人為了二十一條款和旅順大連收回問題，起來反抗日本，但是，沈玄廬提醒道，威海衛和旅大問題相同，可是上海學生聯合總會卻因為發了威海衛問題的傳單被封；又如「抵制日貨」運動，沈氏認為：「抵制日貨，是反抗日本底侵略，誠然不錯，可是背後如果沒有英美因為抵制日貨有利益於他們，中國抵制日貨的運動，還是要受他們抑制的。」所以，他一針見血地指出，這些事給了我們一個教訓，就是如果我們倚恃了「甲」的帝國資本主義國家去反對「乙」，結果仍舊做了「甲」的奴隸；但如果我們不倚恃任何一列強，這些站在同一壓迫地位的國家，必定聯合起來壓迫我們；如果我們反對他們，他們更會來壓迫我們。這對帝國主義的侵略本質做了毫不保留的揭發。他並一再呼籲國人要認清：「帝國資本主義底列強和軍閥，是壓迫階級；革命黨、工人、農人、學生、小資產階級，是被壓迫階級。」

　　至於軍閥與帝國主義之間的狼狽為奸，沈玄廬也有精要的見解。他看出帝國主義者對中國的侵略是以「經濟略奪」為主，而在中國替他們拉開經濟大網，竭中國底澤而漁利的是帝國主義所豢養的鷹犬 —— 即軍閥，或者說是「北京政府」，這只要考察歷來軍閥政府的借款即可看出：「凡是國民所反對的人，他就越肯借債；越喜歡招兵、越肯借債的，就越得列強各國所歡迎。例如：全國國民至今猶繼續吃苦痛的鹽稅借款，和這筆借款同一樁事的袁世凱迎合日本二十一條款，承熱臨案交涉的曹錕賄選總統，美國幫助吳佩孚、陳炯明宣布孫中山先生中俄德三國聯盟主張以見好於英國等

等，都是借軍閥底手拿利刀刺入國民底胸膛，他們卻坐吮國
民底血，而分餘瀝於軍閥。」這段分析可說是已將軍閥與帝
國主義者的互動關係做了最佳的說明。從反日、反美、反英
到反軍閥，這篇文章正代表了新南社成員的鮮明立場，堪稱
是社刊中對此重大問題一次火力集中的宣告。

劉伯倫〈中國的亂源〉一文，也對此問題發表意見，認
為中國陷於半殖民地的地步，完全是國際帝國主義的經濟侵
略所致。中國實業不發達的結果，是軍閥得以產生的主要原
因。帝國主義者唯恐反軍閥的民主革命運動成功，損及他們
在中國的經濟利益，於是大力支持軍閥，壓制民主運動。劉
伯倫和沈玄廬一樣，不忘提醒國人，所有對軍閥的夢想都將
只是幻想，唯有建設主權完整的民主政府，才是對抗帝國主
義的最根本途徑。這兩篇文章，一方面反映了當時知識分子
對國是日非的擔憂，一方面也表現出投身改革的激切用心，
從中國現代史的發展來看，新南社成員確實是掌握了時代正
確的脈動。

（二）肯定引納外國新知的必要性

正如新南社的成立宗旨所言，引納新潮也是社刊的重要
內容。事實上，它所佔的篇幅最多，包括〈英國的新村運動〉、
〈精神分析底意義歷史和學說〉、〈詩人拜輪底百年祭〉、
〈加納博士底婦女參政運動論〉、〈哲學概說〉、〈譯蘇曼
殊潮音序〉、〈讚劍〉等多篇作品皆多少觸及到，其中有讚
美崇拜，也有批判存疑，並非全盤照收。這些文章的大量出
現，當然是受五四新文化運動思潮的影響。這裡也顯現一個

有趣的現象，即在政治上，西方往往被視為帝國主義侵略者的角色，是中國人民的公敵之一；但在思想、制度、學理上，卻又被視為世界先進的角色而被引進、探討。這種分歧，也正代表當時知識分子對西學既愛且恨的矛盾心理。南社之所以在未完全解體前，柳亞子等人即另起爐灶成立新南社，代表了南社成員背棄舊有傳統的一次新選擇，而當新南社正欲以新面貌迎向新時代時，南社部分成員在民國 13 年 1 月 1 日於長沙另行發起了「南社湘集」，這個以傅鈍根為社長的團體成立，代表了舊南社的傳統力量的反撲，他們也發行社刊，而且明言「均以文言文為準」，這自然和新南社的主張背道而馳了。

除了「南社湘集」以傳統相號召外，即使是新南社內部也存在類似的矛盾。宗旨上的將整理國學與引納新潮並舉，本身即是一種妥協下的產物，因此，我們在強調新南社重視新學的同時，也不能忽略舊傳統勢力的存在。

基本上，《新南社社刊》中所登載以介紹新知為主的文章，可以簡單分成兩類；一是制度，二是學理。在制度的引進方面，〈英國的新村運動〉即是。這也是當時流行的話題之一，如周作人等人都曾為文表達自己對此制度的嚮往。邵元沖除介紹外，也有自己的批判，意見中肯。他對英國第一個實行建設的新村「利處華夫園城」有具體的看法，從地點、交通、行政機關、租地機關、全村區劃、人口、建築、公共事業到娛樂事業、教育事業、商業、工業、定期出版品等，他都引最新的數據資料來評介。對這種制度是否適合在中國實施，他也提供了客觀的結論，認為雖可採行，但有些主張

還需以更徹底的方式來實行，這裡所謂「更徹底的方式」指的就是共產主義，只是作者並未言明。在社刊中，這種論調已開始出現，如沈玄廬就表示，蘇俄實施共產主義必對人類有大貢獻，其成就將難以估量，凡是對此有所懷疑的，只要實際親身去俄國考察一週，或住個一年、十個月，就可知這不是空談虛想。沈氏對共產制度的熱烈推崇，邵氏對新村組織的部分肯定，都說明了當時知識分子為中國尋找出路的用心。

在新思想、新知識的引進上，《新南社社刊》也提供了極大的篇幅，如對當時歐美心理學界有革命性影響的「精神分析」學說，就被有心地介紹進來。李未農的〈精神分析底意義歷史和學說〉可說是一篇完整而通俗的概論文章，尤其他對此一學說的肯定，可以看出他們對新知的熱切追求。他說：「精神分析，自從維也納底醫生傅勒得創始以來，已經漸漸地被學術界承認了。現在歐美的心理學說全不帶它底色彩的很少，心理學家不受它底影響的更少，無論它曾受過，現在還受著怎樣的批評和反對，只要稍微有點科學頭腦的人，現在都不能不承認它在心理學上的大貢獻。它底貢獻還不限於心理學，即一切社會現象和歷來稱為神秘的問題，如宗教、家庭、人生、文學、美術、戀愛等，在精神分析之下也都有迎刃而解的趨勢。」因此，他就將此一學說的來龍去脈、重要理論一一解說，引用中國古書中的實例來相互印證，出之以淺顯易懂的文字，期能將之引進到國內。

〈加納博士底婦女參政運動論〉也是一篇介紹新知的文章，對提倡婦女參政不遺餘力的美國政治學者加納的主張，高氏兄弟以節譯其論文的方式來介紹，包括歷史發展、反對

及贊成雙方的辯論、當時各國實施的概況，讓人讀後有所啟迪。特別是對中國此一當時女權甚受漠視的國家而言，這個學說有其震撼性及重要性。他一再強調：「把婦女完全置於選舉權範圍以外，從民治政府的原理或國家為人民所有的民治意識上講，是完全不應該的。」文末所引的一句名言：「在將來的世紀裡，兩性上的差別將變得如皮膚的不同一樣的平常而微小。如果還有人以性的差別做理由，來限止任何公民底各種權利，是必得要處以相當罪名的」，更是強而有力的宣告。這類文章的出現，也是中國現代思想發展的一個重要部分。從清末開始，女權意識逐漸覺醒，但起初是以爭取受教育、婚姻自由為主，後來才擴大到政治活動的參與、政治權力的分享，這是一段漫長的過程，秋瑾的大力鼓吹，「周氏三兄弟」中的周建人呼籲要「救救婦女」，並大量翻譯出版有關女權的書籍，再加上眾多文學作品中反映婦女地位低落及悲慘遭遇的描寫，都是促使女權得到解放的重要力量，新南社成員藉此文也表達了該社支持的立場。

其他如〈哲學概說〉，介紹西方的哲學學說，從意義的界定到形式、方法、對象，以新的說法取代過去傳統抽象的體悟心學，給人較「科學」的印象。自胡適大力提倡「民主」與「科學」後，「科學的思維」也是當時流行的風氣，講究方法，重視實證，胡適甚至提醒國人要「多研究些問題，少談些主義」，黃懺華此文也是這種思潮下的具體表現，例如他說：「哲學現在外面的形式，完全是方法的認識，就是科學。」所以他要求對哲學應有「科學的認識」，而他也以這種態度撰寫此文，將哲學新的思考介紹給國人。在西方文學

的引進上，恰好有兩篇都是介紹英國詩人雪萊與拜輪，一是
〈詩人拜輪底百年祭〉。一是〈譯蘇曼殊潮音序〉，前者藉
詩人百年將他的成就予以重點式的介紹，讓讀者對他的一生
行事與不凡的詩藝，有一概括式的了解；後者則是介紹同是
詩人的蘇曼殊對雪萊、拜輪的體悟與認識。譯者柳亞子也藉
此對二人的詩進行實際的翻譯與探討，使讀者從另一層面探
入詩人的心靈世界。這些具有引進新知性質的文章佔多數，
正符合了社刊的宗旨要求，也說明了當時的時代對引納新知
的需求與肯定。

（三）強調經濟發展在中國的重要性

　　近代中國淪為次殖民地的原因很多，經濟落後造成民生
窮困是其中之一，正如劉伯倫所言：「中國之所以這樣貧弱
擾亂，是由於實業不發達。這話雖然是小孩子作文時搖筆即
來的陳言，卻是確切不移的真理。」他也因為抱持這個觀點，
而對胡適提出質疑，他說：

> 像胡適之等今天講思想革命，明天講科學的人生觀，
> 以為人民的思想和人生觀改變了，社會馬上就會好起
> 來。我要問他，大多數平民，連飯都沒有吃，哪裡有
> 錢去受教育？他們連字還不認識，向他說思想革命、
> 科學的人生觀，試問能懂得嗎？況且人的思想，多由
> 經濟的現象決定，經濟制度沒有變更，思想和人生觀
> 也很難變動。

沈玄廬也抱持相同的看法：

> 依世界現在的熱潮，和大多數人的利益，正該大鼓吹
> 而特鼓吹共產主義革命 ── 不然不然，不可能。為什
> 麼知道現在不可能呢？ ── 中國社會底實際現況怎
> 樣？為各種機器商品的先鋒不是火柴嗎？中國不單
> 是西北西南和中部有許多地方不曾使用火柴，連東南
> 各省被經濟大砲打得七洞八穿的地方，尚有許多荒僻
> 的山村裡不曾使用火柴。外國銀行紙幣，雖充斥各都
> 市，但是東南方面，還有物物交換的地方；西南各地，
> 連貨幣都不通行的地方很多。上海、漢口、廣州、天
> 津等處，雖有許多吸收勞動者血汗的煙突，然統計全
> 國新式工廠工人不到二百萬人。在這種實際社會狀況
> 下面，放著許多不具備的條件，我們能夠貿然主張共
> 產革命嗎？

從這些話中即可看出，唯有經濟問題得到解決，社會發
展與思想轉變才有其可能。他的這個看法很代表當時些知識
分子的意見，共產主義與資本主義的論戰也因而產生。不論
當時論戰的正反意見如何激烈衝突，其根本中心仍是在於中
國往何處去的問題思考。

由於英美等國的經濟入侵，這些西方工業發達的國家遂
被視為帝國主義，引起國人的仇視。特別是日本，以其對中
國不曾稍歇的侵略野心，而飽受知識分子的批判。相反的，
俄國自十月革命成功以來，共產主義頓時成為世人嚮往的一

種政治制度，俄國實施的情況深深牽繫著同樣在尋找國家前途走向的中國。而俄國所實施的各項政策中，最受國人矚目的莫過於軍隊組織力量的培訓，共黨組織系統的運作，以及經濟政策的規劃實施。沈玄盧即費不少筆墨來說明俄國在當時的經濟改革，包括發展農業、工業、電氣事業、手工藝和機器工業同時並進的情景，農具用各種兵器改造，農村展開電氣化的建設，而且在一年內的預算中執行，從村開始建設，集村為鄉，集鄉為縣，集縣為省，集省為國，集國為聯邦。這是當時新俄羅斯的經濟建設政策。對沈玄盧等一些知識分子而言，這無疑提供了一個可以學習的典範。他們認為，唯有經濟獲得改善，中國才有生存發展的一線生機。這些文章的出現，正好提供我們了解近代知識分子思考國家前途與經濟發展關係的一條線索。

（四）呈現出對「革命」的熱烈嚮往

「革命」是一種推翻現狀，建立新世界的手段。它通常是在社會體制產生極大弊病，導致不公不義，亂象叢生，或是在政治腐敗、經濟蕭條，人民無法忍受的情況下產生。在俄國十月革命之前，帝俄的統治引起反感，才有後來「社會主義蘇維埃共和國聯邦」的出現。共產主義打著「革命」旗幟，籠絡人心，在當時確實掀起了一股世界潮流，吸引了全世界的目光。雖然數十年後的今天，共產陣營已相繼瓦解，社會主義制度也已破產，長期以來居於共產聯盟龍頭地位的蘇聯，更是一夕崩潰，導致東歐隨之「變色」，這種「革命性」的轉變，一如當年共產制度初建時的風起雲湧。民國一、

二十年時，中國甚多知識分子就陶醉在這種潮流中，為文歌頌，親自去朝拜，大力鼓吹，恨不能中國一夕之間也做此改變。在資本主義與共產主義的拉鋸戰中，毫無疑問的，共產主義在當時提供了一個社會烏托邦的夢想，而深深打動了一大部分人的心。這種熱情的嚮往，從社刊中亦可窺見一二。

　　從沈玄廬兩篇有關俄國新發展的報告看來，他對那種制度是深信不疑，認為俄國在實現共產主義革命後已煥然一新，所謂被「壓迫」的工農階層平民已獲得最妥善的照顧。他甚至無比歡欣地抄錄下俄國十月革命六週紀念節的閱兵式的紀念口號，如「我們的共和國中民族如兄弟的聯結 —— 反對資本主義者底掠奪，忠實的防禦」等，一共二十四條，可見其內心的激昂鼓舞。對俄國革命，他確實表現出熱烈的肯定，在〈留別留俄同志們的一封信〉中，他懷著豪情對國人呼籲：「我們為送死而革命，為求生而革命，蝮蛇囓腕，壯夫斷臂，勇氣要建築在求生的設施上，才見得大勇底精神。我們這很少數為國民做先驅的，不必憂慮我們分子太少，從來革命事業總是從很少數為代表大多數利益做起來的。」他甚至如呼口號般號召：「同志們！負擔中國革命的種子底責任者，我們在血淚的歡笑場中再會！」一種為革命憧憬願意奉上赤忱的決心明白流露。

　　社刊中兩篇有關拜輪、雪萊的文章，也是在歌頌其詩歌成就外，極力讚賞其革命熱情。在當時中國尚未普遍覺醒的年代，這兩位英國的「革命詩人」正是知識分子取來仿傚的對象，他們的革命熱情才是被引進並推崇有加的主因。如陳德徵所言：

> 凡是讀過一些英國文學的人，大都知道他們是加上了
> 一個革命的詩人的徽號的。這革命的詩人的頭銜，有
> 許多人以為只配加到拜輪和雪萊的頭上去，這因為，
> 只有他們，在他們自己身上，充滿了革命的心。只有
> 他們，宣傳了他們底心，能引起一般熱血的青年底反
> 應，使他們準備著來大聲疾呼地反抗那索然無味死沈
> 沈的社會……他們那熱情之光，也還不斷地照著這死
> 沈沈乾枯的社會。

　　以他們對革命的熱情來對照當時中國死氣沈沈的社會，作者的企圖是十分明顯的。蘇曼殊稱讚拜輪說：「當他死的時候，他做一件勇敢的舉動：他到希臘去，助幾個愛國的人，為他們的自由而爭鬥。他的生活、境遇，同著作，是完全在戀愛和自由裡面融化著。」同樣也是肯定他為自由而戰的革命熱情。

　　在新南社成立前後，正是中國處於動盪不安的時期：軍閥割據，國民革命如火如荼，中共也開始暗中發展，加上外國勢力入侵，當時中國成了各種勢力的角逐場。由於軍閥誤國，國家處境危殆，革命呼聲四起，所以，在社刊中鼓吹革命精神是很自然的事。事實上，新南社成員的主要活動仍以獻身政治為主，這也是新南社很快停止活動的原因。因為主要成員忙於他務，無法投入社團的經營。正如柳亞子所說：「從第三次聚餐會以後，就沒有舉行集會，新南社就此無形停頓了。因為我已直接參加中國國民黨的鬥爭，無暇再做外

衛工作。」從追求革命熱情到實際參與革命活動，新南社諸子確實表現出淋漓的民族氣節。豺狼當道，人權蹂躪，異族踞我臥榻之旁，瓜分豆剖的命運逼近，可是眾生卻仍酣睡，無怪乎這些知識分子會挺身而出，大力疾呼。不論是直接投入戰場，還是為文呼籲，都顯現了他們關懷國事的革命熱情。

五、《新南社社刊》的歷史意義

　　作為「新南社」這個結合文藝與革命的團體的機關刊物，《新南社社刊》具有一定的歷史意義。在近代中國思想史上，它表現出五四新思潮的精神：注重人權（特別是婦女參政權的鼓吹），充滿政革熱情，對傳統不滿，要求科學文明，追求民主及社會平等，這些觀念與作法，在社刊中都有觸及，並加以討論。雖然，它在尚未形成穩定的風格之前就已夭折，但它確曾為此一社團留下彌足珍貴的紀錄。

　　在近代文學發展上，它也提供了可觀的新文學史料，例如刊登了日本小說家國木田獨步的〈一張畫的悲思〉，這對舊南社的《南社叢刻》中不登小說的傳統而言，可說是一項進步。更難能可貴的，是發表了 9 首白話詩作，其中有對愛情的歌詠，社會不平的控訴，自然景物的敘寫，親情的追思，以及內心懷抱的抒發。不論感性或理性，都流露出一種真誠的生命體驗；不論技巧的純熟或生澀，這些詩都表現出嚮往美善的人生態度。時代的變動，政治的混亂，社會的轉型，思想的躍進，透過詩人的筆，婉轉卻強烈的打動讀者的心。其作者群中，如劉大白即在新詩方而有重要而精彩的表現；

有些作者則陌生，甚至找不出第二首詩作。因此，社刊無形中也保存了新文學史料。和《南社叢刻》相比，它跨出了一大步，只不過這一步尚未站穩，很快又被時代更新更迅速的浪潮所淹沒。

新南社的成立，一方面如前所言，是要與舊南社劃清界線，但另一方而看，它又巧妙地延續了南社的發展。柳亞子等人在另起爐灶之時，其實是想有一番作為的。到了民國24年，南社紀念會成立，柳亞子又被推為當然會長時，基本上已經是將南社（包括新南社）視為歷史來緬懷或當成研究課題了。對於新南社的歷史意義，柳亞子在民國25年南社紀念會時代曾有一封給曹聚仁的公開信中提到：「先生說南社的缺點是詩的而不是散文的，南社的文學活動，自始至終不能走出浪漫主義一步，這話是對極了。其實，南社是詩的，新南社卻是散文的了。講到文學運動，新南社好像已經走出浪漫主義的範圍了吧！南社的代表人物，先生說是汪精衛，而新南社的代表人物，則我們可以舉出廖仲愷先生來。汪精衛是詩的，廖先生卻是散文的了。所以我說，無論如何，新南社對於南社，總是後來居上的」[34]。這段話說明了新南社已脫離了過去舊南社時期文人結社的浪漫性，更為積極地以實際作為（包括為文鼓吹與投入革命）參與整個新時代的演變。從社刊中百分之九十的文章，與百分之十的新詩相比，新南社確實已經透過散文的直接性，強而有力地對應了那個時代的風雲變幻。而和《南社叢刻》以詩為主要傳播媒介的情況相比，《新南社社刊》確已有了一番新的面貌。

---

34 柳無忌編：《柳亞子文集：南社紀略》，頁251。

第二章　放情的歌唱：湖畔詩社

第一節　湖畔詩社研究若干問題考辨

湖畔詩社是中國現代文學史上繼「中國新詩社」後成立的第二個新詩團體[1]，由四個志趣相近、性情相契的年輕人發起組成，他們才 20 歲左右，分別是同時就讀於浙江第一師範學校的汪靜之（1902-1996）、潘漠華（1902-1934）、馮雪峰（1903-1976），以及上海棉業銀行的職員應修人（1900-1933），在「五四」新文學運動的思潮激盪下，於 1922 年 4 月在杭州西子湖畔成立，曾先後出版過《湖畔》、《蕙的風》、《春的歌集》等詩集，在當時產生過很大的影

---

1 中國新詩社是「五四」時期新文學運動中出現的第一個鬆散的新詩團體，1922 年初在上海成立，發起人有朱自清、葉紹鈞、俞平伯、劉延陵等。以該社名義編輯出版以新詩創作為主的《詩》月刊，是新文學史上的第一個詩刊。自第一卷第四期起，《詩》同時作為文學研究會定期出版的刊物之一，直到 1923 年 5 月停刊，中國新詩社也隨之結束活動。汪靜之在許多地方都強調湖畔詩社是中國第一個新詩社團，如寫於 1993 年的〈沒有被忘卻的欣慰〉中說湖畔詩社是「中國第一個新詩社」；寫於 1981 年的〈對青年作者的談話〉中也說：「是中國最早的新詩社」，見《汪靜之文集‧沒有被忘卻的欣慰》（飛白、方素平編，西泠印社出版社，2006），頁 57、39。《汪靜之文集》的編者在介紹汪靜之時遂寫道：「中國第一個新詩社團湖畔詩社的主要代表」。這個說法顯然有誤。

響，受到青年讀者的熱烈歡迎、喜愛，一度引起文壇的矚目。尤其是汪靜之的個人詩集《蕙的風》，在很短時間內印行六次，銷售二萬餘冊，這在新文學發展的初期階段是不多見的。

　　對於湖畔詩社的關注與研究，最集中且熱烈的階段是二〇年代，曾為文談論湖畔詩社整體風格與成就，或者是個別詩人表現與特質的就有魯迅、周作人、朱自清、馮文炳（廢名）、宗白華、劉延陵等，這些知名學者及作家，為這一小小社團、幾位年輕人相繼發言，使得湖畔詩社的地位大幅提昇。湖畔詩社的受到矚目，和汪靜之詩集《蕙的風》出版有關，幾首大膽表露渴望愛情的詩，被胡夢華等保守衛道者抨擊為「挑撥肉欲」、「提倡淫業」、「有不道德的嫌疑」[2]，引起一場「文藝與道德」的激烈論戰。1922 年下半年，也就是論戰前後的湖畔詩社，應該是其發展的高峰期。1925 年「五卅」事件發生，迅速對這幾位年輕詩人產生強烈衝擊，應修人、潘漠華、馮雪峰先後加入共產黨，投身於政治漩渦與戰鬥行列中，放下詩歌寫作的純美嚮往，轉而追逐革命的宏大理想。汪靜之雖未入黨，但他也體認並決定：「不再寫愛情詩，不再歌唱個人的悲歡，準備學寫革命詩。」[3]要「以詩為武器，為革命盡一分力。」[4]如此一來，湖畔詩社就因停止活

---

2 以上對胡夢華文句的引用均出自其〈讀了《蕙的風》以後〉一文，原載 1922 年 10 月 24 日《時事新報‧學燈》，收入《湖畔詩社評論資料選》（王訓昭選編，上海：華東師範大學出版社，1986），見頁 107、108、112。

3 汪靜之：〈《蕙的風》（1957 年版）自序〉，《湖畔詩社評論資料選》，頁 283。

4 汪靜之：〈回憶湖畔詩社〉，《汪靜之文集‧沒有被忘卻的欣慰》，頁 38。

動而無形中解散了。

　　從 1925 年至 1949 年間，由於戰火無日或歇，革命情勢瞬息萬變，時代風雨使這些詩人拋棄過去愛與美的追求，帶有明顯政治傾向的戰鬥詩篇，成為他們主要的文學表現，個人的聲音匯入了大時代的合唱中，他們的湖畔特色也就不復存在。和湖畔時期創作的熱情相比，1925 年以後的作品大幅減少，這就使得相關的討論難有「五四」時期的盛況。二十多年的時間，僅有朱自清、趙景深、朱湘的零星短評，篇幅稍長的也只有沈從文的〈論汪靜之的《蕙的風》〉和馮文炳的〈湖畔〉。這段時期可以說是湖畔詩社研究的衰退期。1949年以後，政治局勢有了新的變化，至 1976 年「文革」結束為止，整個五、六〇年代，由於革命鬥爭的情緒高昂，接二連三的政治運動，使人們幾乎忘了「愛情」在文藝中的存在與必要，以「愛情詩」為招牌的湖畔詩社自然受到打壓和遺忘，相關的研究除了王瑤在 1953 年由新文藝出版社出版的《中國新文學史稿》中有不到二百字的評論外，可謂乏人問津。「文革」十年，湖畔詩人的愛情詩自然屬於小資產階級情調，難逃被禁的命運。這段時期可以視為湖畔詩社研究的停滯期。

　　「文革」結束，進入新時期以後，湖畔詩社的研究終於迎來了又一次的高峰，堪稱為復甦期。這個階段最重要的成果應該是由錢谷融主編的《中國新文學社團流派叢書》中所收錄的《湖畔詩社資料集》、《湖畔詩社評論資料選》二書，於 1986 年出版，其內容的豐富，已為後人的研究提供了彌足珍貴的第一手材料。書中的研究性、追憶性文章，比起以往顯得多元而廣泛，正如謝冕在 1981 年為王家新等人編選的

《中國現代愛情詩選》所寫的序〈不會衰老的戀歌〉一樣，愛情永遠是令人著迷的文學主題，它的聲音儘管溫柔而纖弱，但它的力量卻是足以穿透時空、深入人心，湖畔詩人的愛情詩因此而有了新生的意義。九〇年代以後，相關的研究進入了深化期，賀聖謨於 1998 年出版的《論湖畔詩社》與 2006 年由飛白、方素平編的六冊《汪靜之文集》是指標性的著作。《論湖畔詩社》是第一本研究專著，對史料的考訂格外用心，序者駱寒超指出：「這部書分兩大部分：第一部分是『湖畔詩社評述』，第二部分是『湖畔詩人分論』。我覺得兩者的比例不夠勻稱。第一部分『評述』得雖扼要而中肯，但顯得簡略了一點。主體實際上是第二部分。這部分對幾位湖畔詩人的論述頗呈異彩。」5也許是作者和汪氏有一段長逾十年的交往，書中對汪靜之的論述較深入全面，且迭見新意。至於《汪靜之文集》的問世，不僅提供了有關汪氏個人和作品的豐富材料，對湖畔詩社的史料與研究也有許多比對參照的可貴線索。

　　從二〇年代的高峰，到三、四〇年代的衰退，再到五、六〇年代的停滯，以至七〇年代末期到九〇年代的復甦，九〇年代以後的深化，湖畔詩社的研究經歷了一個曲折而艱難的過程。進入 21 世紀後，相關的研究雖然不能說是學術的熱點，但已漸漸浮出歷史地表，深化與突破的工作正在緩慢的進行中，湖畔詩社成為中國現代文學史上雖不耀眼、卻也不容忽視的一頁，誠如《中國現代文學社團流派史》一書所下

---

5 駱寒超：《論湖畔詩社‧序》（賀聖謨著，杭州大學出版社，1998），頁 3。

的結論：「湖畔詩社這些專心致志地寫情詩的同人，在他們的詩歌中構造了一座多麼絢麗、清新的藝術花園。這座花園在整個中國現代文學的藝術世界裡不僅昨天，而且今天也仍散發著濃郁的芬芳，具有無可爭議的歷史價值與美學價值。這正是這一社團流派的生命力之所在。」[6]

　　雖然關於湖畔詩社的研究已有八十多年歷史，但正如上述，許多非學術的干擾使得相關的研究無法充分開展，至今仍有很大的探索空間，許多問題也仍待釐清與深究，包括研究方法與觀念的更新、史料的挖掘與考證、視野的擴大與多面等，都有待研究者有所突破與超越。本文將提出幾個關鍵史料上的疑義，進行思考和解釋，並對既有的史料加以耙梳考訂，希望能讓相關的研究更加完善、深入。

一、「湖畔詩社」的定位

　　「湖畔詩社」的定位，似乎從一開始就不夠明確。主要成員之一的馮雪峰在 1957 年為《應修人潘漠華選集》所寫的序言中說，湖畔詩社「實際上是不能算作一個有組織的文學團體的。只可以說是當時幾個愛好文學的青年的一種友愛結合。」因為應修人編好了四個人的詩集《湖畔》，想找一家書店出版，「但沒有書店肯出版，於是即由應修人出資自印，於四月間出版了，『湖畔詩社』的名義就是為了自印出版而

6　見陳安湖主編：《中國現代文學社團流派史》（武漢：華中師範大學出版社，1997），頁 161。

用上去的,當時並沒有要結成一個詩社的意思。」[7]這樣的說法,似乎認為湖畔詩社不是一個有組織、有計畫、有宗旨的文學社團,而只是一個自然形成的文人群體。然而,另一名成員汪靜之在〈沒有被忘卻的欣慰 —— 湖畔詩社七十一周年紀念〉中則明言:「中國第一個新詩社湖畔詩社 1922 年 4 月 4 日成立於西泠印社四照閣,創始人是應修人、潘漠華、馮雪峰、汪靜之。湖畔詩社得到『五四』新文壇最著名的三大名家魯迅、胡適、周作人的精心培養、讚賞愛護。當時請三大名家為湖畔詩社導師,請葉聖陶、朱自清、劉延陵三位老師為湖畔詩社顧問。」[8]看來又似乎頗有計畫,也有一定的組織。這兩種說法的存在,使得至今許多研究文章對此一作家群體或以社團稱之,或以流派視之,產生了一些困惑。

在眾多的社團流派辭典或社團流派史的敘述中,湖畔詩社幾乎都會被提及,但都是在含混的「社團、流派」之下,只有少數明確標舉「社團」者如章紹嗣主編的《中國現代社團辭典 1919-1949》,清楚地列入「湖畔詩社」辭條,將其定位為社團,該辭條一開始就寫道:「中國現代文學史上較早的新詩社團之一。1922 年 4 月 4 日在杭州西子湖畔成立。」接著又提到:「以獨具藝術特色的作品,成為有一定影響的『湖畔詩派』。」[9]將社團與流派作清楚的區隔。這樣的定位方式,我認為是比較符合文學史實的。儘管成立之時沒有大

---

7 馮雪峰:《應修人潘漠華選集・序》,《湖畔詩社評論資料選》,頁 185。
8 汪靜之:〈沒有被忘卻的欣慰〉,《汪靜之文集・沒有被忘卻的欣慰》,頁 57。
9 見章紹嗣:《中國現代社團辭典 1919-1949》(武漢:湖北人民出版社,1994),頁 729。

張旗鼓，也沒有公開和正式的宣言，但這並不妨礙其為一個「社團」的事實。曉東寫於 1982 年的文章〈「湖畔詩社」始末〉中有一段敘述：

> 「湖畔詩社」在西子湖畔成立的時候，應修人提出：
> 我們四人是好朋友，以後只有詩寫得好而又是好朋友
> 才吸收入社；不是好朋友，即使詩寫得好，不要加入，
> 而詩寫得不好，即使是好朋友，也不要加入。這一提
> 議得到大家的贊同，成了不成文的「以文會友」的入
> 社條件。為此，當時「晨光社」的社友魏金枝、趙平
> 復因沒有加入「湖畔詩社」而不高興……。[10]

　　雖然入社的條件是「不成文」，但有基本的要求：作品與交情，他們排除魏、趙二人的加入，說明了確有執行「入社」的審核機制，其為一文學社團應無疑義。一直要到 1924年冬天，為了以「湖畔詩社」名義出版詩集，好友魏金枝（1900-1972）、謝旦如（晚年改名澹如，1904-1962）才終於正式入社。1925 年 2 月，應修人還在上海主持創辦了文藝刊物《支那二月》，以「湖畔詩社」名義每月出版一期，但只出了四期就停刊。這些都說明了「湖畔詩社」是一個文藝組織，是一個有正式名義在文壇活動的新詩社團。他們經常聚會，出版的新詩集也以《湖畔詩集》為系列名稱，這些都

---

10 曉東：〈「湖畔詩社」始末〉，原載《西湖》1982 年第 4 期，文章末尾有附註，說明「本文寫作時得到汪靜之先生的指教」。見《湖畔詩社評論資料選》，頁 65。

是構成這個小型文學社團的基礎條件。正因為其為正式社團，汪靜之才會在晚年多方奔走，促成「湖畔詩社」於 1981 年初恢復，因而有「後期湖畔詩社」、「新的湖畔詩社」之說。

應修人於 1922 年寫給潘漠華、馮雪峰的信中曾提到一些資料也可做為佐證，他在信中提到要退出「明天社」，汪靜之在為此信註解中對此事做了說明：「1922 年《湖畔》詩集出版之後，《蕙的風》出版之前，在北京的幾個人發起組織一個文學團體『明天社』，寄了宣言和章程給我（按：指汪靜之），要我徵求我們湖畔詩社和晨光社的幾個人加入明天社作為發起人。」[11]但後來明天社沒有什麼活動就很快解散了。顯然，湖畔詩社的成立是為外所知的，而且是將其與正式社團「晨光社」等同看待，二者的社團屬性可說是完全相同的。

成立社團並不難，「五四」時期的社團林立，據統計，從 1921 年到 1923 年，短短三年時間全國出現的大小文學社團有四十多個，而到 1925 年，更激增到一百多個[12]，然而，要成為一個文學流派並不容易，必須有足夠的作家、作品，而且在審美共性與藝術特質上有接近或一致的表現才行。湖畔詩社雖然人數不多，卻能以其鮮明、大膽、熱烈的愛情詩在新文學史上脫穎而出，站穩一席之地，形成了令當時青年喜愛、後人嚮往的「湖畔詩派」。仔細推敲馮雪峰的說法，他說詩社不是「一個有組織的文學團體」，意在強調詩社成

---

11 此信收錄於《湖畔詩社評論資料選》，頁 311。
12 參見錢理群等著：《中國現代文學三十年》（北京大學出版社，1998 年修訂本），頁 16。

立的自然、寬鬆與偶然，不像文學研究會或創造社的組織嚴
密，意圖結合一批人力，透過機關刊物來宣揚共同主張。至
於「當時並沒有要結成一個詩社的意思」，恰好說明了「後
來卻成了一個詩社」。我們認為，湖畔詩社有社有派，由社
而派，這應該是符合文學史實的學術觀點。

二、湖畔詩社的成立時間與成員

關於湖畔詩社成立時間的說法不一，有的說是 3 月[13]；
有的說是 3 月底[14]，大部分的學術論文或回憶文章則說是 4
月，汪靜之本人則明確地說是 4 月 4 日，如寫於 1986 年的〈恢
復湖畔詩社的經過〉：「湖畔詩社由應修人、潘漠華、馮雪
峰和我創立於 1922 年 4 月 4 日」[15]，或是寫於 1993 年的〈汪
靜之小傳〉：「1922 年 4 月 4 日我和應修人、潘漠華、馮雪
峰成立了『湖畔詩社』，是中國『五四』新文壇第一個新詩
社。」[16]至於成立的經過，曉東的〈「湖畔詩社」始末〉有
清楚的描述：

13　如王瑞在〈「湖畔詩社」創作淺論〉一文中說：「『湖畔詩社』成立於
　　1922 年 3 月。」收於《開封教育學院學報》第 21 卷第 1 期，頁 15。
14　如葉英英在〈試論應修人的詩〉一文中說：「湖畔詩社，成立於 3 月底。」
　　收於《寧波大學學報（人文科學版）》第 8 卷第 4 期，頁 31。楊里昂的
　　《中國新詩史話》（長沙：湖南文藝出版社，1992）也寫道：「湖畔詩
　　社於 1922 年 3 月底在杭州成立」，見頁 65。
15　汪靜之：〈恢復湖畔詩社的經過〉，《汪靜之文集・沒有被忘卻的欣慰》，
　　頁 51。
16　汪靜之：〈汪靜之小傳〉，前揭書，頁 6。

　　1922 年 3 月，應修人為了會晤詩友，請假一周，前來
西湖春遊。……3 月 30 日，應修人來到杭州，住入湖
濱清華旅館 11 號房間。……31 日，汪靜之帶了潘、
馮兩人去見應修人，他們一見如故，也成了好朋友，
一起同遊西湖。……4 月 1 日，詩友們又歡聚在一
起，……他們在互相看了詩稿之後，由於汪靜之已有
詩集要出版，應修人提議將自己的詩和潘漠華、馮雪
峰的詩也合成一集，爭取出版，得到了潘、馮的贊同。
晚上，應修人回到旅館後，挑選詩作，準備編集。4
月 3 日，應修人選好了詩稿，編成了一冊三人合集，
題名《湖畔》。應修人難得的春假即將屆滿，4 月 4
日，詩人們又在一起研究《湖畔》詩集的出版事宜。
由於出版詩集要有名義，在應修人的倡議下，成立了
一個「湖畔詩社」。……應修人以在杭「總欠多聚幾
天」的依依惜別心情，於 4 月 6 日離杭回滬了。杭州
的三位詩人此時才想到，和修人歡聚了幾天，卻忘了
一起合影留念，很感遺憾。為了補救，他們在「湖畔
詩社」成立後的第四天 —— 4 月 8 日到湖畔一起攝影，
以誌記念。[17]

　　這段敘述將詩社成立的始末作了詳盡的勾勒，很明確地
指出成立時間是 4 月 4 日。

　　但是，在孫琴安的《雪之歌 —— 馮雪峰傳》中敘述到這

---

17 曉東：〈「湖畔詩社」始末〉，《湖畔詩社評論資料選》，頁 62、63。

一段時，則是明確地寫道，4 月 4 日這一天雖然下雨，但四人仍冒雨去遊玩，回到旅館後，應修人表示，幾人的詩都看了，西湖的主要景點也都玩遍，決定明天不出去，在旅館裡大家商量詩，於是 4 月 5 日這一天，大家聚在清華旅館 11 號房，有了成立詩社的討論和決定。[18]這本傳記在細節的描寫上當然免不了想像的成分，但對成立的時間是明確主張 4 月 5 日的。《馮雪峰傳》出版於 2005 年，估計作者是受到賀聖謨於 1998 年出版的《論湖畔詩社》一書的影響。在這部專論中，賀聖謨根據上海魯迅博物館藏的《應修人日記・1922》的記載，認為應該是 4 月 5 日，因為當天四個人沒有去遊西湖，應修人編好《湖畔》詩集準備要出版，於是倡議成立湖畔詩社，大家一致同意。但是，對於 4 月 4 日之說，他並未指出汪靜之記錯，只是他採用應修人的說法，而這個說法與「汪靜之晚年的回憶中所說的日期略有出入」。

有趣的是，這個推論和同一段文章開頭的敘述：「七十多年後，當滿頭銀髮的汪靜之老人在他的光線昏暗的客廳裡對筆者追述這段遙遠的往事時，他仍清楚地記得這次標誌著青春時代的輝煌的會見，以及其後詩友們交往中的種種細節。」[19]顯得有些矛盾。如果汪靜之連遊玩的細節都記得很清楚，何以會對更為重要的詩社成立日期反而記錯呢？問題應該是出在汪、應兩人對成立時間「認知」的差異上。在由汪靜之的女兒汪晴所整理的〈汪靜之年表〉中對此有一段值

---

18 參見孫琴安：《雪之歌 —— 馮雪峰傳》（杭州：浙江人民出版社，2005），頁 15、16。

19 賀聖謨：《論湖畔詩社》，頁 1、2。

得參考的推論：「3 月 31 日至 4 月 6 日修人從上海到杭州，與靜之、漠華、雪峰四人同遊西湖，成立湖畔詩社並編成《湖畔》詩集。成立湖畔詩社的時間和地點，據靜之說是 4 月 4 日在孤山的西泠印社四照閣；據修人日記則是 4 月 5 日因天雨未出遊，在湖濱的清華旅館成立的。估計是 4 日先有成立湖畔詩社之議，5 日正式開始討論和編輯詩集。」也就是說，4 日的聚會中已有詩社之議，5 日經討論後正式定案。汪靜之認為 4 日既已提議，自然就是詩社成立的時間，而應修人則認為 5 日的討論決定才算是。兩種說法都有其根據，但以 4 月 4 日之說較為普遍。筆者主張應氏的 4 月 5 日說，因為 6 日應修人就要返回上海，在返回之前將此事正式定下來的推論，應該是合乎常理的，而且因為討論《湖畔》詩集的編輯事宜是在 5 日，將詩社命名為「湖畔詩社」，並將《湖畔》作為《湖畔詩集》的第一集，比較可能是這一天討論的結果。應修人是主要發起人，也是整個社團的靈魂人物，正如汪靜之所說：「『湖畔詩社』是修人首先建議的，如沒有修人，絕不會有『湖畔詩社』。」[20]應修人對詩社的工作做得最多，也最投入，因此他的說法比較值得採信，而且日記的記載應該比汪氏多年後的回憶要來得可靠。

　　作為一個文學社團，湖畔詩社的規模極小，發起成立的僅四人。歷史有時真的是偶然，當時應修人來杭州，汪靜之約了同班同學潘漠華和低一年級的馮雪峰一起去見應修人，之所以是四個人的原因竟然是遊湖的小舟只有四個座位，「人

---

20 汪靜之：〈「湖畔詩社」的今昔〉，《湖畔詩社評論資料選》，頁 289。

多了坐不下，人少了坐不穩 —— 湖畔詩人的人數就這樣由小遊船的座位數決定了。」[21]第二個偶然是，原本只是討論出版詩集，卻由此成立了一個社團。更大的偶然則是，他們發自內心的自由歌唱，對美的嚮往，對愛的激情，竟然與時代同流合拍，獲得超乎意料的迴響，為自己寫進了文學史冊。

湖畔詩社的成員一開始是四人，但在 1924 年底，魏金枝、謝旦如入社，詩社的隊伍增加為六人。謝旦如的詩集《苜蓿花》如願以湖畔詩社名義列為《湖畔詩集》系列第四集於 1925 年 3 月自費出版，成了名副其實的湖畔詩人，這也是賀聖謨的專書《論湖畔詩社》要在最後列一章節專論謝旦如的緣故。

至於魏金枝，賀聖謨在《論湖畔詩社》的〈後記〉中說：「魏金枝曾擬以湖畔詩集名義出版《過客》，但這本詩集終於沒有問世。研究歷史只能以既定的材料為依據，對於不曾出版的詩集當作出版過一樣對待，我以為不妥。」[22]魏金枝和謝旦如一樣，加入詩社的目的是要出版詩集，他的詩集已經編妥，原列為《湖畔詩集》的第三集，最終卻因缺乏經費而沒有問世，但他確實是加入詩社的，既已加入，就是詩社的成員，因此在論湖畔詩人時應該把他列入，才符合史實。和魏金枝交往四十年的歐陽翠，曾提及此事：「他（按：指魏金枝）與湖畔詩社的發起人之一汪靜之交往密切。1924年，他和謝旦如一起，加入了湖畔詩社，並創作不少詩篇，編成了詩集《過客》，原定作為湖畔詩社的第三個集子出版，

---

21 賀聖謨：《論湖畔詩社》，頁 2。
22 前揭書，頁 269。

後來因為印刷費不足而不再排印，但是詩社的第四個集子——謝旦如的《苜蓿花》，卻在第二年 3 月自費出版了。」並不無感慨地說：「如果魏金枝的《過客》能在當時出版，一定也會在文學界產生反響，而使魏金枝以詩人的姿態走上文壇。」[23]

魏金枝的詩歌創作集中於 1920 年至 1925 年，多發表於《詩》月刊、上海《民國日報》副刊《覺悟》、《責任周刊》、《支那二月》等刊物，根據魏德平、楊敏生〈論魏金枝早期的詩歌創作〉的分析，魏金枝的詩有「強烈的時代感和鮮明的革命性」，「在一些寫愛情、寫友情、寫母親的詩裡，也都貫穿著對現實的批判和對理想的追求。」[24]如〈死〉、〈不愛了〉、〈不怕死的人〉、〈母親的悲哀〉等，都有對現實不滿的強烈呼聲。《過客》這部詩集雖然無緣面世，但若能將其散佚在當時報刊的詩作加以蒐羅整理，對湖畔詩社研究的完整性與豐富性將大有助益。

湖畔詩社雖有六人，但核心成員還是眾所熟知的四人。有人要將湖畔詩社成立之前的「晨光社」的成員如趙平復（柔石）、周輔仁，或者是應修人後來創辦《支那二月》時在刊物上發表作品的樓適夷（建南）、何植三等，都列入湖畔詩人的隊伍中，如此「虛張聲勢」，實無必要。汪靜之在 1986年寫的〈恢復湖畔詩社的經過〉中提到：「後來加入詩社的有魏金枝、謝旦如，並追認詩友柔石為社員。」柔石和汪靜

23 歐陽翠：〈回憶魏金枝〉，《新文學史料》1994 年第 2 期，頁 142。
24 魏德平、楊敏生：〈論魏金枝早期的詩歌創作〉，原載《浙江學刊》1982年第 4 期，引自《湖畔詩社評論資料選》頁 264、265。

之、潘漠華、馮雪峰、魏金枝是浙江第一師範學校同學，也同為「晨光社」的成員，友誼深厚，但既然當時未准其入社，多年後再「追認」為社員，不管動機為何，都說明了二０年代柔石並非社員，只是詩友，因此也不宜將柔石列為當年湖畔詩人之一。

　　湖畔詩社的作品數量並不多，以詩社名義出版的《湖畔詩集》系列僅有第一集的《湖畔》，第二集的《春的歌集》，以及第四集的謝旦如《苜蓿花》。此外還有汪靜之的個人詩集《蕙的風》、《寂寞的國》（1927 年 9 月）等。《寂寞的國》雖然是在「五卅」之後才出版，但作品的寫成是在 1922 至 1925 年間，仍可視為是湖畔時期作品。整體來說，這是一個「小而美」的新詩社團，成員與作品數量十分單薄，這和它在當時產生的熱烈迴響有些不成比例。因為它的「小」，在短短幾年後就湮沒在時代的洪流裡，但也因為它的「美」，多年後終於又再度重見天日。

三、湖畔詩社、晨光社與明天社

　　由於湖畔詩人同時也列名為晨光社、明天社的社員，使得長久以來對這三個社團之間的關係有些混淆不清，董校昌的〈晨光社與「湖畔」詩派〉一文就提到這樣的現象：

> 魏金枝在一篇文章中說：「及至『湖畔』詩社擴大基礎，朱先生（按：指朱自清）便起而成為盟主」，曹聚仁也講到過，湖畔詩社由朱先生所領導。這裡由於

> 湖畔詩社的影響比晨光社大，印象深刻，所以在幾十
> 年以後回憶時，他們都把晨光社與湖畔詩社混為一談
> 了。[25]

事實上，晨光社與湖畔詩社之間關係確實密切，可謂「本是同根生」，這「根」就是浙江第一師範學校。晨光社是浙江最早的新文學團體，而且是以青年學生為主體的社團，成立於 1921 年的 10 月 10 日，由就讀於浙一師的學生潘漠華首先倡議，得到同學汪靜之的贊同，約請魏金枝、趙平復作為發起人，再聯絡蕙蘭中學、安定中學和女師的文學愛好者二十餘人[26]，在西湖畔成立，並通過潘漠華起草的〈晨光社簡章〉。從這份簡章可以看出這是一個有組織、有計畫、有理想的社團，共有定名、宗旨、社員、職員、經費、事業等六條，已經是現代社團的基本架構與特徵，是名符其實的文學社團。雖然潘漠華在給茅盾的信中提到：「社內實無特別的繁複的組織，也無將來的預計的步驟，只不過是自由的集合而已。」[27]但其與稍早成立的文學研究會、創造社一樣，完全是符合現代定義下的文學社團。

雖然晨光社還邀約了浙一師以外的青年學生入社，但其發起與活動的重心始終是在浙一師，誠如董校昌的研究分

---

25 董校昌：〈晨光社與「湖畔」詩派〉，收入賈植芳主編：《中國現代文學社團流派》（南京：江蘇教育出版社，1989 年 5 月）下冊，頁 758。
26 從社員名錄看來，後來入社的成員共有 33 人。參見〈杭州晨光社會員錄〉，前揭書，頁 784。
27 見〈潘訓致沈雁冰書簡〉，原刊《小說月報》第 13 卷第 12 號「來件」欄，引自前揭書，頁 783。

析：「晨光社的基本力量在一師，會員佔全社的 30%，除有學生十六人參加外，尚有朱自清、葉聖陶、劉延陵三位先生。他們既是會員，又是文學顧問，特別是朱自清，可以說是晨光社的實際領導者。」[28]湖畔詩社的汪靜之、潘漠華、馮雪峰、魏金枝也都是浙一師的學生，所以這兩個同樣成立於西湖畔的文學社團，說是同出一源實不為過。不過，這裡有個時間先後的問題。冬雪 1979 年的文章〈訪「湖畔詩人」汪靜之〉寫道：「汪靜之先生告訴我們，『湖畔詩社』成立後……他們覺得人數太少，就發起成立了『晨光文學社』，邀請一師及女子師範的一些同學參加。」易新鼎 1981 年撰文〈關於湖畔詩社、晨光文學社的兩種說法〉支持冬雪之說，甚至做出推論：「群眾團體由小到大發展，是一般的規律。在較多人數的『晨光文學社』裡再分出一個四人組成的『湖畔詩社』，在事實上大抵不可能。更何況潘、馮是『晨光社』的負責人。」[29]冬雪之作是訪問稿，汪氏不是口誤就是記憶有誤，因為 1981 年〈對青年作者的談話〉一文中，汪靜之說：「1921 年我和潘漠華、魏金枝、趙平復（柔石）、馮雪峰等組織晨光文學社，是浙江最早的新文學團體。1922 年我和應修人、潘漠華、馮雪峰組織湖畔詩社，是中國最早的新詩社。魏金枝、趙平復等人以學寫小說為主，所以沒有邀請他們參加湖畔詩社。」[30]接著，1982 年汪靜之發表〈「湖畔詩社」的今昔〉，也明

---

28 同註 25。
29 冬雪之作見《西湖》1979 年第 5 期；易新鼎之作則見《新文學史料》1981 年第 1 期。
30 見《汪靜之文集‧沒有被忘卻的欣慰》，頁 39。

確寫道：「1921 年 10 月 10 日成立的『晨光社』可以說是『湖畔詩社』的預備階段。」再加上馮雪峰寫於 1957 年的《應修人潘漠華選集·序》提到：「晨光社是有章程的，成立於 1921 年下半年。……這社的存在大約有一年的時間，在 1922 年下半年就無形渙散了。」[31]足見晨光社的成立確實在湖畔詩社之前。

晨光社的主要發起人為潘漠華，湖畔詩社的主要發起人則是應修人，應修人不是浙一師學生，而是上海的銀行職員，他的身份似不宜加入以學校師生為主體的社團，而且他們四人的聚遊暢談以詩為主，應修人提議編印詩集，遂有結社之議，實屬正常，何況連原是晨光社成員的魏金枝、趙平復都無法加入，可見湖畔詩社在形式上是完全獨立於晨光社之外的文學團體，不可混為一談。當然，在藝術追求與審美風貌上，兩個社團確實存在著相應與相承的關係，對此，朱壽桐的說法就比較客觀而周延，他認為：「湖畔詩社是晨光社的成熟型態，也是向詩歌這一單項上『純化』的結晶。」[32]正因為一個是涵蓋小說、詩歌與散文的「文學社」，一個是專門寫詩的「詩社」，說明了這是兩個定位與追求各有所偏的團體，純粹以群眾團體由小到大的發展規律來解釋，從而判定湖畔詩社成立時間比晨光社早，顯然過於牽強與簡單化。至於潘漠華、馮雪峰身為晨光社的負責人，是否就一定不能另創他社？答案也是顯而易見的。魯迅在二〇年代中期，既

---

31 汪靜之、馮雪峰文章見於《湖畔詩社評論資料選》，頁 289、186。
32 朱壽桐：《中國現代社團文學史》（北京：人民文學出版社，2004），頁 181。

領導莽原社，又發起組織未名社，即使兩社的成員和活動上
不免有所交叉重疊，但不能否認這是兩個社團。

　　另一個文學團體「明天社」，成立於 1922 年 6 月 10 日，
晚於晨光社與湖畔詩社。1922 年 6 月 19 日在《民國日報》
副刊《覺悟》上以「文藝界消息」欄刊登了「明天社宣言」，
強調「明天社是專門研究文學的團體，他出版的明天是專門
研究文學的刊物」，並提出「我們要求文學界的成長的明天，
光明的明天，繁榮的明天！」可惜宣言發出之後，卻沒有任
何活動就在文壇銷聲匿跡了，直到 1924 年 3 月 25 日，在《晨
報》副刊第六十四號的「通信」欄中，才又出現以「明天社」
名義發表的一則啟事〈今天的明天社〉，解釋明天社成立兩
年來因為種種原因沒有作出任何成果，十分慚愧，但預告在
1924 年將會出版五本書，似有重起爐灶之態，但卻僅出了兩
本即無疾而終，此後報刊上再也未見明天社的任何報導，悄
無聲息地消失了。[33]在成立宣言的末尾列出了十八位發起人
名單，由汪靜之領銜，湖畔詩社的馮雪峰、潘漠華、應修人
也都名列其中，這就引起了一場小小的風波，汪靜之對此有

---

33 關於明天社的介紹，參見嚴恩圖：〈「五四」時期皖籍作家與新文學團
　　體「明天社」〉，《阜陽師範學院學報》2003 年第 6 期，頁 23、24。雖
　　然文中有些錯誤，但在相關研究甚少的情況下，仍屬難得，其中引用的
　　宣言、發起人名錄等史料，值得參考。文中提到原本計畫要出的五本書
　　是：胡思永作《思永遺詩》、韋素園譯《梭羅古勃詩選》、章洪熙作《情
　　書一束》、《牧師的兒子》、程仰之作《悲哀的死》。但明確出版的僅
　　兩本：1924 年 10 月由上海亞東圖書館印行的《思永遺詩》（書名改為
　　《胡思永的遺詩》），扉頁上標明為「明天社叢書之一」；1925 年 6 月
　　由北新書局發行的《情書一束》。其餘則未見出版發行。《情書一束》
　　也並未如預告所言是在 1924 年出版。

詳細的描述：

> 1922年《湖畔》詩集出版之後，《蕙的風》出版之前，
> 在北京的幾個人發起組織一個文學團體「明天社」，
> 寄了宣言和章程給我，要我徵求我們湖畔詩社和晨光
> 社的幾個人加入明天社作為發起人。我把宣言和章程
> 轉交給各位，大家同意加入。不料在北京的幾個人沒
> 有徵求我們同意就把宣言在上海《民國日報》副刊《覺
> 悟》上發表了，而且發起人名單上用我的名字領銜。
> 人家見了，恐怕要當作是我組織起來的。什麼事都沒
> 有做就登報發宣言，這種作法我是不喜歡的，我當時
> 曾寫信責怪北京方面的幾個人不該過早地在報上發
> 表宣言。修人也不贊成先發宣言的作法，遲疑了好
> 久，才決定去信退社了。我和潘漠華雪峰及晨光社的幾
> 個人覺得既已答應加入，退社也不好意思，只好算
> 了。後來明天社什麼事也沒有做就無形消散了，發宣
> 言成了放空炮，我當時覺得很羞愧。明天社完全是在
> 北京的幾個人包辦的，要我為首負放空炮的名，真冤
> 呀！[34]

可見湖畔詩人與明天社之間，除了列名風波外，談不上

---

34 見應修人致潘漠華、馮雪峰信，由汪靜之加註，引自《湖畔詩社評論資料選》頁311。這裡說的北京的幾個人，指章洪熙（章衣萍）、章鐵民、台靜農、王忘我（魯彥）、張肇基、陸鼎藩、黨家斌等七人，其中又以章洪熙、台靜農為主。

有任何互動交集。有關湖畔詩社與明天社的關係，有論者弄錯成立時間先後，竟寫道：「作為明天社發起人中的許多人，在加入他種文學團體後，仍是在新文學戰線上努力著，並做出了一定的貢獻。」[35]接著舉例中首先提到的就是湖畔四詩人。這正是時間順序錯誤下的錯誤推論。至於將明天社說成是「繼文學研究會和創造社之後而成立的第三個新文學社團」[36]，也是不符史實，應該是晨光社。或許是這三個社團成立的時間接近，規模都不大，成立的時間也不長，加上幾位核心成員的重複，遂導致以上模糊不清的錯誤印象產生。

四、湖畔詩社「反封建」形象的思考

1922 年 5 月，《湖畔》詩集出版不久，潘漠華給應修人的信中曾說：「我們且自由作我們的詩，我們相攜手做個純粹的詩人。」[37]汪靜之說：「這『我們』二字指的是『湖畔詩社』四個詩友，這一句話等於『湖畔詩社』的宣言。」[38]在沒有成為革命戰士之前，他們就只是一群愛與美的歌者，流連在湖畔，做著純粹詩人的美夢，吟唱著笑中帶淚、淚中也帶笑的個人聲音。這四位年輕詩人各自有著不同程度與形式的愛情經歷，受到「五四」婚姻自主、戀愛自由的思潮洗禮，

---

35 嚴恩圖：〈「五四」時期皖籍作家與新文學團體「明天社」〉，《阜陽師範學院學報》2003 年第 6 期，頁 24。
36 前揭文，頁 23。
37 應修人：〈修人書簡〉第 15 封，《新文學史料》1981 年第 2 期，頁 228。
38 汪靜之：〈最早歌頌黨的一首詩 ── 〈天亮之前〉的寫作經過〉，《汪靜之文集·沒有被忘卻的欣慰》，頁 29。

他們勇敢地踏出個人覺醒的一小步，以詩歌寫出個人酸甜苦澀的心曲，沒有想到的是，這一小步，卻產生了極大的震撼效果，理由很簡單，因為這些詩「幾乎首首都是青年人感於性的苦悶，要想發抒而不敢發抒的呼聲」[39]。換言之，寫作的動機很單純，是愛的渴念，美的嚮往，是靈魂的騷動不安，但在那特殊的年代，卻被賦予了「反封建」、「反禮教」的意義，甚至於，這個意義幾乎成了湖畔詩社的價值，在許多的介紹或討論裡，反抗傳統禮教成了被突出的焦點，例如王瑤《中國新文學史稿》對湖畔詩社的評論：「以健康的愛情為詩的題材，在當時就含有反封建的意義；這些青年為『五四』的浪潮所喚醒了，正過著甜美的生活和做著浪漫蒂克的夢，用熱情的彩筆把這些生活和夢塗下來的，就是他們的詩集。」[40]謝冕在〈不會衰老的戀歌 ── 序《中國現代愛情詩選》〉一文中對湖畔詩社有一段評論，他也強調「愛情詩不曾脫離它的時代，它自然地加入了並成為那一時代爭取進步活動的有力的一個側翼」，他認為「歌唱自由戀愛與婚姻的詩篇是與對於黑暗社會的抗爭，對於被壓迫者的同情的代表了民主主義傾向的詩篇一道出現的。它們同屬於進步的思想解放的營壘。」[41]

---

39 這幾句話是朱自清對《蕙的風》的評論，他說：「他的新詩集《蕙的風》中，發表了幾乎首首都是青年人感於性的苦悶，要想發抒而不敢發抒的呼聲，向舊社會道德投下了一顆猛烈無比的炸彈。」引自《汪靜之文集·總序》，頁3。

40 王瑤：《中國新文學史稿》（上海文藝出版社，1982年修訂重版）上冊，頁74。此書最早為1953年由新文藝出版社出版。

41 謝冕：〈不會衰老的戀歌〉，《中國現代愛情詩選·序》（王家新等人選編，武漢：長江文藝出版社，1981）。

　　不能否認，這樣的詮釋不完全是「誤讀」，但實在不是
詩人創作的初衷。汪靜之很誠實地坦承：「我寫詩時根本沒
有想到反封建問題，我只是情動於中而形於言，完全是盲目
的，不自覺的。」[42]甚至於，他起初還大力反對寫詩帶有「反
封建」等目的的功能性：「當時多數新詩好像政治論文，用
詩宣傳反帝反封建的道理，喊革命口號，有的用詩談哲理，
有的用詩做格言，有的是單純寫無情之景。這類詩沒有詩味，
讀一遍就厭了。」[43]所以他才會表示：「以詩論詩，《蕙的
風》不過一顆小石子，決當不起『炸彈』的誇獎。」[44]事實
上，《湖畔》與《蕙的風》出版時，不論是周作人、朱自清
對《湖畔》的評論，還是胡適、朱自清、劉延陵為《蕙的風》
寫的序，著眼的都在詩的新鮮風味、天真氣象，以及在愛情
與自然描寫上的藝術特色與審美個性，以詩論詩，並未觸及
「反封建」的議題。

　　「反封建」的特色被誇大和凸顯，是在胡夢華對《蕙的
風》提出「不道德」的批判之後。胡夢華當時是東南大學學
生，他對《蕙的風》中的詩句如「梅花姊妹們呵，／怎還不
開放自由花，／懦怯怕誰呢？」（〈西湖小詩・7〉）「嬌豔
的春色映進靈隱寺，／和尚們壓死了的愛情／於今壓不住而
沸著了：／悔煞不該出家呵！」（〈西湖小詩・11〉）「一
步一回頭地瞟我意中人」（〈過伊家門外〉）等深不以為然，

---

42 汪靜：〈回憶湖畔詩社〉，《汪靜之文集・沒有被忘卻的欣慰》，頁38。
43 前揭書，頁36。
44 汪靜之：〈《蕙的風》（1957年版）自序〉，《湖畔詩社評論資料選》，
　　頁283。

認為這些句子「做的有多麼輕薄，多麼墮落！是有意的挑撥人們的肉欲呀？還是自己獸性的衝動之表現呀？」對於《蕙的風》的言情之作，他指責說：「不可以一定說他是替淫業的廣告，但卻有故意公布自己獸性衝動和挑撥人們不道德行為之嫌疑。……這些詩雖不是明顯的淫業廣告，墮落二字，許是的評。」既然這些詩「不止現醜」，而且「使讀者也醜化了」，所以「這是應當嚴格取締的呵」！[45]這篇文章在《時事新報》的《學燈》副刊上發表後，引來了正反兩極的爭議，贊成胡夢華對《蕙的風》非難與攻擊觀點的守舊派固然有之，但反對胡夢華偽善嘴臉與保守心態者更多，魯迅、周作人等均撰文為汪靜之辯誣，這場「文藝與道德」的論爭，參與的文章有十多篇，大多發表在《時事新報・學燈》、《民國日報・覺悟》、《晨報副刊》等具影響力的媒體，一時間成為文化界關注的焦點。

　　胡文討論的重點分成文學與道德兩方面，平心而論，從文學審美的角度，他的批評不無道理，例如「我以為《蕙的風》之失敗，在未有良好的訓練與模仿；在未能真欣賞，真領略到美麗的自然；在求量多而未計及質精。」[46]確實值得年輕的作者思索。汪靜之本身也清楚：「這本詩當時在青年中讀者很多，因為是一個青年的呼聲，青年人容易引起共鳴，寫得太糟這一點，也就被原諒了。」[47]然而，在道德方面的

---

45 以上引用胡夢華的文句，俱出自〈讀了《蕙的風》以後〉一文，《湖畔詩社評論資料選》，頁107、108、110。
46 前揭書，頁112。
47 汪靜之：〈《蕙的風》（1957年版）自序〉，《湖畔詩社評論資料選》，頁283。

抨擊，卻顯出自己頑固與守舊的封建心態，於是儘管他在後
來又寫了〈讀了《蕙的風》以後〉之辯護（一）（二）（三），
但在新舊兩種道德觀念碰撞的時代，思想解放顯然是佔了上
風，這些略顯幼稚的愛情詩，成了新道德的象徵，「不道德
的嫌疑」恰好道出湖畔詩人純真的愛情詩表現出了「五四」
時期爭取個性解放、婚戀自主的時代精神。

　　在湖畔詩人的作品中，有一些對封建傳統桎梏人心的反
抗呼聲，以及在不自由的環境下對美好愛情毫不保留的渴望
與追求，這些作品構成了湖畔詩社的「反封建」形象，除了
胡夢華所指摘汪靜之的〈過伊家門外〉、〈西湖小詩〉外，
在汪靜之《蕙的風》中還有幾首也是直指封建禮教的罪惡，
例如〈窗外一瞥〉：

> 沈寂的閨房裡，
> 小姐無聊地弄著七巧圖。
> 伊偶然隨意向窗外瞥了瞥，
> 一個失意的青年正踽踽走過，──
> 正是幼時和伊相識過的他──
> 伊底魂跳出窗外偕他去了。
> 伊漸漸低頭尋思，
> 想到不自由的自己底身子：
> 慘白的面上掛著淒切的淚了。

　　這首詩描寫女子不自由的處境與心情，「伊底魂」的跳
出窗外，是多麼大膽而坦率的告白，但身體的桎梏與禮教的

壓抑，使這名愛慕青梅竹馬的女子最終只能在短暫一瞥的震動後暗自垂淚，面對漫長的沈寂。又如〈遊寧波途中雜詩‧2〉：「許多石牌坊——／貞女坊，節婦坊，烈德坊——／愁恨樣站著；／含怨樣訴苦著；／像通告人們，／伊們是被禮教欺騙了。」以貞節牌坊為象徵，對中國傳統女性為禮教所束縛的悲慘命運提出了沈痛的質疑與不平。面對愛情與禮教的對立，汪靜之〈在相思裡‧5〉寫著：「那怕禮教的圈怎樣套得緊，／不羈的愛情總不會規規矩矩呀。」潘漠華〈若迦夜歌‧三月六晚〉也有類似的吶喊：「妹妹，我們當知道，／在他們底面前，／是不許我們年少的結合；／我們當知道，／他們是可破壞的，他們是可破壞的！」表現出企圖衝破封建禮教和傳統束縛的決心與勇氣。

　　不過，這類「反封建」色彩比較鮮明直接的作品，在湖畔詩人整體詩作中其實並不多，或者說，湖畔詩人當時寫作的動機與用意並不在此，他們真正傾心歌詠抒發的是愛情與自然，這類有真情、愛意、美感的作品才是這些少經世事的年輕詩人所用心追求的，這一點，只要翻看《湖畔》和《春的歌集》即可明白。當然，作為詮釋者，可以說這些愛與美的作品是在不自由、醜惡環境下的反抗姿態，但不管如何解讀，我們應該同意，讓愛自由，讓美作主，才是汪靜之等湖畔詩人內心所欲鉤描的美好願景，也是他們大部分詩篇所要傳達的真正呼求。

　　朱自清就是從愛情的角度而不從反封建的角度來看待湖畔四詩人的作品，他在《中國新文學大系‧詩集導言》中評論道：「中國缺少情詩，有的只是『憶內』、『寄內』，或

曲喻隱指之作；坦率的告白戀愛者絕少，為愛情而歌詠愛情的更是沒有」，「真正專心致志做情詩的，是『湖畔』的四個年輕人。」[48]言下之意，他們是中國現代愛情詩的開創者，是「五四」新詩初期情詩領域的拓荒者，他們以稚樸的文字、浪漫的想像、詩意的氛圍與細膩的感受力，營造出一個充滿美學力量和清新魅力的詩歌世界。

在《春的歌集》的扉頁上印有兩行字：「樹林裡有曉陽／村野裡有姑娘」，真是大膽的剖白，曉陽是自然之美，姑娘是青春之愛，可以看出，愛與美正是湖畔詩人銳意追尋的詩境。汪靜之曾說：「愛情詩、女性讚美詩最能使人得到美的享受，美的享受是詩的最主要的功效。」他甚至認為：「愛情詩是經國之大業」[49]。因為愛，所以覺得美；因為美，所以值得愛。這些詩作讓人著迷的敘述就在於瀰漫在字裡行間的希望、天真、美好、自由的氣息。愛與美，是湖畔詩人的精神家園，也是湖畔詩歌的靈魂歸宿。至於「反封建」或「反禮教」，應該說是無心插柳的意外，或者說是個人的偶然與時代的必然交會下的結果。

五、其他史料上的錯誤

有關湖畔詩社的研究，還存在著一些史料上的錯誤值得一提。汪靜之寫於 1979 年的〈回憶湖畔詩社〉一文中，對新

---

48 朱自清：《中國新文學大系・詩集導言》（台北：業強出版社，1990 年重印版），頁 4。
49 汪靜之：《六美緣・自序》，《汪靜之文集・六美緣》，頁 8、12。

詩出版的歷史有以下的敘述：

> 「五四」第二年才出版了三本新詩集。……新詩壇第
> 四本新詩集 —— 郭沫若的《女神》（1921 年夏天出
> 版），是異軍突起。……新詩壇第五本新詩集是《湖
> 畔》，第六本新詩集是《蕙的風》。[50]

　　這顯然是違背新詩出版史實的。首先，胡適的《嘗試集》
1920 年 3 月出版，是現代文學史上新詩的開山之作。第二本
是郭沫若的《女神》，1921 年 8 月出版。第三、四本是康白
情《草兒》、俞平伯《冬夜》，同為 1922 年 3 月出版。換言
之，「五四」第二年出版的新詩集僅有一部《嘗試集》，哪
來的三本之說？至於將《女神》說成是第四本詩集，更是明
顯有誤。至於第五本新詩集是不是《湖畔》？以個人詩集來
說，1922 年 8 月出版的《蕙的風》才是第五本，但如果加上
新詩合集的話，1922 年 4 月的《湖畔》是第五本，1922 年 6
月的《雪朝》是第六本，《蕙的風》要算是第七本了。汪靜
之的文章寫於 1979 年，按理不該出現這樣的錯誤，可能是憑
印象記憶為文，而有此誤。同樣是對新詩集出版時間的敘述，
沈從文發表於 1930 年的〈論汪靜之的《蕙的風》〉也有個小
錯誤，他說：「《蕙的風》出版於 11 年 8 月，較俞平伯《西
還》遲至五月，較康白情《草兒》約遲一年，較《嘗試集》
同《女神》則更遲了。」[51]俞平伯的《西還》是 1924 年 4 月

---

50 汪靜之：〈回憶湖畔詩社〉，《汪靜之文集‧沒有被忘卻的欣慰》，頁 36。
51 沈從文：〈論汪靜之的《蕙的風》〉，原載南京《文藝月報》第 1 卷第
　　4 號，1930 年 12 月。引自《湖畔詩社評論資料選》，頁 163。

出版，《冬夜》才是 1922 年 3 月出版，所以《西還》應是《冬夜》之誤。康白情的《草兒》也是 1922 年 3 月出版，沈從文說「約遲一年」也不正確。

　　有關湖畔詩社的研究，在大陸或台灣均未受到太多的關注，經查「中國期刊網」自 1999 年至今的「中國優秀碩士學位論文全文數據庫」、「中國博士學位論文全文數據庫」，均無有關湖畔詩社的資料；台灣「國家圖書館」的「全國博碩士論文資訊網」也是空白。看來，這群詩人當年在湖畔跋涉過的青春身影，確實被人們冷落或淡忘了。然而，細細品味湖畔詩人們在新詩草創期的年輕詩作，可以發現，處處有著愛與美的動人情愫，至今依然閃耀著動人的神采。那是四顆年輕的心靈在湖光山色裡對人世真實的素描，對內在情感心理的深刻挖掘，在腐朽封建的窒息氛圍裡，他們的詩之所以受到歡迎和喜愛的原因，除了源自於純愛、純美意識下的題材選擇與主題呈現外，他們具有個性化的寫作，契合了「五四」時期個性解放、追求自我的時代潮流，加上他們不失童心、帶著天真稚氣的口吻與詩風，從某個意義上說，又是新生、年輕、希望的表徵。這個性化與青春化的特質，正是湖畔詩社出現在現代文學史上因緣際會的深層背景。

第二節　湖畔詩人的少年青春夢

　　「湖畔詩社」是一則浪漫的童話，標誌著一個看似遙遠，卻永遠不會消失的西湖少年青春夢。

　　郁達夫說：「五四運動的最大的成功，第一個要算『個人』的發現。」[52]這「個人」的發現，在二〇年代的詩壇，湖畔詩社的作品可以說是最具代表性與說服力的詮釋之一。這些融入在詩歌中的「自我」，可以說是當時無數青年的縮影，他們所放情歌唱的也是當時無數青年共同的心聲，個人抒情的聲音，迴盪在時代的舞台上，看似微弱，實則具有穿透人心的力量。

　　這四個青年的夢中總是交織出現著愛情、親情與大自然的浪漫追求與純潔嚮往，也總是感情充沛地歌唱、歡笑，或是悲泣、愁苦，在美麗的西子湖畔，他們求學，戀愛，交遊，同時熱烈寫著浪漫純美的詩篇，就如四人詩歌合集《湖畔》初版時扉頁裡印的二行字：「我們歌笑在湖畔，我們歌哭在湖畔」，這兩句話可以說是他們詩歌內容與生命情調的精確概括，不管哭或笑，不管是戀歌、情歌，還是悲歌、挽歌，他們都能保持一種歌唱的姿態，純美的心靈，自由的精神，迎向現實生活與時代氛圍。就像汪靜之說的：「我要作詩，正如水要流，火要燒，光要亮，風要吹；水不願住了它的流，火不願息了它的燒，光不願暗了它的亮，風不願停了它的吹，我也不願止了我的唱。」[53]正是這種不免天真稚氣的理直氣壯，讓他們無所顧忌、全心致志地拿起筆來寫出他們止不住的呼聲。

　　這樣的呼聲是屬於愛與美，而非血與淚的。二〇年代的

---

[52] 郁達夫：《中國新文學大系·散文二集導言》（台北：業強出版社，1990年重印版），頁5。

[53] 汪靜之：《寂寞的國·自序》，《汪靜之文集·蕙的風》，頁183。

中國，軍閥混戰所帶來的政局黑暗，千年來統治人心的封建
勢力依然頑強，但新文化運動也同時如火燎原般衝擊著腐朽
的社會，「五四」的浪潮激起了無數人的新生與覺醒，這就
讓二〇年代處在新舊交替、黑暗與光明的十字路口。血與淚
的控訴，戰鬥吶喊的書寫，成了時代的主旋律，就如朱自清
在為《蕙的風》寫的序中所指出的：「我們現在需要最切的，
自然是血與淚底文學，不是愛與美底文學；是呼籲與詛咒底
文學，不是讚頌與詠歌底文學」。然而，朱自清也強調，即
使「血與淚」是「先務之急」，卻不能「只此一家」，應該
要讓愛與美「有自由發展的餘地」，更何況，「靜之是個孩
子，美與愛是他生活的核心；讚頌與詠歎在他正是極自然而
適當的事。」[54]朱自清這種不以救亡窒息純美生機的觀念，
在他這幾個學生的詩作中得到了生動的實踐。

一、湖畔四詩人的個性與詩風

　　湖畔四詩人雖然在詩的理念追求上接近，但源於彼此身
世、性格、遭際的不同，還有戀愛的型態、心理與情感體驗
也不同，導致詩的風貌有個人化的差異。朱自清對四人的詩
風有過兩次評價，第一次是 1922 年寫的〈讀《湖畔》詩集〉，
文中認為潘漠華「穩練縝密」，汪靜之「平正」，馮雪峰「自
然流利」，應修人「輕倩真樸」[55]；第二次是 1936 年出版的
《中國新文學大系・詩集・導言》中提到：「潘漠華氏最是

---

54 朱自清：《蕙的風・序》，《汪靜之文集・蕙的風》，頁 29、30。
55 朱自清：〈讀《湖畔》詩集〉，《湖畔詩社評論資料選》，頁 5。

淒苦，不勝掩抑之致；馮雪峰氏明快多了，笑中可也有淚；
汪靜之氏一味天真的稚氣；應修人氏卻嫌味兒淡些。」[56]這
樣的觀察與概括，說的是詩風，也是個性。應修人則有一首
詩〈心愛的〉，構思精巧，可以看出四人友誼的深篤，且在
感性的文字中也巧妙道出了彼此不同的風格特點：

> 逛心愛的湖山，定要帶著心愛的詩集的。
>
> 柳綠嬌舞時我想讀靜之底詩了；
> 晴風亂颭時我想讀雪峰底詩了；
> 花片紛飛時我想讀漠華底詩了。
>
> 漠華的使我苦笑；
> 雪峰的使我心笑；
> 靜之的使我微笑。
>
> 我不忍不讀靜之底詩；
> 我不能不讀雪峰底詩；
> 我不敢不讀漠華底詩。
>
> 有心愛的詩集，終要讀在心愛的湖山的。

　　然而，也正是這四個各有千秋的「自我」，在心愛的湖

---

56 朱自清：《中國新文學大系・詩集導言》（台北：業強出版社，1990 年
　　重印版），頁 4。

山邊，以心愛的詩集共同構建出一個獨具特色的團體。

　　《蕙的風》一書的卷頭有汪靜之女友菉漪（符竹因）的題詞：「放情地唱呵」，很可以說明這四人創作上自然天成、無所顧忌的心態。在放情歌唱的同時，他們唱出了最真實、最動人的自我。汪靜之《蕙的風・自序》說：「我極真誠地把『自我』融化在我的詩裡；我所要發洩的都從心底湧出，從筆尖跳下來之後，我就也慰安了暢快了。我是為的『不得不』而作詩，我若不寫出來，我就悶得發慌！」57因為自我抒情的必要，才有了這些自我個性色彩鮮明的作品。不管是淚眼看人間的潘漠華，還是笑臉對人世的汪靜之，我們看到的都是極真實的「小我」、「自我」。

　　汪靜之的任性與自我意識是四個人中最強烈徹底的。他生於茶商之家，又是獨子，從小嬌生慣養，不懂人情世故，養成天真、衝動、任情的性格，《蕙的風》中的〈自由〉就是最好的證明：

> 我要使性地飛遍天宇，
> 遊盡大自然的花園，
> 誰能干涉我呢？
> 我任情地飽嘗光華的花，
> 誰能禁止我呢？
> 我要高歌人生進行曲，
> 誰能壓制我呢？

---

57 汪靜之：《蕙的風・自序》，《汪靜之文集・蕙的風》，頁41。

　　　我要推翻一切打破世界，

　　　誰能不許我呢？

　　　我只是我底我，

　　　我要怎樣就怎樣，

　　　誰能範圍我呢？

　　這首詩寫在 1921 年，讓人不禁想起寫在前一年的郭沫若
的〈天狗〉：「我便是我呀！／我的我要爆了」[58]有著衝決
一切、一往無前的瘋狂、澎湃氣勢，汪靜之雖然語氣稍紓緩，
但熱烈追求自我的目標是一致的。他的詩就是他自我的化
身，特別是愛情詩，情感的波折歷歷完全是作者的夫子自道。
當他沈浸在愛情的甜蜜時，他說：「伊底眼是溫暖的太陽；
／不然，何以伊一望著我，／我受了凍的心就熱了呢？」（〈伊
底眼〉）當他被相思糾纏時，他不避諱地寫道：「我昨夜夢
著和你親嘴，／甜蜜不過的嘴呵！／醒來卻沒有你底嘴了；
／望你把你夢中的那花苞似的嘴寄來罷。」（〈別情〉）當
他因愛而痛苦時，便失落地呢喃著：「儘徘徊在池畔，／終
尋不著呵 ── ／曾印在池面的雙雙的我兩底影。只有孤孤的
今天的我了！」（〈拆散〉）但寫得最多的，是他對真愛無
止盡的追尋：「伊開了一朵定情花，／由伊底眼光贈給我；
／我將我底心當作花園，／鄭重把伊供養著。／／用我底愛
淚灑伊，／用我底情熱暖伊，／用我底歌聲護伊；／於是伊
更美麗了。……神呵，賜我些罷 ── ／愛淚情熱和歌聲呵！

---

58 郭沫若：〈天狗〉，《郭沫若作品經典》（北京：中國華僑出版社，1997）
　　卷 1，頁 43。

／不然，伊若是萎了，／我們將從此消滅呀！」（〈定情花〉）
全詩充分表現了戀愛中的男女眉目傳情的喜悅以及護守這份
真愛的決心。汪靜之在《詩歌原理》中強調過：「科學所表
現的是理知真理，詩歌所表現的是詩人自己的生命，詩人自
己的個性。」[59]他的詩歌實踐為此提供了有力的印證。

　　和汪靜之的天真、率直不同，潘漠華從小家境貧寒，家
人橫遭禍事，命運多舛，這就使得潘漠華詩中的「我」和其
他三人有很大的區別，朱自清說潘漠華「淒苦」，馮雪峰說
他是「飽嘗人情世態的辛苦人」[60]，這樣的環境與性格，使
潘漠華的詩作總是籠罩在一股濃烈悲苦的情緒中，顯現出一
個憂鬱早熟的詩人形象。他在情感上最大的不幸，除了家庭
因素外，當是愛上了為世俗禮教所不容的堂姐潘翠菊，使他
陷入痛苦的深淵，頻頻在詩中以「妹妹」為她的代稱，婉轉
表露出他對這段絕望的愛的苦戀心境，《若迦夜歌》中的23
首情詩，可謂句句血淚，例如：「妹妹呀，我們底家，／是
只建築在黑夜裡的呀！／因為白日裡，你是你，我是我，／
逢著也兩旁走過了，見了也無語的低頭了。／／妹妹，這

---

59 汪靜之：〈何謂詩歌〉，《汪靜之文集・詩歌原理》，頁31。
60 馮雪峰在《春的歌集》卷末寫有一文〈秋夜懷若迦〉，對潘漠華的身世
　有較詳盡的介紹，提到他的哥哥只因和情婦說了幾句話，便被惡徒們綑
　綁到戲臺上去示眾，受到莫大的侮辱，後來出外求學，又在途中被盜匪
　所劫，不久死去；他的姊姊則因被無情的男子欺負，遭到夫家拒斥，回
　到娘家，仍受盡種種侮辱和輕視；他的父親因子女的遭遇和債主的威逼，
　不久也死了；至於母親則傷心度日。馮雪峰說：「可見你孤僻的性情，
　和虛無的色彩，是養之有素，來之有源的吧。」（頁 4）他也提到潘漠
　華「被盲目的運命所擺弄，愛了一個禮教和世俗都不許他愛的女郎」（頁
　2），因此說他是「飽嘗人情世態的辛苦人」（頁2）。

問題燒得我好苦：／怎樣把我倆底家，／一樣的建築在白日裡，／在無論何時何刻呢？」（〈三月六晚〉）焦灼的心情躍然紙上；對於這段不可能被祝福的愛戀，他沈痛地寫道：「山是如此的靜定，／天是如此的低迷，／我倆相偎抱在夜野中，／鬼神來祝福夜底一對兒女。／／相依的站起，又相依的坐，／現代愛戀者的我倆底淚語呀，／有終朝細雨般的淒咽，／又如空與虛之相對語。」（〈三月二十夜杭州〉）以鬼神的祝福來映襯人間的詛咒，悲憤之心化為虛無的獨白；愛不能婚，婚又非所愛，傷心人別有懷抱，此意無人知曉，他只能壓抑地自語：「藏在深衷的秘密，／不可憐我世人不知道，／只親愛與相依為命的母兄，／都不能知道呀！／只窘困在我自己底心頭。／／……淚只在我心頭流，／妹妹，願你能接受我底淚；／生命在岐路旋轉，／願走上生命底岐路：／但我將永遠的踟躕。」（〈愛者底哭泣〉）這些充滿悲與淚的詩歌，是詩人內心最赤裸的告白，是一個苦苦掙扎的「自我」，所刻鏤下一闋最真實的心影哀歌。

　　馮雪峰和應修人的詩作有相似之處，比較樂觀開朗而帶有鄉土氣息與民歌風味。〈雨後的蚯蚓〉可以看出馮雪峰積極的人生態度與對自身生命價值的思考，詩中寫道：「雨止了，／操場上只賸有細沙。／蚯蚓們穿著沙衣不息地動著。／不能進退前後，／也不能轉移左右。／但總不息地動呵！／／雨後的蚯蚓的生命呀！」這裡有在絕望處境下仍得抗爭、尋找出路的自我期許；同樣的詩題，在潘漠華筆下則成了：「雨後蚯蚓般的蠕動，是我生底調子。／我底寂默！寂默是無邊，悲哀是無邊。」馮雪峰有一首〈小詩〉，很能表

現出他獨特的個人特質：「我愛小孩子，小狗，小鳥，小樹，
小車，／所以我也愛作小詩。／但我吃飯偏要大碗，／吃肉
偏要大塊呵！」從這豪邁的口氣中，可以看出他放任自我、
追求自由的自信。成長於浙東山村農家，他的詩有許多以農
村景致與男女青年單純戀愛為題材，帶著純樸民歌的藝術傾
向，如〈有水下山來〉：「有水下山來，／道經你家田裡；
／它必留下浮來的紅葉，／然後它流去。／／有人下山來，
／道經你們家裡，／他必贈送你一把山花，／然後他歸去。」
簡單的語言，帶有節奏感的形式，用興的手法歌詠，具有優
美的民歌情調。類似的詩作還有〈十首春的歌〉、〈賣花少
女〉等。應修人也有這種樂觀清朗的精神，他曾高歌：「可
愛的人生 —— 人生底可愛呀！／沒有一朵花不是柔美而皎
清，／沒有一個人底心不像一朵春的花！」（〈歡愉引〉）
也曾陶醉地輕唱：「妹妹你是水 —— ／你是清溪裡的水。／
無愁地鎮日流，／率真地長是笑，／自然地引我忘了歸路
了。……妹妹你是水 —— ／你是荷塘裡的水。／借荷葉做船
兒，／借荷梗做篙兒，／妹妹我要到荷花深處來！」（〈妹
妹你是水〉）寫出了年輕人深切而純潔的情意，迴環往復的
旋律，像民歌般自然有味，真給人忘憂的喜悅。他的愛情詩
常以女性的視角出之，有獨特的觀察和表現，如〈鄰家座上〉：
「嘴裡微微歌，／臉上微微酡。／要說不說，怕人多。／嘴
裡微微歌，／臉上微微酡。」或者是「悔煞許他出去；／悔
不跟他出去。／等這許多時還不來；／問過許多處都不在。」
這些詩的格律已經有所講究，音樂性的美感加上純真細膩的
情感，格外惹人喜愛。

二、天真詩國與少年中國

　　湖畔詩人的作品，不管歌哭或歌笑，除了「個人化」此一鮮明特點外，不時散發的濃厚童稚情調與天真氣息，也是其詩作吸引人的突出特色。這種「孩子氣」與「青春感」的價值，周作人就指出：「他們的是青年人的詩；許多事物映在他們的眼裡，往往結成新鮮的印象……過了 30 歲的人所承受不到的新的感受，在詩裡流露出來。」[61]躁動的生命，青春的情懷，敏銳的感受，使他們的作品自然擁有天真的純情，沒有掩飾、近乎童稚的心靈，構成了他們詩國特有的迷人魅力。

　　朱自清在為汪靜之的詩集《蕙的風》所寫的序言中提到，汪曾自稱「是一個小孩子」，朱自清認為「這一句自白很可以幫助我們了解他的人格和作品。」事實上，「少年視角」、「青春心境」可以說是理解這四位湖畔詩人的共同線索，朱自清對「小孩子」有一番精準的分析：

> 小孩子天真爛漫，少經人間世的波折，自然只有「無關心」的熱情彌滿在他的胸懷裡。所以他的詩多是讚頌自然，詠歌戀愛。所讚頌的又只是清新美麗的自然，而非神秘偉大的自然；所詠歌的又只是質直單純的戀愛，而非纏綿委曲的戀愛，這才是孩子們潔白的心聲，坦率的少年的氣度！而表現法的簡單明瞭，少

61　周作人：〈介紹小詩集《湖畔》〉，原載 1922 年 5 月 18 日《晨報副刊》，引自《湖畔詩社評論資料選》，頁 1。

　　宏深幽渺之致，也正顯出作者的本色。他不用捶煉的
　　工夫，所以無那精細的藝術。但若有了那精細的藝
　　術，他還能保留孩子的心情麼？[62]

　　長於單純自然，拙於宏深幽渺；多青春本色，少精細藝
術，說的不只是汪靜之的詩歌表現，而是整個湖畔詩社的藝
術傾向與審美特色。因為這種少年視角與青春心境，使他們
的詩洋溢著天真主題與個人旋律，充滿新鮮風味與清新格調。
　　只有天真的少年才會理直氣壯地發出這樣的豪語：「假
如我是個詩的人，／一個『詩』做成的人，／那末我願意踏
遍世界，／經我踏遍的都變成詩的了。」（汪靜之〈詩的人〉）
朱自清對《湖畔》大加讚揚的理由之一，就是著眼於「少年
的氣氛充滿在這些作品裡」，他明白指出：「就詩而論，便
只見委婉纏綿的嘆息而無激昂慷慨的歌聲了。但這正是他們
之所以為他們，《湖畔》之所以為《湖畔》。有了『成人之
心』的朋友們或許不能完全了解他們的生活，但在人生底旅
路上走乏了的，卻可以從他們的作品裡得著很有力的安慰；
彷彿幽憂的人們看到活潑潑的小孩而得著無上的喜悅一般。」
[63]連胡適都不得不承認，湖畔詩社這「一班少年詩人出來」，
「他們受的舊詩詞的影響更薄弱了，故他們的解放也更徹
底。」他甚至帶著羨慕的口吻說：「我現在看著這些徹底解
放的少年的詩人，就像一個纏過腳後來放腳的婦人望著那些
真正天足的女孩子們跳來跳去，妒在眼裡，喜在心頭。」他

62 朱自清：《蕙的風・序》，《汪靜之文集・蕙的風》，頁29。
63 朱自清：〈讀《湖畔》詩集〉，《湖畔詩社評論資料選》，頁2。

特別欣賞汪靜之，認為「他的詩有時未免有些稚氣，然而稚氣究竟遠勝於暮氣；他的詩有時未免太露，然而太露究竟遠勝於晦澀。況且稚氣總是充滿著一種新鮮風味，往往有我們自命『老氣』的人萬想不到的新鮮風味。」64廢名也是如此評價這群詩人：「在大家要求不要束縛的時候，這幾個少年人便應聲而自由的歌唱起來了。他們的新詩可以說是最不成熟，可是當時誰也沒有他們的新鮮，他們寫詩的文字在他們以前是沒有人寫過的，他們寫來是活潑自由的白話文字。」是「一個沒有沾染舊文章習氣老老實實的少年白話新詩」65。從這個意義來看，湖畔詩人開風氣之先的作品在整個詩歌發展過程中堪稱為白話詩的探路人，也是新文學運動初期的生力軍。

這類從少年視角出發、不失童心稚語的詩歌，在他們的詩集中俯拾皆有，但以應修人和汪靜之寫得較多，潘漠華的悲苦心境使他較少這類作品。應修人的〈柳〉寫道：「幾天不見，／柳妹妹又換了新裝了！／── 換得更清麗了！／可惜妹妹不像媽媽疼我，／妹妹總不肯把換下的衣裳給我。」有種嬌嗔的兒女之態，頑皮的孩童之思；〈親眷家裡〉則是充滿了孩童的歡樂笑語：「妹妹兒年紀十二三，／拗得來許多花朵兒，／要我編花環。／／掠掠我短頭髮，／『戴不來花兒要甚用！』／── 笑笑輕輕說。／／軟坐我右膝上；／揀一朵紫些銅絲兒，／繞在我鈕釦上。」詩人抓住瞬間的對話與動作，生動表現了孩子們可掬的親暱之態；還有長詩〈小

---

64 胡適：《蕙的風·序》，《汪靜之文集·蕙的風》，頁 33。
65 廢名：〈湖畔〉，《湖畔詩社評論資料選》，頁 10、21。

學時的姊姊〉，寫小時候和「姊姊」一起度過的歡樂點滴，直到姊姊出嫁，從此疏遠，徒留思念，全詩以小女孩的口吻敘述，語言也是鮮活的童語，例如詩的開頭：「讓星光霎眼在天上，／讓菜花伸腰到路旁，／讓村狗幾聲，村路冷，／讓前面是田野還是村莊……／我都不管這些那些，／我只想我故鄉裡，／小學時認識了的小姊姊」。這類小孩的心理和語言，在〈那一夜〉、〈送橘子〉、〈小小兒的請求〉、〈我要〉、〈信來了〉等詩中，應修人都掌握得很好。汪靜之的許多詩也都浸潤著純情少年才有的想像與意象，如〈瞎了麼？〉：「饑餓的魚兒們呵！／我奉送幾片餅乾在水裡，／請你們充充饑罷。／哼！瞎了麼？／為甚偏不吃香甜的餅乾呢？」或者是「芭蕉姑娘呀，夏夜在此納涼的那人兒呢？」（〈芭蕉姑娘〉）；「我遠望洋洋的海，／我洋洋的心更覺洋洋了。」（〈洋洋〉），以及〈西湖小詩〉、〈西湖雜詩〉、〈小鳥〉、〈蝴蝶〉、〈我們想〉等，都是童心所化成的詩篇。馮雪峰的〈小朋友〉寫在杭州街上偶遇一個不相識的小朋友，兩人笑著說了幾句話，分手之後，「後來，我常常去尋他，／卻再也尋不到了。／但他總逃不掉是我底／不相識的小朋友呵！」描寫的就是一個孩子單純的心思。〈城外紀遊〉寫一次鄉間之遊，對孩子表現出極大的友善與嚮往：「我們竟跑得有些倦了；／便在一間草舍的旁邊坐下來。／『鄉間真有趣呵！』／漠華這樣地哼了一聲，／驚醒了一個睡在／一堆乾草的上邊／黃狗的腳邊的小孩子。／他起來向我們看了好久；／他那含著指頭微笑著的臉的可愛呵！／我們真仰羨極了。／漠華說，『為了小孩子也要住鄉間。』／我說，

『為了小孩子也不好不結婚。』」這樣的天真口吻，是因為馮雪峰自己也是個保有赤子之心的孩子呀。

　　當然，他們畢竟年輕，即使放情高歌的姿態令人矚目，純真的自我也充分融入在詩作中，但這並不保證作品在藝術審美上的水準與品質，應修人就曾經寫信給潘漠華說：「大家詩都不是十分完美，《湖畔》能有三四首好詩已很夠了。」[66]汪靜之也自我反省道：「缺點是幼稚，但也有與幼稚有連帶關係的天真。」[67]這「天真的幼稚」如果是在三〇年代或以後，恐怕是不會引起多少波瀾的，這些藝術上不夠成熟的作品之所以讓文壇震動，正是因為暗合了「五四」這個青春的時代，以及民國新成的氣象，也就是說，少年中國與天真詩國水到渠成般地匯聚在一起，掀起了一股浪潮。他們的「孩子氣」恰好擊中了「世故態」的顢頇與虛偽，一如「五四」帶給人們新鮮的國族想像與新生的契機，他們完全是新時代的產兒。有論者就指出：「『湖畔』詩人的童稚氣實質上便是在嶄新的愛情追求上所表現出來的時代朝氣或時代青春感。它雖然體現在四位詩人的詩作中，卻不僅是他們個人的，而且是那時代全體青年的。」[68]換言之，這是一種「集體表徵」，湖畔詩人不過是時勢造英雄下的「代言者」。正是這種孩子氣與青春感，衝撞了暮氣深沈、枷鎖深重的社會，宗白華因此而肯定地說：「我個人是以為這種純潔天真，活潑

66　應修人致潘漠華信，見《湖畔詩社評論資料選》，頁295。
67　汪靜之：〈回憶湖畔詩社〉，《汪靜之文集・沒有被忘卻的欣慰》，頁37。
68　見張德厚、張福貴、章亞昕：《中國現代詩歌史論》（長春：吉林教育出版社，199 年），頁205。

樂生的少年氣象是中國前途的光明。那些世故深刻，悲哀無力的老氣沈沈，就是舊中國的墳墓。」[69]

　　然而，當「革命意識」逐漸取代「審美意識」，當曾經的天真少年被帝國主義侵略罪行震醒，開始發出控訴的吶喊，迎向黑暗社會現實，甚至加入共產黨，直接投身革命洪流裡時，「少年」就已經長大了，湖畔美好歲月也將過去，一如應修人寫於 1925 年 1 月的〈雪夜〉所自陳的：

> 塵煤的城市霧上我牧歌情懷，
> 此刻就有驢子呀，也不想去款款尋梅；
> 噯，童年期的「無愁」去已遠了，遠了！
> 年來我胸裡像胸外，定也在霰雪橫飛。

　　在寒氣襲來、風雪飛舞的街頭，詩人毅然拋開無憂的童年，大聲疾呼：「我要把你這銀髮的冬樹猛推，／啊！── 人世的衣冠呀，萬朵齊墜！」最後激情地怒吼出：「啊，你們凍餓的群眾！狂喊狂衝，／萬歲呀萬歲呀，一幕悲壯的『世界暴動』！」這一聲怒吼，使他們匯入了時代的大合唱中，淹沒了自我微弱、唯美的聲音。這一聲怒吼，也宣告了湖畔天真詩國的瓦解，尖銳鬥爭時刻的到來。

---

69 宗白華：〈《蕙的風》之讚揚者〉，《湖畔詩社評論資料選》，頁 152。

第三章　清靜的熱鬧：白馬湖作家群

第一節　「白馬湖作家群」的散文世界

一、現代散文史上的「白馬湖作家群」

　　散文作家楊牧在其所編的《中國近代散文選》一書中，為史覽之便，將五四以來的散文分成七類，並略述其品類特徵及源流[1]，其中夏丏尊一派，他特別提出「白馬湖風格」此一論點，認為夏丏尊以一篇〈白馬湖之冬〉樹立了白話記述文的模範，並將朱自清與之並列為白馬湖風格派的領袖。他還進一步指出，包括郁達夫、俞平伯、方令孺、朱湘、徐訏、琦君、林海音、張拓蕪等人都可歸入這一派。此外，如林文月、叢甦、許達然、王孝廉等人的作品也多少流露出白馬湖派的風格。對於楊牧的品類縷述和作家歸類，我們或不盡然

---

[1] 楊牧說：「所謂散文，歸納起來，不過以下七類：一曰小品，周作人奠定其基礎；二曰記述，以夏丏尊為前驅；三曰寓言，許地山最稱淋漓盡致；四曰抒情，徐志摩為之宣洩無遺；五曰議論，趣味多得之於林語堂；六曰說理，胡適文體影響至深；七曰雜文，魯迅摠其體例語氣及神情。」見《中國近代散文選‧前言》（台北：洪範書店，1981），頁5。

贊同，但他能單獨拈出「白馬湖風格」加以討論，不能不說
是別具慧眼[2]。

　　「白馬湖風格」的形成，是由一群志同道合、情趣相投
的作家，在白馬湖的山水薰染之下，以作品所凝聚成的一種
獨特風格。這群作家，在中國現代散文史上通常被歸進以周
作人為領袖的清淡小品散文流派中，而未給予應有的地位。
對白馬湖作家所呈現的集體文學風貌予以凸顯並加以闡述，
是八○年代以後的事。有的學者如朱惠民（浙江寧波市區黨
校高級講師）將這些作家稱為「白馬湖派」散文作家；有的
學者如陳星（浙江杭州師範學院副教授）則稱之為「白馬湖
作家群」。雖然二者指涉的對象並無二致，但我們認為比較
周延的說法應是後者。理由是「作家群」的概念較符合文學
史的事實，因為，這些作家主要的依託是文學研究會寧波分
會，他們和北方的語絲社的美文系統合流，形成以周作人為
主的小品散文流派，因此，若從現代散文史的角度來看，將
其視為周作人散文流派的一翼比較適切。既為派下分支，再
稱之為「白馬湖派」並不妥，不如以「群」稱之較無爭議。

　　「白馬湖作家群」並無一個有形的組織，也沒有提出任
何口號，它是自然形成的，是一群作家共同的文學趣味與美
學追求下的結果，而且通過作品揭示了此一文學風格的藝術

2　香港學者黃繼持在《香港文學》1985 年第 3 期中，發表一篇評論散文作
　家小思（即盧瑋鑾）的文章〈試談小思〉，文中提到，小思的作品《豐子
　愷漫畫選繹》和《路上思》「似已可躋身於當年白馬湖畔散文作家之列」；
　而大陸學者陳星在 1991 年 1 月發表於《杭州師範學院學報》的論文〈台、
　港女作家林文月、小思合論〉中，也無獨有偶地對其白馬湖風格有所析論。
　在這些不多的相關文章中，最早提出「白馬湖風格」一詞的應屬楊牧。

特徵。當然，這些作家在散文創作時，不曾有過要創一個文學流派的想法，然而，若從作品的藝術特質、作家的審美情趣、生活經歷以及時代、地域、刊物、社團等諸多因素綜合考慮，我們固不可以一嚴謹的文學組織視之，但其所透顯出的群體風格卻又是不能不予以完整、獨立地加以陳述。我們可以說，在二〇年代中後期，寧波分會的一群作家，其散文作確實呈現了一種整體的、以清淡為主的風格，這些風格近似的作家，以詩文相交，以情義相知，同在浙江省上虞縣白馬湖畔的春暉中學任教、生活，在彼此的友誼中領略生命的愉快，在互相的藝術薰染中提昇心靈的境界。這群作家基本上是以夏丏尊、朱自清、豐子愷為核心，結合了包括王世穎、葉聖陶、劉大白、劉延陵、朱光潛、李叔同、鄭振鐸、張孟聞、俞平伯、徐蔚南等多位作家，他們或多或少都曾領受過白馬湖的靈山秀水，與寧波有地域上的關係，而且在宣揚藝術、提倡美育方面做了一些實際的工作。更重要的，他們在這段時期所寫下的一些文章，特別是以白馬湖為背景的散文，其清淡、雋永、潔淨一如白馬湖的湖水，令人陶醉、難忘。因此，在現代散文的審美角度下，「白馬湖風格」的作品「幾乎成了近乎完美的範本」[3]，而此一群體的散文也經常被海峽兩岸、香港等地的中學課本收入，或以之作為現代散文研究、賞析時的範例。對於「白馬湖作家群」的文學成就與價值，我們認為在以周作人為首的所謂「人生派」小品的勢力籠罩下，有必要加以正視並賦予它在文學史上應有的一

---

3 陳星：〈令人難忘的白馬湖作家群〉，《中央日報・長河副刊》，1995年 4 月 2 日。

席之地。

二、白馬湖畔的「白馬湖作家群」

「白馬湖作家群」是一群非常可愛的文人、藝術家。他們在二〇年代因緣際會地有多位曾先後於春暉中學任教或講學，並因此吸引了一批趣味相投的作家往來聚會，以人文薈萃的藝術風華照亮了白馬湖的自然麗景。這種「言詠屬文」的情致，正是「以文會友」的最佳寫照。

他們的這段文學佳話，恐怕得從夏丏尊說起。秉性良善敦厚的夏丏尊，於 1921 年從杭州回到家鄉浙江省上虞縣，任教於白馬湖畔的春暉中學，不到幾年，在他的周圍竟陸續聚集了十餘位當時文壇均屬一流的文人作家，他們一面認真教學，一面利用課餘時間把酒臨風，詩文相屬，過著田園牧歌式的文學沙龍生活，寫出了許多流傳至今的散文佳構。

這群亦師亦友的作家們，另外也在寧波省立第四中學兼課，1925 年起又先後到上海立達學園兼課，雖然課務繁重，但因當時的春暉、四中、立達等校都受到五四新文化運動的精神感染，充滿了文化朝氣，因此他們雖然舟車勞頓，卻也樂此不疲。夏丏尊、朱自清教的是語文課，朱光潛教英語，劉延陵教文化史，豐子愷教音樂美術，再加上俞平伯、葉聖陶、李叔同、劉大白等人又先後來此講學，他們充分對應了五四時期「王綱解紐，處士橫議」的大環境，喜作抒情言志、具個人意識的美文，這些散文呈現了他們的個性、才氣，無形中也造成了這群人獨特的散文風貌。

　　除了文風相近外，他們彼此間的情誼深厚也是令人嚮往的因素之一。尤其在春暉園中，由於家眷也聚居於此，大家朝夕相處，完全像是一家人似的。夏丏尊的「平屋」與朱自清不過一牆之隔，豐子愷的「小楊柳屋」和「平屋」也相去不遠，而豐子愷和他的老師李叔同的「晚晴山房」又是相鄰，因此，他們不僅在學校談文說藝，回到家中依然暢言盡飲，以切磋為樂，將生活與文學做了最自由、充分的結合。以此深誼為基礎，他們在文學上也不忘相互提攜，例如朱自清為夏丏尊的兩本書寫序；夏丏尊把朱氏的散文集《踪跡》介紹給上海出版；豐子愷為《踪跡》設計封面；朱自清則替豐子愷的第一本漫畫集作序，替他的第二本漫畫集寫跋；朱光潛的散文集《給青年的十二封信》，是在朱自清、豐子愷、夏丏尊等人的影響下完成，並由夏氏介紹出版；劉延陵曾幫朱自清助編刊物《我們》，俞平伯、葉聖陶也曾與朱自清共商編輯事宜。[4]此外，又如俞平伯的詩集《憶》，一共收了 36首詩，豐子愷即為之畫了 18 幅插圖，還有朱自清的跋，圖文並茂的背後，其實正說明了他們彼此之間在文學聯繫上的密切關係。

　　同仁性質的文藝刊物，往往也是結合作家情感的重要媒介。白馬湖作家群本身並無所謂代表性的機關刊物，正如他們沒有任何組織形式一般，他們的作品發表的園地，或者是主編的文藝刊物，基本上均屬於文學研究會寧波分會，例如

---

4 這段作家們彼此提攜的敘述，主要是參考朱惠民〈紅樹青山白馬湖〉一文，收入其主編之《白馬湖散文十三家》（上海：上海文藝出版社，1994），頁 252。

《我們》、《四中之半月》、《春暉》半月刊和立達學園的
會刊《一般》，還有寧波分會下的一個社團組織「雪花社」
曾創辦社刊《大風》，後又在白馬湖畔創辦文藝刊物《山雨》。
這些刊物或多或少醞釀了白馬湖散文風格的形成。其中最為
人熟悉的刊物是由朱自清、俞平伯主編的《我們》，豐子愷、
劉延陵助編，葉聖陶參與其事，整個編輯活動是在寧波四中
和春暉中學進行，所發表的文章也大多出自白馬湖作家群之
手，充滿了典型的白馬湖風格。

　　從日常生活的頻繁往來，到詩文寫作的提攜切磋，進而
共同將文學理想透過刊物加以表現，這群作家在白馬湖畔獲
得了豐盈、雅緻的美感經驗，不論是來自自然山水，還是人
文性靈，他們和那一湖春水同時享受了天光雲影的溫暖感
發。一篇篇精緻動人的散文，一本本情趣盎然的文集，就在
湖水的見證下，被寫進了現代散文史的卷帙中。

三、「白馬湖作家群」筆下的白馬湖

　　白馬湖美麗的散文世界，是來自於這群作家透過白馬湖
的生活美所取境創作的文學美。他們對著娟麗不俗的湖光山
色，觸景生情，緣情布景，一旦涉筆為文，白馬湖自然成了
他們在題材表現上的一大主題。那麼，在這些清淡質樸、韻味
無窮的文學作品背後，白馬湖到底具備了怎樣的神奇力量呢？

　　根據陳星先生實地走訪白馬湖後所寫的〈人文薈萃白馬
湖〉一文，有如下的一段敘述：

白馬湖位於浙江省上虞縣城西北五公里處。舊名漁浦湖，周二十餘公里，三面環山，重岫疊巘。濱湖諸山三十六澗，悉會於湖。湖中有癸巳山、羊山、月山，湖邊有漁村農舍，一派田園風光。據《水經注》云，該湖創始時，塘堤屢圮，民以白馬祭之，故名白馬潭；另一說晉時縣令周鵬舉乘白馬入湖中不出，人以為地仙，故名。白馬湖的美，美就美在它的野趣，美在桃花源似的寧靜，它的超凡秉性，使自己成了千丈紅塵中的清涼世界[5]。

也許是因為白馬湖如此的風光令作家們深深著迷吧，他們都忍不住將這種美好的見聞感受用筆鑄為形象。朱自清就有如下的描寫：

這是一個陰天。山的容光，被雲霧遮了一半，彷彿淡妝的姑娘。但三面映照起來，也就青得可以了，映在湖裡，白馬湖裡，接著水光，卻有另一番妙景。我右手是個小湖，左手是個大湖。湖有這麼大，使我自己覺得小了。湖在山的趾邊，山在湖的唇邊；他倆這樣親密，湖將山全吞下去了。吞的是青的，吐的是綠的，那軟軟的綠呀，綠的是一片，綠的卻不安於一片；它無端的皺起來了。如絮的微痕，界出無數片的綠；閃閃閃閃的，像好看的眼睛。湖邊繫著一條小船，四面

---

5 見陳星：《拜訪文學的故鄉》（台北：幼獅文化公司，1994），頁88。

> 卻沒有一個人，我聽見自己的呼吸。想起「野渡無人
> 舟自橫」的詩，真覺物我雙忘了。（〈春暉的一月〉）

　　素淨的文句，清淡的筆調，將白馬湖的美景如繪般地呈現在讀者眼前。作家的整個心境已被湖水盛景緊緊纏繞，不覺而有「物我相忘」的感受。朱自清說，春暉給了他三件禮物：美、真誠與閒適。這也說明了白馬湖何以能吸引那麼多文人的原因。靈山秀水，加上才子名士，的確是相得益彰。

　　朱自清在另一篇完全以白馬湖為謳歌對象的散文〈白馬湖〉中，更進一地寫道：「湖光山色從門裡從牆頭進來，到我們窗前、桌上」，他認為白馬湖一天中最美的時刻是黃昏：「湖上的山籠著一層青色的薄霧，在水裡映著參差的模糊的影子。水光微微地暗淡，像是一面古銅鏡。輕風吹來，有一兩縷波紋，但隨即平靜了」；至於一年之中最好的時光則是春天：「山是青得要滴下來，水是滿滿的、軟軟的。一株間一株地種著小桃與楊柳……在春天，不論是晴是雨，是月夜是黑夜，白馬湖都好。雨中田裡菜花的顏色最早鮮豔，黑夜雖什麼不見，但可靜靜地受用春天的力量。夏夜也有好處，有月時可以在湖裡划小船，四面滿是青靄。船上望別的村莊，像是蜃樓海市，浮在水上，迷離徜恍的；有時聽見人聲或犬吠，大有世外之感。」這些直陳內心真實感受的散文，使人不禁隨之進入宛如桃花源仙境般的美麗世界裡。

　　豐子愷在比較了住上海與春暉兩地的感受時說道：「我覺得上海雖熱鬧，實在寂寞；山中雖冷靜，實在熱鬧，不覺得寂寞。就是上海是騷擾的寂寞；山上是清靜的熱鬧。」（〈山

水間的生活〉）這是真正體會了山居生活後的自白，對白馬
湖的讚賞表露無遺。除此之外，以一篇代表作〈白馬湖之冬〉
享譽文壇，歷久不衰的夏丏尊，對白馬湖的冬天情味作了直
接而有力的刻劃。此文寫於 1933 年，夏丏尊已遷居上海，可
是他認為：「在我過去四十年的生涯中，冬的情味嘗得最深
刻的，要算十年前初居白馬湖的時候了」，而他所領略的冬
的情味，又幾乎從風來。他寫道：

> 白馬湖的所以多風，可以說有著地理上的原因。那裡
> 環湖都是山，而北首卻有一個半里闊的空隙，好似故
> 一張了袋口歡迎風來的樣子。白馬湖的山水和普通的
> 風景地相差不遠，唯有風卻與別的地方不同。風的多
> 和大，凡是到過那裡的人都知道的。

在他的筆下，白馬湖的風天天都有，「呼呼作響，好像
虎吼」。當風刮得厲害時，「天未夜就把大門關上，全家吃
畢夜飯即睡入被窩裡，靜聽寒風的怒號，湖水的澎湃」。夏
丏尊意味深長地說：「我於這種時候深感到蕭瑟的詩趣，常
獨自撥劃著爐灰，不肯就睡，把自己擬諸山水畫中的人物，
作種種幽邈的遐想。」由於這篇散文的膾炙人口，白馬湖從
此出了名，而「白馬湖作家群」也找到了與其藝術特色相符
的名稱。

自然山水的美，當然是吸引這群文人聞風而來的主因，
但另一個原因也絕不能忽略，即春暉學校中的師生情誼與人
文氣息。在 1927 年至 1928 年間曾執教於春暉中學的作家張

孟聞即戀戀不捨春暉的溫煦人情與白馬湖的秀麗風光,他的
〈白馬湖回憶〉一文中,就對當時的春暉生活有如下的生動
回憶:

> 上課的教室樓有欄杆的長廊,憑欄眺望,近把湖光,
> 隔湖山色,排空送翠,從垂柳葉叢裡掩映到眼前來;
> 有時還有好鳥啼聲,婉囀清喚。課餘在校內有好友相
> 伴,校外這幾家鄰居都是書香人家,不是世家,就是
> 老師,而且室內雅潔,四壁圖書,垂掛的就是他們和
> 他們友儕的字畫,室外是蒔花的院落或家常的菜圃。
> 如〈陋室銘〉所云:「苔痕上階綠,草色入簾青;談
> 笑有鴻儒,往來無白丁。」徜徉其間,流連忘歸[6]。

　　文化氣息的濃厚,師生同事情感的真篤,對這群作家的
凝聚產生了強化作用。俞平伯在 1924 年春天到白馬湖時,曾
有一段日記寫到他的印象:「春暉校址殊佳,四山擁翠,曲
水環之,菜花彌望皆黃,間有紅牆隱約。村居絕少,只十數
家,校舍不砌垣牆,而亦無盜賊,大有盛世之風。學生樸實,
理解力亦好。」[7]足見白馬湖的自然與人文二者皆美的客觀條
件,才是「白馬湖作家群」會隱然成形的主因。文學與地域
之間的相互影響,白馬湖作家們的活動及其作品,正好提供
了一個近乎典型的範例。我們可以說,沒有白馬湖令人神往

---

6 朱惠民:《白馬湖散文十三家》,頁 243。
7 俞平伯:〈憶白馬湖寧波舊游〉,載於《文學雜誌》第 3 卷第 5 期,1948
　年 10 月。

的清秀景致，則這些作家們的筆下將減去不少絢麗的光彩；
而若沒有這些才氣縱橫、富教育愛與人性美的文人投身其
間，則白馬湖的美名將褪色許多，甚至於，可能為人所不知了。

　　根據資料，目前有關「白馬湖作家群」的遺蹟，除了白
馬湖不變的綽約風姿外，美麗的春暉中學校舍以及鄰近的夏
丏尊的「平屋」，和豐子愷的「小楊柳屋」依然存在。其中
「平屋」已被闢為夏丏尊的紀念堂，成為遊客流連瞻仰的勝
蹟[8]。

四、「白馬湖作家群」的散文風格

　　「白馬湖作家群」的文學創作特徵，楊牧曾簡單地指出
是「清澈通明，樸實無華，不做作矯揉，也不諱言傷感」[9]。
基本上，這已抓住了此一文人群體的散文風格。一如白馬湖
清新、靜謐的湖水，他們的散文也流露了相同的意境。上述
所引的朱自清〈春暉的一月〉，豐子愷〈山水間的生活〉、
夏丏尊〈白馬湖之冬〉等文，即是對「白馬湖風格」作了最
佳詮釋的作品。情濃而墨淡，在疏密之間揮灑自如，宛如一
幅幅的寫意畫，令人愛不釋手。

　　他們的作品，當然有其個人獨特的創作傾向，但是都內
涵著一種清淡雋永的神韻共性。他們的散文特色，毫無疑問
地，是繁華落盡後的天然風姿，是反璞歸真。這種美學上的
一致追求，可以說是他們在藝術上的共同風貌。例如散文被

8　陳星：《拜訪文學的故鄉》，頁92。
9　楊牧：《中國近代散文選・前言》，頁6。

譽為「白話美術文的模範」的朱自清、俞平伯二人，他們的
寫作即主要是樸實清新一路，這一點，從他們同題寫作的散
文〈槳聲燈影裡的秦淮河〉中可以看出。朱、俞二人於 1923
年 8 月的一個晚上，坐船同遊秦淮河，回來後各寫了一篇傳
誦至今的精彩遊記。在朱自清的筆下，「秦淮河的水是碧茵
茵的，看起來厚而不膩，或者是六朝金粉所凝麼？」船行到
河中，他覺得「河中眩暈著的燈光，縱橫著的畫舫，悠揚著
的笛韻，夾著那吱吱的胡琴聲，終於使我們認識綠如茵陳酒
的秦淮水了。此地天裸露著的多些，故覺夜來的獨遲些。從
清清的水影裡，我們感到的只是薄薄的夜 —— 這正是秦淮河
的夜」。這些描繪，雖然不免有一些絢爛之美，但他筆下的
秦淮河一點也不庸俗、華豔，反而充滿著輕柔的嫵媚。作者
發自內心的真摯情感、樸實的風采，在這幅娟秀的工筆畫中
不時出現。至於俞平伯眼中的秦淮河，也是看似濃郁實則平
淡，他寫道：

> 我們，醉不以澀味之酒，以微漾著、輕暈著的夜的風
> 華。不是什麼欣悅，不是什麼慰藉，只感到一種怪陌
> 生、怪異樣的朦朧。朦朧之中似乎胎孕著一個如花的
> 笑……這麼淡，那麼淡的倩笑，淡到已不可說，已不
> 可擬，且已不可想。但我們終久是眩暈在它離合的神
> 光之下的。

俞氏與朱氏的散文一樣，表現了秦淮河夜色的絢麗，但
仍不失其素樸的內涵。兩人內心的情思折射於外在風華萬千

的秦淮河之夜，反更顯其朦朧、清淡的詩的意境。

　　和〈槳聲燈影裡的秦淮河〉、〈溫州的踪跡〉相比，朱自清稍後寫的〈背影〉、〈兒女〉等文就更顯出一種平淡之美。而俞平伯的〈西湖的六月十八夜〉、〈眠月〉、〈打橘子〉等文，寫的是日常之事、友朋之情，卻是淡而有味的好文章。其他如夏丏尊的〈貓〉、〈春暉的使命〉、〈我的畏友弘一和尚〉等文，寫出了他在白馬湖生活中的快慰與悲懷，我們彷彿可見其悲天憫人的生活態度。讀豐子愷的〈漸〉，可看出他的時間哲學；他的〈兒女〉一文，流露出對子女的欣喜和讚美；而〈懷李叔同先生〉更是描繪弘一大師的名作，字裡行間充滿了對其恩師的懷念與讚歎。這種重情重義的自然表現，完全是發自他們純正的人格力量。須有如此之人，才有如此之文，這不是文詞的藻飾可以做到，也不是故作灑脫狀就算，而是真正的「出於自然」。也就是這種人格力量的顯現，才有了白馬湖作家群清淡如水的文風。

　　也是白馬湖常客的弘一大師，早在 1924 年秋，就應夏丏尊之邀，捲著一席舊鋪蓋，在白馬湖過了一段粗茶淡飯卻喜悅不改的日子。佛理的體驗，使他的散文超凡絕俗，沒有人間煙火塵味，如〈白馬湖放生記〉、〈給夏丏尊的信〉、〈我在西湖出家的經過〉等文，就是從絢爛歸於平淡後的代表作，宗教的意蘊極濃，可以說是他恬淡人格的自然流露。朱惠民先生認為，白馬湖作家清淡風格的形成，似與夏丏尊、豐子愷、俞平伯等人的佛緣有關10，這種看法大致不差。從他們

10　朱惠民：《白馬湖散文十三家》，頁 266。

的作品裡，我們知道俞平伯喜讀佛經；豐子愷以居士自居，終身吃素，其《緣緣堂隨筆》正是說明了他與佛法的因緣不淺；夏丏尊譯過佛經，與佛也有緣，他的「平屋」，除了表示陳設的簡單外，不也有以「平淡」自許的意味嗎？

　　其他的白馬湖作家，在散文風格方面與上述諸人相比，雖有題材的不同，但其不矯飾、不做作、力求自然暢達的要求並無二致。鄭振鐸的〈貓〉，以生活上的遭遇，道出人與貓的情感，看似寫貓，實則寫人，充滿警世的寓意，發人深省。口語化的寫法，說故事的情調，表現的仍是白馬湖的平淡文風；朱光潛的〈無言之美〉一文，哲理處處，強調文學的美感還在於「無言的意蘊」，認為「這個世界之所以美滿，就在有缺陷，就在有希望的機會，有想像的田地」。這種寓深理於平實之文的寫作方式，也是白馬湖風格下的產物。而這種文學觀，也正是白馬湖作家群所服膺、實踐的中心思想。

　　誠如朱自清在〈白馬讀書錄〉中，對春暉學生的勸勉，他說，作文要有「味」，要有生活。「味是什麼？粗一點說，便是生活，便是個性，便是自我。」這不僅說得是他個人的文學觀，事實上，也是「白馬湖風格」的最佳註腳。也許，正是由於這些作家們氤氳如清靜湖水的散文風格，產生了一種難以抵擋的魔力，才會至今猶使讀者宛如置身於白馬湖畔，沐浴於其如春風般的散文之美中，而不忍釋手吧！

第三節　劉大白與白馬湖

一、「白馬湖作家群」中的邊緣作家

　　「五四」新詩草創時期的重要詩人劉大白，一生與詩結下不解之緣，不僅五四之前寫舊詩，五四以後寫新詩，連學術著作也以詩為研究對象，加上深具詩人氣質，可說是五四詩壇出色的代表詩人之一。在其五十二歲的一生中，共出版了《叮嚀》、《再造》、《秋之淚》、《賣布謠》以及《郵吻》等五部詩集，其中前四集是從以前的《舊夢》中分輯而成，五部詩集共有詩作六百餘首，數量十分可觀。[11]

　　五四那年，劉大白其實已是三十九歲的中年人，在那之前，他的文學創作經驗主要是舊詩詞，有《白屋遺詩》傳世，然而，一股文學熱血使他仍不愧為新文學文壇一員闖將。五四後的幾年間，是他創作欲的高峰，除了不斷在《民國日報‧覺悟》副刊、《星期評論》等刊物上發表詩作外，1922 年 11 月下旬，還在杭州創辦《責任》周刊，共出了十五期，劉大白除為該刊撰寫發刊詞〈責任底意見〉外，也充分發揮關懷社會的積極熱情，提筆為文，鼓吹新文化，正如他在《魯迅

---

11 劉大白的新詩其實只有兩集問世：1924 年由商務印書館出版的《舊夢》和 1926 年由開明書店出版的《郵吻》。《舊夢》共有新詩六百餘首，1930年時將之改編為《叮嚀》等四個集子由開明書店再版。《郵吻》則收其後期新詩 31 首。

郭沫若劉大白郁達夫四大家詩詞鈔・序》中所言，要「從今以後，豎起脊骨做人」，對自己有著高度的期許。1924 年，他的新詩集《舊夢》由上海商務印書館出版；1926 年 12 月，詩集《郵吻》由上海開明書店出版。這些新文學萌芽期的傑出詩作，使劉大白成為承先啟後的優秀詩人。

劉大白除了是一位傑出的現代詩人，同時也是對我國教育文化有多方面造詣和建樹的學者、教育家。他曾於 1924 年擔任復旦大學、上海大學教授，開始以較多精力和時間投入教學工作和學術研究，四年後，他應浙江省教育廳廳長蔣夢麟之邀，出任教育廳秘書；1929 年 7 月，被派任教育部常務次長，10 月由杭州赴南京就任，政務十分繁忙。不久又接任政務次長，甚至在蔣夢麟辭教育部長職後，代理部務兩個月。戮力從公的積勞，加上講學著書不輟，夙有肺疾的劉大白因此病倒，而於 1932 年過世於杭州。因此，在探討劉大白一生的成就時，除了文學上的耀眼光芒之外，對其在教育上的貢獻也不能忽略。

劉大白雖然曾於 1915 年間在新加坡、蘇門答臘等地的僑校教授過國文一年多，但他真正有心改革教學是他應浙江省立第一師範學校校長經亨頤之邀，於 1918 年與陳望道前往任教之後。在一師的兩年多時間，他與經亨頤建立了深厚的情誼。1919 年，經亨頤當選為浙江省教育會會長，請劉大白兼任該會總幹事。「五四」運動爆發後，經亨頤召集一師全校師生開會，劉大白、夏丏尊等登台演說，並帶領學生上街遊行，高呼口號。當時杭州報刊遂稱經、劉、夏、陳（望道）為「五四浙江四傑」，並封劉、夏、陳、李（次九）四位國

文教師為一師的「四大金剛」，他們與經亨頤校長配合良好，共同推動新式教育。

然而，第二年，浙江一師發生學潮，當局強行撤去經亨頤的校長職務，並要解聘「四大金剛」，引起全校師生強烈抗議，爆發了著名的「留經運動」，不久，軍警進駐學校，情況惡化。學生到教育廳請願，遭到血腥鎮壓，最後，當局妥協派人調停，答應學生的部分要求：撤走軍警，定期開學，原有教職員復職，但校長則必須另行選聘。經亨頤為顧全大局，辭職離校，隨後「四大金剛」也不眷戀，一起辭職。

經亨頤離開一師後，隨即到白馬湖畔，與夏丏尊等人一起籌辦春暉中學的建校事宜。1922 年 12 月 2 日，春暉中學舉行開校典禮，夏丏尊、豐子愷、章育文、劉薰宇等人擔任教職。其後幾年間，白馬湖成了一處人文薈萃的文化勝地，當時馳名文壇的一些作家學者，如朱自清、朱光潛、俞平伯、鄭振鐸、葉聖陶、李叔同、陳望道等，相繼到白馬湖來任教或講學，形成現代散文史上的一段佳話，這批作家也因此被稱為「白馬湖作家群」。而劉大白因著與經亨頤的一段「革命情感」，加上當年「四大金剛」的相近理念，自然成為這群作家中的一員，並因此而與湖光山色優美、文化氣息濃厚的白馬湖有了一段文學上的深厚因緣。

二、三度造訪白馬湖

劉大白在白馬湖的時間集中於 1922 年。他自 1919 年發表〈風雲〉、〈盼月〉、〈思想的監獄〉等第一批新詩後，

即不斷創作新詩，到 1924 年出版《舊夢》時，詩作數量已高達 597 首，可知他於這短短五年間是如何銳意於新詩的寫作了。1922 年期間，他多次往返於杭州、蕭山、白馬湖等地（離他的故鄉紹興都不遠），並創作了不少詩篇，發表於《民國日報・覺悟》、《責任》等刊物上。

筆者根據《劉大白詩集》（書目文獻出版社，1983 年），以及蕭斌如編〈劉大白生平與文學活動年表〉（《劉大白研究資料》，天津人民出版社，1986 年），陳孝全、周紹曾選評編輯之《中國新文學大師名作賞析・胡適劉半農劉大白沈尹默卷》末附之〈劉大白年表〉（台灣海風出版社，1990 年），夏弘寧主編之《白馬湖文集》（浙江省上虞市政協文史資料委員會，1993 年）等資料，整理出他於 1922 年時與白馬湖有關之動態和文學創作情形如後：

> 3 月
> 16 日／自蕭山抵達白馬湖住下，為其首次造訪，直到 4 月中旬離開。
> 18 日／〈小鳥之群〉
> 21 日／〈心上的寫真〉
> 27 日／〈桃花幾瓣〉
> 4 月
> 10 日／〈花間之群・花間〉
> 中旬／由白馬湖返回杭州。
> 5 月
> 下旬／第二度到白馬湖住下，直到八月離開。

30 日／〈流螢之群〉、〈謝夢中救我的女神〉

31 日／〈白馬湖之夜〉

6 月續住白馬湖

1 日／〈霞底謳歌〉

2 日／〈看月之群・五〉

3 日／〈看月之群・七〉

7 月續住白馬湖

／〈冷風鈔〉六首

／〈夜坐〉（舊詩）

／〈心花〉（舊詩）

8 月 10 日時他在蕭山為第一部詩集《舊夢》寫卷頭自題，可知在 10 日前他已離開白馬湖。

11 月　據載，他有一首新詩〈紅樹〉題記為 11 月 3 日寫於白馬湖，故劉大白有第三度的白馬湖之行，可惜欠缺其他相關資料，無法得知其停留時間與創作情形。

　　從以上的敘述可知，劉大白與白馬湖結緣是在 1922 年，三度造訪，其中以第二次停留兩個多月時間最長，也寫下較多的詩作。這些詩作中，與白馬湖直接相關的只有〈白馬湖之夜〉與〈紅樹〉兩首，其他或抒情，或論理，與白馬湖無關，但也可藉此看出他這段時期的心境與想法，特別是他與妻子何芙霞女士之間的情意，透過〈霞底謳歌〉、〈心上的寫真〉等詩篇有清楚的傳達。而他所擅長（或慣用）之哲理詩的創作，在〈小鳥之群〉等詩中也有持續的思想記錄與發揮。

三、在白馬湖時期的文學創作

　　歷來論劉大白詩者，多半將其詩作分成三類，如楊樹芳寫於 1934 年的〈劉大白及其作品〉一文，即指出其詩分為抒情詩、說理詩、平民思想的詩三類[12]；而 1990 年出版的《中國新文學大師名作賞析》（台灣海風出版社）中，也仍將其詩分為反映民生疾苦、抒情詩、哲理詩三類。事實上，在劉大白六百餘首的詩中，也確實可歸納成這三大類型，即社會詩、抒情詩與哲理詩，其中以抒情詩的數量最多，而又以《郵吻》中的作品較成熟；哲理詩則多半集中於詩題為「之群」之下的作品中，如〈落葉之群〉、〈小鳥之群〉等，當然也有例外；至於社會詩則大多集中於《賣布謠》中，如〈收成好〉、〈田主來〉、〈新禽言之群〉等，在中國現代詩人中，以詩作呈現農民之痛苦者，「大白要算是第一個人」[13]。

　　本文不擬對其整體詩風做進一步討論，而只把焦點集中於其在白馬湖時期作品的探究，至於與白馬湖直接相關的兩首則於下一節中論述。

　　這段時期的劉大白，正好處於「失業」狀態，因此可以四處旅行，以寫作為主，並積極投入籌辦《責任》周刊。不過，《責任》的創辦是在該年 11 月，因此，之前於白馬湖的活動主要是旅游、探友，所寫詩作也是以抒情、寫景及人生

---

12 見蕭斌如編《劉大白研究資料》（天津：天津人民出版社，1986），頁 276。
13 見張露薇〈論劉大白的詩〉，收入蕭斌如編《中國現代作家選集‧劉大白》（香港三聯書店，1994），頁 251。

感觸為主，少涉及社會批判，這當中又以抒情詩的寫作最受矚目。以〈霞底謳歌〉與〈心上的寫真〉為例，我們看到了詩人濃烈情感的真實發抒，纏綿委婉，充滿了浪漫的熱情。在那個強調個性解放的時代，這些詩篇正表現了詩人不矯揉、不掩飾的奔放情懷：

> 從低吟裏，
> 短歌離了她底兩唇，
> 飛行到我底耳際。
> 但耳際不曾休止，
> 畢竟顫動了我底心弦。
>
> 從瞥見裏，
> 微笑辭了她底雙頰，
> 飛行到我底眼底。
> 但眼底不曾停留，
> 畢竟閃動了我的心鏡。
>
> 心弦上短歌之聲底寫真，
> 常常從掩耳時複奏了；
> 心鏡上微笑之影底寫真，
> 常常從合眼時重現了。 ──〈心上底寫真〉

基本上，劉大白是一個性格浪漫的詩人，他自己曾說：「文學家，誰能不帶羅曼氣呢？羅曼的精神，是文學的生命」

（〈舊夢之群〉之三七）。他有一首〈羅曼的我〉，更直言如果一個人不羅曼，「怎值得過這橫鑠豎鎖的一生」，這種性格，在他的抒情詩中處處流露。這首〈心上底寫真〉，描述所愛的女子聲影，無時無刻不縈繞在自己眼前、耳際，因為，那位女子已深深觸動詩人的心弦，烙印在詩人的心中。為這份愛情癡狂的詩人，總是在掩耳時聽見她的聲音，從闔眼時看見她的姿影，其真摯的情感，豐富的幻想，透過重複的句法，富有節奏的聲律，巧妙而動人地呈現出來。

　　另一首〈霞底謳歌〉，也是情感濃烈、但表達含蓄的情詩，四段的句法相似，意境也統一，如第一段寫著：「霞是最值得謳歌的：當朝暾將出以前，她接受了光明的最先，把最美麗的贈給我了；當夕照既沉以後，她保留了光明的最後，把最美麗的贈給我了。霞是最值得謳歌的！」將該女子為愛奉獻一切的美好情操以朝暾夕霞的具象描寫作了生動的譬喻。第二段則寫「她能對我低飛慢舞，彷彿靈娥底倩影……她能對我薄羞淺笑，彷彿稚女底憨態。」刻畫出女子出色的姿容身影。第三段則指出女子德容兼備，不僅有美貌，更有光華四射的智慧與藝術修養：「她是美和真兼愛的藝術家……給我以靈肉一致的慰安；她是華和實並崇的科學家……給我以色相都空的智慧。」最後一段則是詩人愛慕之情的表達，希望這位如霞女子可以「作我朝朝暮暮的伴侶」、「作我東東西西的樞機」。全詩明白如話，但也涵蘊無限深情，啟人遐思。

　　根據蕭斌如〈劉大白生平與文學活動年表〉的資料，指出這首詩中所稱揚的「霞」並非天上的晚霞，而是確有其人一

劉大白的妻子何芙霞女士。以天上美麗的晚霞形容心愛的妻子，詩人的真心與伉儷情篤於此可知。劉大白獨居白馬湖，掛念著家鄉的妻子，以詩寄意，浪漫而纏綿。他在白馬湖寫的另一首〈謝夢中救我的女神〉，依然是歌詠女性的偉大，他寫道：「昨夜夢中，無端地遭人搜捕：幾回避匿，幾度逃亡，竟到了被逼自殺的最後。其間累次救我出險的，是一群的女性，── 一群執梃的女性。」因為這些「愛之女神」，他說自己的過去與將來「從愛神底腕下得救了」！這裏的「女神」是否即為何芙霞的化身，我們無從證實，但此詩與〈霞底謳歌〉寫作時間相近，有此聯想應屬合理。[14]

遺憾的是，心上的寫真終於褪色，女神遠走，晚霞畢竟為黑夜所噬，劉大白與何芙霞後來還是因「志趣不同」、「情感不合」仳離。據曹聚仁回憶，劉大白此後未曾再婚，不過，「大白在南京任教育部次長時，曾愛過一個小姐，內情，我們無從知道。劉師病逝在西湖別院中，有一女郎淚容滿面，哭著撫棺致弔，自稱劉師的情侶，她拿出那二顆紅豆為證，大家就明白其中的一切了」[15]。文中所謂「二顆紅豆」有一

---

14 根據陳于德〈劉大白事跡述要〉的記載，何芙霞（愛貞）是北洋軍閥時期紹興有名的越東才女，當年她與比自己大得多的劉大白自由結合，詩人才女，曾為當地文藝界談助。他們住在浙江蕭山詩人沈玄廬住宅附近的「白屋」之中。但是過了幾年，劉大白因工作關係經常外出，她竟被當地一個「巡官」引誘，受騙上當……再三要求劉同他離婚。劉大白多次勸導，叫她慎重考慮，……她對他說：「你在報刊上倡導婦女解放，婚姻自由，難道能說不行嗎？」……後來他還給她寫了一封長信，表示不咎既往，苦勸她不要離異。他在這信內又加了一個信封，上面題著兩句詞：「此信不尋常，中有淚千行。」她拆讀之後，仍無動於衷，竟自單方面離開了。從此，大白未再娶婦。參見《劉大白研究資料》，頁 86。
15 引自蕭斌如編〈劉大白生平與文學活動年表〉，收入《劉大白研究資料》，頁 42。

段來歷：1924 年元旦，其好友周剛直（1926 年時因提倡農民合作，以赤化的罪名遭北洋軍閥孫傳芳殺害）來信，並寄贈一雙紅豆，劉大白視若珍寶，即作〈雙紅豆〉詞三首，後收入《郵吻》中。這兩顆紅豆轉贈給那位女子，足見二人情感之非比尋常，是以紅豆一出，眾人即明白其與大白確實有著深厚的情感。

　　〈花間〉一詩，為其〈花間之群〉中的一首，收於 1930 年 1 月上海開明書店初版的《秋之淚》詩集中，這首詩寫其愛花惜花之情，細膩而委婉：

> 醉向落花堆裏臥：
> 東風憐我，
> 更粉粉亂紅吹墮，
> 碎玉零香作被窩。
> 愛花不過，
> 夢也花間做，
> 醒來不敢把眼摩挲，
> 正一雙蝴蝶眉心坐。

　　舊詩詞根柢深厚的劉大白，在其新詩中經常帶有舊詩詞的特點，這是其詩的一大特色，也是五四詩人走過過渡時期的一個必然現象。以此詩為例，工整的押韻，舊詩詞的句法，讀來完全是舊詩的氣味，從形式到內涵，我們嗅不到清新的氣息，不過，這終究是新詩的實驗階段，正如他自己於〈從舊詩到新詩〉一文中所言：「新詩對於舊詩，只是要求解放。

局部的解放或是全部的解放，都是一種解放；脫不了詞調或曲調底傳統氣息的新詩，對於舊詩也畢竟是局部地解放了」16。這可以視為是劉大白自己的辯駁，而且言之成理。

劉大白在白馬湖期間也寫了兩首舊詩：一是〈夜坐〉，一是〈心花〉。其實在劉大白的各詩集中，舊詩詞散見各卷，佳句雖多，畢竟已非文學之大勢所趨，然而，這種對過去詩體的眷戀，與他同時的詩人也大多如此，如胡適《嘗試集》內有《去國集》專錄舊詩；康白情也將再版的《草兒》分為《草兒在前集》（新詩）與《河上集》（舊詩）；其他如沈尹默的《秋明集》、鍾敬文的《偶然草》等都是舊詩集，這些都是新詩草創期的作品，也就是胡適所說的剛放了腳的纏腳婦人。且看〈心花〉：「多謝春皇寵有加，裁將桃李比雲霞。冬心一寸堅於鐵，也被東風齎作花。」寫出春風將冬心改變，如桃李盛開，既是實景，也是情語。

至於〈夜坐〉：「六合沉沉死氣多，銀河終古寂無波。生平不下尋常淚，獨哭星辰在網羅。」則是帶有強烈的社會批判意味，雖然表達依然曲隱含蓄，但對照劉大白對袁世凱、軍閥誤國的悲憤，國事動盪的憂心，便不難理解他對星辰困於網羅的哀慟。看似寫景，實則有其寄託，技巧高妙。

除了寫景抒情之作，劉大白也在白馬湖寫了三組表達哲理的詩作：一是〈小鳥之群〉，二是〈流螢之群〉，三是〈看月之群〉。以詩題而言，似是詠物寫景，其實都是人生哲理的體現，也呈顯出詩人在浪漫之外的理性思索。如〈小鳥·

---

16 本文原載 1929 年 11 月《當代詩文》創刊號，引自《中國現代作家選集·劉大白》，頁 205。

二〉：「如果枷鎖鐐銬，是一種榮典，一定有些人以此驕人，也一定有些人唯恐求之不得」；又如〈小鳥・四〉：「在強烈的太陽光下，能夠熟睡的，不是服了麻醉劑，也是失眠過甚的吧！」這兩首詩都對國難當頭卻猶醉生夢死之輩有所指責，這也說明了他會積極籌辦《責任》周刊、議論時政的用心。類此的小詩創作，是五四詩人的流行風尚，在泰戈爾的影響，以及熱中思考人生意義的風潮推動下，篇幅短小的小詩一時湧現，劉大白創作的小詩就有三、四百首之多，且多能寓理於情，耐人咀嚼。

〈流螢・一〉：「流螢，一閃一閃的，雖然只是微光，也未始不是摸索暗中的一助，如果在黑夜長途旅客底眼中。」全詩宛如一段分行的散文，寫出個人的貢獻即使渺小，也對整個黑暗世界有所幫助。其哲理以生動的譬喻出之，充滿樂觀的想望。〈流螢・八〉則富有強烈的諷喻：「吸人膏血的蚊子，與其說是無情的刺客，不如看作不仁的富人。」簡單的三行，形象化地以吸人血的蚊子喻不仁的富人，諧謔中有沉痛的控訴。劉大白諸多詩作反映農民為地主壓榨的痛苦，這首詩也是傳達同樣的心境。

再如〈看月・七〉，以月與人心的對比變化，道出物我之間的調適與對待，啟人思省：

　　　用歡笑的眼看，
　　　月是歡笑的；
　　　用悲哀的眼看，
　　　月是悲哀的；

用狂醉的眼看，

月是狂醉的；

用寂靜的眼看，

月是寂靜的。

………

人們眼底變幻吧，

月何曾變幻哪 ——

不，月是照徹人心的明鏡，

人心變幻了，

鏡影哪得不變幻呢？

　　東坡的〈前赤壁賦〉中對此也有精采的議論：「（月）盈虛者如彼，而卒莫消長也。蓋將自其變者而觀之，則天地曾不能以一瞬，自其不變者而觀之，則物與我皆無盡也。」劉大白以散文詩的筆法出之，有其新意，不過說理性太強，詩味淺顯，較少詩的餘味、美感。像〈看月·五〉中的末尾寫道：「但是常人只能用眼看月，詩人卻能用心看月；看詩人詩裏的月，是要眼和心並用的呵！」這簡直是詩評了。說理過於顯明，是劉大白（或者說是當時詩人）哲理詩作的一項缺失；抒情過於纏綿，以至有時失之累贅，則是劉大白抒情、寫景詩常有的現象，在〈桃花幾瓣〉、〈冷風鈔〉中也不例外。

　　曹聚仁在評《舊夢》時曾說：「哲理詩難得寫好，太深則讀者體會不得，太低又容易流入庸俗，深入淺出，實在很

難；大白先生哲理詩，參入人生意義的比較多一點。」[17]從
這個角度來看劉大白的哲理詩，或許就不會苛責太過吧！

四、歌詠白馬湖的優美詩作

在劉大白三度造訪白馬湖期間，新詩的創作一直源源不
絕，可見其創作欲之強、詩興之濃，其中的〈白馬湖之夜〉
與〈紅樹〉，是實景的描繪，也是心靈真摯的謳歌。在歌詠
白馬湖的作品中，散文佔大多數，詩作不多，如朱自清、經
亨頤、夏丏尊、何香凝、柳亞子等人雖有詩直接描寫白馬湖，
但都是古典詩詞，唯獨劉大白留下了兩首新詩，彌足珍貴。

以較早的〈白馬湖之夜〉來說，對白馬湖的山光水色、
月夜清景有深情的刻畫，在恬靜閒適的氣氛中，有著詩人觀
照自然的激動情緒，其對此湖此山確有一番不同的讚賞：

> 從蒼茫的夜色裏，
> 展開在我底面前了，
> 一幅畫也難肖的湖山。
>
> 明月懷疑了：
> 「這不是我團欒的影子呵！」
> 一叢散碎的銀光，
> 在縠紋也似的明漪中閃著。

---

17 原載 1946 年 2 月《公餘生活》第 3 卷第 1 期，引自《劉大白研究資料》，
　　頁 311。

怎地淬不滅呢？
水平線下，
錯錯落落地浸著熊熊的烈燄，
摹仿那水平線上的漁火。

如此湖山，
難得如此夜色，
更難得看湖山夜色的如此佳容！

偶然吧，
舊遊重到的我，
過去也不曾看得，
未來也怕難再得。

　　劉大白詩歌藝術的特點之一，是講究鍊字、鍊句，而這
又與其舊詩詞的素養有關，「團欒」、「淬」不滅等字眼，
使這首新詩脫不開舊詩的痕跡。第二、三段的設問句法，使
詩意有起伏，技巧上富有變化，則是此詩意境營造成功的主
因。此外，此詩在視角上也頗新穎，第一段是詩人平望，第
二段則仰觀明月，月又俯瞰湖中倒影，第三段再回到水平線
上的漁舟，這些景致錯落疊現，使詩人不禁感歎「難得」再
三，白馬湖優美的夜色，也因著詩人的情感投射，而在讀者
心中留下生動的形象。
　　然而，第四段似顯得畫蛇添足。楊樹芳〈劉大白及其作

品〉一文即認為這首詩失之「累贅」，過於纏綿，而指其藝術手腕不完整；張露薇〈論劉大白的詩〉曾有一段評論說：「他以一腔的情熱表現於詩中，有時是很自然的流露，有時流露得太過分一點……有些極好的詩，但多半是不很完美，在一首詩中，如把它當作藝術品看，並非精美無瑕的，常常有幾節很巧妙地寫著，但最末後一二節總是寫得不好，不是呆笨，就是露骨，致失了全篇的精彩與諧和。」以此論點來看這首詩，確實犯了這個毛病。

　　至於另外一首〈紅樹〉，對白馬湖的秋景塑造了一幅動人的畫面：

謝自然好意，
幾夜濃霜，
教葉將花替！

算秋光不及春光膩，
但秋光也許比春光麗；
你看，
那滿樹兒紅豔豔地！

　　這首小詩，意境之美自然呈現，給人一種新鮮的感受。劉大白抓住了季節與景物的特點，三言兩語就使秋的形象鮮活地浮顯，情韻幽婉，詩意盎然，因此，王夫凡在〈龍山雜憶〉中特別稱揚這首詩，認為「用辭最工，一字不苟……用

韻也異常穩貼入微」[18]。不可否認，這首詩也有舊詩詞的氣味，但已是新詩初期中的佳作了，其字句之清新雋逸，季節流轉之細膩感受，可以看出劉大白的真摯性情與詩作風格。柳亞子後來在白馬湖也題了詩句：「紅樹青山白馬湖」，足見二人對白馬湖畔秋天時紅豔的楓林有著相同的讚歎。

　　如此湖山如此夜，曾經在二〇年代造就了如湖水清雋恬淡的白馬湖風格，聚集了夏丏尊、朱自清等白馬湖作家群，而在現代散文史上留下一個美麗的註腳，從劉大白的白馬湖詩中，我們因此有了具體的想像。雖然，對劉大白而言，白馬湖之行只是其人生一段短暫的邂逅，但毫無疑問的，那卻是一次「未來也怕難再得」的最美麗的邂逅。

18《劉大白研究資料》，頁 306。

第四章　不平凡的「一般」：立達文人群

第一節　從《立達》、《一般》看「立達文人群」的精神品格與寫作風格

一、命題的提出

從 1925 年到 1929 年，在上海文化界出現了一批以「立達學會」、「立達學園」為中心的文人群體，他們一方面致力於教育理想的實踐，一方面藉創辦刊物來宣揚理念、交流心聲，陸續辦過《立達》半月刊、季刊，特別是 1926 年 9 月，他們創辦了立達學會的代表性刊物《一般》月刊之後，因為有了共同發聲的園地，自然而然地形成了一個關係密切的同人團體。學會成立之初，會員僅二十餘人，到 1926 年《一般》創刊時增加為五十一人，以後陸續增為五十七人[1]。不論是曾在立達學園任教的匡互生、豐子愷、朱光潛、夏丏尊、

---

1 見章乃煥：〈中國教育史的光輝篇章—試論立達學園教育改革實驗的思想與精神實質〉，《匡互生和立達學園教育思想教學實踐研究》（本書編輯組，北京師範大學出版社，1993），頁 48。

劉薰宇、劉叔琴、夏衍、白采，還是應邀加入立達學會的文化名人如茅盾、劉大白、朱自清、胡愈之、陳望道、葉聖陶、鄭振鐸、章克標等，都是二〇年代活躍於文壇或教育界的知名人物，這個學術、文化、教育色彩濃厚的文人群體，筆者以「立達文人群」稱之。

　　「立達文人群」雖然擁有正式成立的「立達學會」，且提出「修養人格，研究學術，發展教育，改造社會」的宗旨，但不以文學為標榜，而以學術推廣、教育宣揚為核心理念，因此，它不是文學史上習見的文學社團，也不是有共同綱領的文學流派，更沒有旗幟鮮明地提出文學宣言或口號，比較正確的描述應該是：一群社會地位、創作傾向、人生態度和文化理想、教育理念大致相同的文人，因為興辦教育的理想而因緣際會地聚合在一起，所形成的一個有特色的文人群體，就如其中的靈魂人物匡互生所說的：「它是一個純粹的自由組織的團體，它是一個願貫徹獨立的精神而不受任何束縛的團體。」[2]雖然有些學者逕以「立達派」稱之[3]，但實際

2　匡互生：〈立達、立達學會、立達季刊、立達中學、立達學園〉，《匡互生與立達學園》（北京師範大學校史資料室編，北京師範大學出版社，1985），頁19。

3　如景秀明的論文〈試論「立達」派散文〉（《浙江師大學報》1994年第3期），從散文的角度稱之為「立達派」，但他也強調，「立達」散文流派「不是我們通常見到的有以文學社團、報刊、出版物為主要陣地，有共同的綱領和組織的流派，不過是所處的社會地位、政治立場、創作心態、愛好、情趣大致相同的作家群。」此外，陳星則從教育的角度在《平凡・文心──夏丏尊》（文史哲出版社，2003）第86頁提到：「從此，上海的文化教育界就出現了這樣一批開明的立達派。」較特別的是，錢理群等編著的《中國現代文學三十年》（北京大學出版社），在1987年的初版本將這群文人稱為「立達派」，但在1998年的修訂本中則改稱為「開明派」。

上，當時並無這個稱呼，因此，筆者主張使用較中性且符合史實的「文人群」一詞。這應該是兩岸學界首次以此名稱來概括這個文人群體。

　　目前學界對立達文人群中的個別作家如夏丏尊、豐子愷、朱自清、匡互生、朱光潛等都已有不少研究成果，但從文人群體的共性角度來探討的文章則少見，僅有一篇景秀明的論文〈試論「立達」派散文〉，對其散文的創作傾向、文體特色加以分析討論，但其所論並未集中於立達時期，更未針對這批作家在《一般》發表的作品加以討論，失之過泛。除了這一篇，未見其他相關的學術論文發表；《一般》月刊的研究也是如此，經搜索，目前對《一般》月刊的單篇研究論文未見，遑論專書研究。不過，由於立達學園主要是匡互生奔走籌備而成，因此有關匡互生的研究中多半會提到立達學園和立達學會，以及這批文人活動的情形，如《匡互生與立達學園》（北京師範大學校史室編，北京師範大學出版社，1985）、《匡互生傳》（趙海洲、趙文健著，上海書店出版社，2001），但著墨不多，主要集中於其辦校的理念與艱辛。由於夏丏尊曾主編《一般》，因此在夏丏尊的研究中也略有涉及，如《平凡‧文心 —— 夏丏尊》（陳星著，文史哲出版社，2003）中的第十一章「立達學園」等；此外零星有朱光潛〈回憶上海立達學園和開明書店〉、豐子愷〈立達五週年紀念感想〉等幾篇回憶性文章。史料與研究成果的雙重缺乏，這個課題研究的挑戰性與困難度是可想而知的。

二、立達學園《立達》半月刊：立達 文人群的教育實踐及其精神品格

　　立達文人群的形成與成就主要在教育，故也可以稱之為「教育家群」。1925 年 2 月，在軍閥交戰、時局混亂的不利條件下，為了落實民間辦學的教育理想，匡互生、豐子愷、朱光潛等人毅然在上海虹口辦起了一所私立的「立達中學」。3 月間，接著發起成立「立達學會」，邀請校內外知名的教育、文化界多人加入。學會的成立，起初是為了支持立達中學的創辦、發展，它有點類似一般私立學校的董事會，但又不完全相同，這些人不是掛名，而是真正為追求一個共同的教育理想而結合，學會成員不僅成為學校的師資來源，而且負責籌措經費，因此有人說它是「立達的母親與褓姆」[4]。由於辦學認真，校譽蒸蒸日上，學生日增，那年夏天，匡互生提議在江灣自建校舍，並改名為「立達學園」。在匡互生的奔走籌備下，立達學園很快掛牌運作，由於有立達學會的支援，其師資陣容和一般中學相比，顯得格外堅強。但學會成立之後，它所扮演的角色並不侷限於教育事業，而是一個充滿人文色彩的文人群體，特別是 1926 年 9 月創辦了學會的代表性刊物《一般》，內容涵蓋面廣，有書報評論、文學創作、翻譯，也有學術研究、文化批判和時事介紹等，如此一來，它就成了一個不折不扣的文人群體。透過學會─學園─《立

---

4 同註 1。

達》半月刊—《一般》月刊的運作，他們對學校教育、社會教育、文化教育的理念得以張揚，理想也得到初步的實踐，並在實踐中形塑出他們可貴的精神品格與文化人格。

　　「立達學園」之所以取名「立達」，源自《論語》中的「己欲立而立人，己欲達而達人」之意。「立」指立穩腳跟，堅定立場；「達」指通情達理。其所以叫「學園」，而不稱學校，是要與一般學校區別，視教師為園丁，把學生當成幼苗來愛護培育，使他們能正常健康地成長。「立達」二字所傳達出的思想與人格獨立、做事溫和通達合理的涵義，可以視為立達文人群的精神品格特質。此外，朱光潛在匡互生授意下所執筆的〈立達學園旨趣〉，以立達學會的名義公開宣布，可以看出立達文人群共同的教育主張，在該文中提到，他們要「另闢新境，自由自在地去實現教育理想」，而且「堅信學校要有特殊的精神，才可以造就真正的人材」，「對於現時社會有補偏救弊的效用」。至於立達學園的「特殊精神」為何，朱光潛進一步申述，提出五點，分別是互助親愛、誠實誠懇、犧牲、儉樸、獨立思索和科學頭腦，這五點就是學校的「旨趣大綱」[5]。從這些敘述看來，立達學園在「人格感化」教育理念下，希望培養出符合以上五點精神品格的學生，而身為教師，自然是身體力行，以此自勉，事實上，他們的精神品格，透過教育實踐已經充分體現出來。

　　舉例來說，在立達學園，主要的成員是導師、教師和職

5　以上對立達學園教育主張的敘述，見朱光潛：〈立達學園旨趣〉，原發表於《立達半月刊》，轉引自《匡互生和立達學園教育思想教學實踐研究》，頁 107-109。

員，沒有校長；所有的教員不僅沒有薪資報酬，而且要自付
車費和飯錢，然而這一點也沒有減低他們對教育事業的熱
忱；對學生操行，注重人格感化，一切形式的獎懲都不採用，
幾個月下來，學生居然也沒有發生什麼不道德的違規行為；
學生可以自行登記借閱圖書館書籍，一段時間後，圖書館竟
然也沒有遺失什麼書籍；在校舍附近空地設置農場工廠，要
學生從事勞動，實施農工生產教育；辦平民夜校，教附近農
民識字、學習文化等等，都是他們教育理念的具體實踐。為
了徹底落實教育的獨立自主，抵制軍閥政府不合理的束縛規
範，立達文人們堅持私立辦學，自籌經費，堅守民間立場，
不與軍閥政府合流，但同時又從勞動教育、平民教育中培養
學生對社會的責任感與奉獻精神，顯現了知識分子堅持學術
高於政治、但又力求學術責任與社會責任並行不悖的精神品
格。朱光潛在半個世紀後回憶當年立達的情景時寫道：「立
達學園的教育自由的思想和作風，在當時北洋軍閥淫威專制
令人窒息的情況下，傳播了一股新鮮空氣，所以對進步青年
有很大的吸引力，他們都爭先恐後地來就學。」6這股「新鮮
空氣」，正是立達文人群精神品格與人文思想最真實而自然
的體現。

　　作為學園的負責人，匡互生的教育理念堪稱這批文人的
代表，他說：「教育的真義是『引發』而不是『模造』。教
育者的責任，是要使被教育者在能夠自由發展的環境中，為
之去害蟲，灌肥料，滋雨露，使他們能夠就他的個性自然發

---

6 朱光潛：〈回憶上海立達學園和開明書店〉，原載上海 1980 年 12 月 2 日
　《解放日報》，轉引自《匡互生與立達學園》，頁 120-121。

榮滋長。教育者決不能製好一個模型，叫被教育者都鑄入那個模型中的。教育者對於被教育者，又須注意他的全部的教育，決不能偏於一枝一葉，這種工作，正和園藝家的培養花木一樣。他們很想把園藝家的方法，應用到教育上來，所以就把學校叫作學園。」[7]劉薰宇也指出：「在我們自己的園地和相信我們的青年自由研究，探索真理，互相以人格砥礪，建樹一個優美的學風，這卻是我們的宏願。」[8]朱自清則曾對「教育的信仰」大聲疾呼道：「教育者須對於教育有信仰心，如宗教徒對於他的上帝一樣；教育者須有健全的人格，尤須有深廣的愛；教育者須能犧牲自己，任勞任怨。我斥責那班以教育為手段的人！我勸勉那班以教育為功利的人！我願我們都努力，努力做到那以教育為信仰的人！」[9]凡此，均可看出立達學園的特色，以及立達文人們辛苦辦學背後所堅持的教育理想，而從這些理念中，我們也可以看到這群文人的精神品格特質。

立達學園的代表性刊物有《立達》半月刊和《立達》季刊[10]，主要以校內師生為對象，而不像《一般》月刊以社會

7　同註 2，頁 29。

8　劉薰宇：〈立達中學校 —— 它的創設現狀和未來的計畫〉，原發表於 1925 年《教育雜誌》第 17 卷第 6 號，轉引自《匡互生和立達學園教育思想教學實踐研究》，頁 153。

9　朱自清：〈教育的信仰〉，原發表於 1924 年 10 月 16 日《春暉》第 34 期，引自《朱自清全集》（朱喬森編，江蘇教育出版社，1996）第 4 卷，頁 144。

10　根據《一般》創刊號的附錄〈立達學會及其事業〉中的說明，提到「本會曾於去年六月發刊《立達》季刊第一期，後因各種關係未能繼續，自本年九月起即編輯本月刊，由開明書店印行。」可知《立達》除了半月刊，還有季刊，可惜未見。

讀者為對象,因此不論是內容、編排或裝幀都相對顯得簡陋、單薄。《立達》半月刊創辦在先,幾期之後另行創辦季刊,但只在 1925 年 6 月出了一期就停刊,筆者未見,目前能見到的僅匡互生在其中寫的類似發刊詞的〈立達、立達學會、立達季刊、立達中學、立達學園〉一文。這是關於這群文人教育想法與思想態度的重要文獻,文中清楚地闡述了此一文人群體的立場追求:

> 本刊的編印,是給與各會員以表現自己的機會;是表現會員的個性的一種機關。因此,本刊所搜的材料並不拘於一格,只要是可以表現自己的,不論他是文字,是圖畫,是照相製版;不論他是關於科學,是關於藝術;不論他是介紹學理,是批評時事;不論他是整理舊學,是啟迪新知;不論他是引伸他人的見解,是鼓吹自己的主張,無不兼搜並蓄。如果有人要問本刊的宗旨和態度是怎樣的呢,這就是一個答案了。我們相信文化的發達,一定在思想學術都在自由獨立的空氣中。思想學術上的皇帝和臣僕,簡直是文化的敵人。我們為尊重這自由擁護這自由起見,所以本刊,不敢夢想做一思想學術之皇,束縛在一種主張之中;凡是在不違反立達學會的很寬大的宗旨的範圍以內的作品都願意登載;一方面對於上文所謂文化的敵人,也不願受其束縛;我們自己以為該說的話,即使反叛了政治的社會的歷史的學術的種種權威者,我們也有所不顧,大膽的自由的說。這是本刊所願自勉

的。[11]

　　由此也可以看出立達文人群堅持思想獨立、主張學術自由、不迷信權威，也不屈從政治勢力的精神品格。這樣的態度和立場，在後來創辦的《一般》月刊中有同樣的堅持與表現。

　　至於《立達》半月刊究竟出版了幾期，也不易查考。筆者手中擁有 1925 年 4 月號一期，看來應該在 3 月立達學會成立時即已出刊，《立達》季刊創辦時也仍存在，估計至少出刊七、八期以上。雖然手中擁有的《立達》半月刊有限，但參考許多零星材料，仍可以大致掌握這份刊物的性質與風貌。刊物的封面是立達學園校徽，這個由豐子愷設計的校徽，形象地傳達出這群文人對教育的理想，圖案是由一個個裸體幼兒擁抱著一顆紅心，紅心正中作綬帶狀「人」字，「人」字的左右分別為「立」字和「達」字，意味著這些新生兒在此接受以「立達」為宗旨的教育。

《立達》半月刊封面

11 引自匡互生：〈立達、立達學會、立達季刊、立達中學、立達學園〉，《匡互生與立達學園》，頁 21。

　　封面註明是「上海江灣立達學園編輯」，每份定價三元。沒有花俏的設計，顯得素樸簡約。封面之後是整頁的「立達學園校歌」，接著才是內頁正文。共 12 頁的內容分成三部分：「園訊」、「農場要聞」和一般文章。前兩項專欄主要介紹校內的動態、學校附設農場經營概況，約佔兩頁，其餘大多為教師投稿的文章，或評論時事，或介紹新知，或文藝創作，或探討教育問題，因為刊物的對象是學生，所以特別強調思想啟迪與生活修養等問題。

　　在《立達》半月刊創刊號中，有一篇關於「立達」辦學旨趣的文章，和〈立達學園旨趣〉一樣，是理解這群文人教育理想與實踐目標的重要線索。在文章中，將立達創辦的動機與目的概括為四句話：「修養健全人格，實行互助生活，以改造社會，促進文化。」並闡釋如下：

　　　　所謂改造社會，促進文化，這是我們的同學將來應當擔負的一個重大的擔子……要擔負這般重大的擔子，不是容易的，先要問自己力量勝任不勝任，所以第一步工夫在修養健全人格，同時從互助的生活中認識社會生活的重要，並且從裡面發揮個人對於群眾的同情心和責任心。……四句宗旨，如果把各句一比較，修養健全人格，是偏於個人方面，也可說是立己的事；實行互助生活，是偏於社會方面，又可說是立人達人的事；……修養健全人格，實行互助生活，是立達的根基；改造社會，促進文化，是立達的結果。總之這四句宗旨，都是互有關連而且互相聯貫，我們

不能把他割裂開來的。總合這幾句話，於是成為一個人；成為一立達的人。[12]

先立己達己，再立人達人；既強調個人的獨立自由，又不忘社會責任；能站穩腳步，堅持立場，又能通情達理，與時俱進。這是他們理想中的「立達的人」，也是他們戮力以赴的人文理想。這份理想，在經營學園、成立學會、創辦雜誌上，都能一以貫之的付諸實行。

三、立達學會《一般》月刊：立達文人群的寫作理念及其藝術傾向

假如立達學園和《立達》半月刊的功能和角色主要以教育校園學生為對象，那麼，「以修養人格，研究學術，發展教育，改造社會為宗旨而成立」的立達學會，則在落實教育理念的基礎上，將視野進一步投向廣大的社會，強調對社會文化、青年思想的發展與改造。立達學會的成立，除了有效推動立達學園的校務運作外，它在文學／文化史上的意義之一是創辦了《一般》月刊。不同於《立達》半月刊的編印簡約與篇幅單薄，《一般》月刊不論在編輯、美編、印刷、篇幅及內容的充實、議題的豐富上，都更能代表立達文人群的文化理念與文學特色。

---

12 引自匡互生：〈立達、立達學會、立達季刊、立達中學、立達學園〉，《匡互生與立達學園》，頁 25。

《一般》月刊誕生號扉頁圖

　　《一般》月刊不是純粹的文學刊物，從實際刊載的文章
來看，是一份以學術為主、文學為輔的綜合性月刊，32 開本，
由立達學會負責編輯，開明書店發行。從 1926 年 9 月 5 日創
刊，到 1929 年 12 月 5 日終刊，共出版九卷三十六期，第一、
二卷由夏丏尊主編，第三、四卷由方光燾主編，第五卷起又
交由夏丏尊主編。在 1926 年 10 月出刊的第二期中刊有一則
〈一般雜誌編輯部同人啟事〉，聲明這份雜誌「雖由立達學
會同人負責撰稿，但同時卻為公開的，超然的，民眾化的出
版物。」雖然園地公開，但實際撰稿主力還是立達學會同人，
有夏丏尊、葉聖陶、朱自清、豐子愷、章克標、鄭振鐸、胡
愈之、朱光潛、沈端先、鍾敬文、周建人、劉薰宇、劉叔琴、
趙景深、黎烈文等，他們多為著名的學者、作家，對文化、
文學、教育、時局等問題提出的看法，扣緊現實，言之有物，

頗受到當時讀者的歡迎[13]。

刊物叫《一般》，實際上許多作法卻是不隨流俗，自創一格。例如重視版面的美化，豐子愷為每一期雜誌繪製了大量的扉頁畫、題頭畫、補白漫畫等，讀來輕鬆而活潑；又如一般雜誌創辦總會有發刊詞，但它卻以通篇對話的方式呈現《一般》的誕生，顯得別致而新穎[14]。從發刊詞〈《一般》的誕生〉看來，是「想以一般人的真實生活為出發點，介紹學術，努力於學術的生活化。」「預備給一般人看的，所說的也只是一般的話罷咧。」「我們將來想注重趣味，文學作品不必說，一切都用清新的文體。力避平板的陳套，替雜誌開個新生面。」追求生活化、普及化、大眾化、趣味化，也就成了立達文人們共同追求的文化／學術理想。

《一般》自創刊起，末尾都附有〈編輯後記〉，自 1928

---

13 在 1950 年 2 月〈開明書店請求與國家合營呈文〉中，針對開明書店經營出版的情形作了詳細的回顧，其中特別提到開明書店出版的定期發行刊物，先後達二十種，尤以《中學生》、《新少年》、《一般》、《國文月刊》、《英文月刊》等「為讀者所稱頌」。特別提到《一般》，可見這份雜誌是受到讀者歡迎的。參見王知伊：《開明書店紀事》（山西：書海出版社，1991），頁 178。

14 〈《一般》的誕生〉實際上即是發刊詞，全篇都以對話方式進行：「好久不見了，你好！」「你好！」「聽說你們要出雜誌了。真的嗎？」「真的。正在進行中。」……「很好，很好，那麼將來這雜誌叫做什麼名稱呢？」「名稱真取不出好的，什麼『青年』、『解放』、『改造』、『進步』等類的名目，都已被人家用過了，連『新』、『晨』等類的單字，也被如數搜盡了。沒法，就叫做『一般』罷。好在我們無甚特別，只是一般的人，這雜誌又是預備給一般人看的。所說的也只是一般的話罷咧。」「哦，『一般』，新鮮得很！」……文章旁邊由豐子愷繪製了兩位中年人站著閒談的插圖，意味著這些內容是由兩人對話而成；同時，在文章上頭空白處，繪有兩名小孩拉開布幔的插圖，表示從此揭開序幕。這些構想在當時確實有其新意，「新鮮得很」。

年 2 月第 4 卷第 2 號起，增列〈一般的話〉專欄，取代了〈編輯後記〉，透過簡短的篇幅，提出一些對時局、文藝、學術或編輯刊物心得、甘苦的看法，起初由劉薰宇、章克標（筆名豈凡）兩人輪流負責撰寫，但不久劉薰宇出國，就由章克標撰寫，直到 1929 年 12 月停刊為止。在停刊號的〈一般的話〉中，章克標寫了題為〈再會再會〉的短文，雖然是針對〈一般的話〉這個專欄而發，但可視為這份刊物所抱理想與成就總結性的回顧。他提到，〈一般的話〉之所以獲得許多讀者喜愛，是「因為一般的話的態度，是和日常友朋閒談一般，並不像在論文中的擺出學者批評家思想家的架子，也不用什麼高深難解的理論論理，更沒有什麼特別的術語名詞，是很平民的大眾的，有一般的親密性之故。」正因為「只是很淺薄的自己的感想，直落落不加修飾地寫述出來，所以讀者是很易理會，因而是比高貴的論文，多愛者了。」[15]這段話和發刊詞前後呼應，說明了這群文人本著「一般」的立場與態度，以平民、青年、大眾為對象的編輯方針。從整份刊物看來，他們的理想與實踐是結合一體的，不論是從專欄編排、作品內容、文字表述，都呈現出《一般》堅持的獨特品味與突出的特色。這些品味與特色，大致而言約有以下數端：

（一）文風平實自然，真誠表現自我

這是立達文人群在創作上的共同宗旨與審美追求。他們

---

15 豈凡（章克標）：〈再會再會〉，《一般》月刊第 9 卷第 4 號，頁 614-615。原文「多愛者了」，是指多愛讀者，可能漏了「讀」字，也可能是作者的書寫習慣。

創作的作品，不論是取材自身邊瑣事，還是重大社會問題，都是他們自我性格、情感、思想的真實呈現。他們真誠踏實的人品，與自然平實的文風，為散文「文如其人」的文體特徵做了生動的詮釋。

以朱自清來說，他的散文主張是「真誠」，他強調：「說一句話，不是徒然說話，要掏出真心來說」[16]，要「意在表現自己」[17]。由於朱自清認真對待人生、切實感受當下生活的態度，使他對文學創作一貫堅持「我們所要求的文藝，是作者真實的話」，認為作家要有「求誠之心」，不可「模擬」和「撒謊」，只有說自己的話才「親切有味」[18]。在《一般》第一卷第二號《悼白采》專輯中，他寫了〈白采〉一文，娓娓道來他和白采曾有的一個誤會，以及兩人曾有的一次短暫晤面，字裡行間充滿著對逝去老友的追憶，以及未能深交的遺憾，完全流露真實自我的內心感受；為《一般》撰文並繪製插畫、設計封面的豐子愷，不論散文、漫畫或他的人品，都堪稱是立達文人群的代表，朱光潛在評價其漫畫成就時，就曾經指出「他的畫就像他的人」，具有「平實中寓深永之致」的特色，「他的作品有一點與時下一般畫家不同的，就在他有至性深情的流露。」[19]對豐子愷知之甚深的葉聖陶也

16 葉聖陶：〈記佩弦來滬〉，《葉聖陶集》（葉至善等編，江蘇教育出版社，1988）第 5 卷，頁 201。
17 朱自清：〈《背影》序〉，《朱自清全集》第 1 卷，頁 34。
18 朱自清：〈文藝的真實性〉，原載 1924 年 1 月 10 日《小說月報》第 15 卷 1 號，引自《朱自清全集》第 4 卷，頁 92-93。
19 朱光潛：〈豐子愷先生的人品與畫品〉，原載 1943 年 8 月《中學生》雜誌第 66 期，引自《朱光潛全集》（安徽教育出版社，1993），頁 154-155。

說：「讀他的散文真像跟他談心一個樣，其中有些話簡直分
不清是他在說還是我在說。像這樣讀者和作者融合為一體的
境界，我想不光是我一個人，凡是細心的讀者都能體會到的。」
[20]這當然和豐子愷推崇自然純正的文學風格有關，在〈湖畔
夜飲〉中，他提到對詩的看法是：「直直落落，明明白白，
天真自然，純正樸茂，可愛得很。」[21]豐子愷幾乎每期都有
作品發表，1926 年 10 月發表於《一般》上的兩篇散文，一
是記與弘一法師法緣的〈法味〉，一是記與白采短暫友誼的
〈白采〉，都寫得清淡如水，真誠自然。〈法味〉寫他與夏
丏尊一起到杭州探望弘一的情形，過程中不斷穿插昔日的種
種，情感起伏的波動不小，但寫來冷靜而節制。他與弘一六
年不見，見面的場景自可鋪陳發揮，但他只著力描寫弘一掛
在臉上的歡顏，筆法老練，情意真樸；〈白采〉一文只有八
百字，對同是立達同事的白采的英年早逝，他集中描寫一次
白采向他辭行的情景，沒有華麗的辭句，但質樸中見真誠，
自然散發出感人的力量。

　　擔任《一般》主編的夏丏尊，也在刊物中發表了許多作
品，有小說〈長閑〉，散文隨筆〈白采〉、〈文藝隨筆〉、
〈知識階級的運命〉、〈藝術與現實〉，以及翻譯日本作家
國木田獨步的〈疲勞〉、〈第三者〉，芥川龍之介〈南京的
基督〉等。他的散文隨筆並不多，但給人親切一如知己談心
的感染力，葉聖陶曾評論夏丏尊的作品說：「他是個非常真

---

20 葉聖陶：《豐子愷文集・序》，收於《豐子愷文集》（豐陳寶等編，浙
　　江文藝出版社，1990）藝術卷 1，頁 2。
21 豐子愷：〈湖畔夜飲〉，《豐子愷文集》文學卷 2，頁 382。

誠的人，心裡怎麼想筆下就怎麼寫，剖析自己尤其深刻，從不隱晦自己的弱點，所以讀他的作品就像聽一位密友傾吐他的肺腑之言。」[22]這種平實自然風格的形成，和夏丏尊的文學理念有關，他認為：「文學並非全沒教訓，但是文學所含的教訓乃係訴之於情感。……文學之收教訓的結果，所賴的不是強制力，而是感染力。……文學作品對於讀者發生力量，要以共鳴作用為條件。」[23]從真實的情感出發，真誠地表現自己，即使說的是一般的話，也會引起讀者的共鳴。立達文人群之一的葉聖陶也主張：「我們作文，要寫出誠實的自己的話。」[24]對於寫作者的態度，他明確指出：「一個人過生活，本該認真和踏實，對於自己和他人，都要對得起，都要無愧於心。一般的修養，目標就是如此；要想試作文藝的青年，當然也該向這方面努力。」[25]不論是朱自清的「真誠」，豐子愷的「天真自然」，還是夏丏尊的「情感」，葉聖陶的「誠實」，我們可以看出，這群文人的文學觀是接近的，都主張真誠表現自我，沒有虛偽和掩飾，再加上平實而富有理趣的優美文筆，難怪他們的作品在當時或以後，都能一直深受讀者的歡迎。

（二）關懷現實、積極為人生的創作傾向

　　立達文人群多為熱心教育的工作者，同時又是對社會現

22　葉聖陶：《夏丏尊文集・序》，收於《夏丏尊文集・平屋之輯》（浙江人民出版社，1983），頁2。

23　夏丏尊：〈文學的力量〉，收於《夏丏尊文集・平屋之輯》，頁148。

24　葉聖陶：〈誠實的自己的話〉，原載1924年1月10日《小說月報》第15卷第1期，引自《葉聖陶論創作》（上海文藝出版社，1982），頁91。

25　葉聖陶：〈愛好與修養〉，《葉聖陶集》第9卷，頁128。

狀、生活現實有見解、有理想的知識分子，因此集體表現出一種關懷現實的入世精神。雖然如豐子愷、夏丏尊對佛家「空跡遁世」的思想有所嚮往，朱自清也曾徬徨煩悶而不知何去何從，但他們面對苦難深重的社會現實，如火如荼的革命浪潮，最終還是選擇了積極的入世態度，關心並參與有益於國家、民族的活動。在教育方面，他們特別重視青年的思想啟迪與生活導引；在社會關懷方面，他們對混亂時局、國事蜩螗，也不忘盡知識分子的言責。如此一來，積極為人生的態度，遂成為這群文人在文學創作上的共同傾向。

　　由於重視青年學子在生活、學習、思想上的成長與啟發，《一般》刊載了大量這方面的文章，充分顯現出這群文人對青年教育、文化啟蒙上的用心與使命感。他們的啟蒙態度不是上對下的「教導」或「訓誡」，而是如老友般娓娓談心，自然而親切，「良師益友」遂成為《一般》留給青年讀者最鮮明的形象。例如發表在第 1 卷第 1 號上劉薰宇的〈青年底生活問題〉，指出當時青年的一種普遍心理：「受過中等教育的青年，因怕社會的冷潮不願屈就，發生生活的煩悶，幾於自殺，而正想努力增進職業的能力和機會，苦於無路可走。」（頁 21）針對這個現象，劉薰宇特別提出能力的培養、責任的承擔，以及正確的人生態度，體認「你必汗流滿面才得糊口，直到你歸了土」（頁 26）的真義。他舉了許多生活的現象並互相比較，讓青年們在淺顯易懂的說理中，知道人生的方向；又如朱光潛膾炙人口的《給青年的十二封信》，就是在《一般》上發表的，夏丏尊稱許「最好的收穫第一要算這

十二封信」[26]，信中對青年的殷切叮嚀與發自真心的關懷，只要讀過的人莫不因此感動的，他談的都是以青年們所正在關心或應該關心的事項為話題，包括讀書、升學、作文、愛戀、人生、社會運動、動與靜等，從日常生活取材，不說空話，更不說假話，真實而誠懇的態度，受到廣大青年的歡迎。此外，《一般》中相關的文章還有心如（即劉薰宇）〈教育哲學〉、周為群〈再論青年生活問題〉、〈青年底一種煩悶〉、天行〈中國現代教育雜論〉、章克標〈世界各國數學教育的改造運動〉、傅彬然〈教育的性質與中國目前的教育問題〉等，從不同的角度，分析教育的問題，提出教育的新理念。值得一提的，從第 5 卷第 4 號起，一連三期刊出了魏肇基翻譯蘇格蘭小說家、詩人 Robert Louis Stevenon（1850-1894，魏肇基譯為羅般脫・路易司・司梯文遜，今多譯為羅伯特・路易斯・史蒂文生）的文章〈少男少女須知〉，文中對青少年關心的戀愛與婚姻問題提出了許多精闢的見解，類此文章的刊載，足以看出這份刊物以青年為對象的創辦旨趣。

　　除了關心青年教育，這群文人對社會現實的關懷也是發自肺腑，見解獨到，整份刊物鮮明的特色之一就是對時事、政治的反映與反省，顯現出二〇年代知識分子思想、心態的一個切面。如朱自清〈哪裡走〉、胡愈之〈英俄衝突與二次世界大戰〉、〈我們的時代〉、夏丏尊〈關於濟南事件日本論客的言論二則〉、劉薰宇〈中國的國家秩序與社會秩序〉、豐子愷〈對於全國美術展覽會的希望〉、亦樂〈中國現在有

---

26 夏丏尊 1929 年元旦為《給青年的十二封信》所寫的序，收於《朱光潛全集》（安徽教育出版社，1987）第 1 卷，頁 77。

沒有政黨〉、章克標〈評蔣宋結婚的儀式〉等，都充滿強烈的現實色彩，充分表現出知識分子秉持良知、憂心國事的赤忱。《一般》中設有一特殊的專欄〈時事摘要〉，按日列出一個月來的國內外大事，除了提供讀者國內外時事的資訊，同時也藉此彰顯出立達文人關懷現實的精神。

立達文人群中的代表作家如朱自清、夏丏尊、葉聖陶、豐子愷等，早在 1920 年代初期就加入以「為人生」為創作宗旨的「文學研究會」[27]，因此他們的創作傾向多為關懷現實，反映各種社會問題。然而，他們和當時文壇主流的匕首、投槍式的戰鬥散文風格並不相同，基於他們的人生態度和思想傾向，作品中呈現的較多是對時局的不滿、焦慮與不知「哪裡走」的苦悶與痛苦。他們的「革命色彩」不濃，和政治往往保持一定的距離，多從身邊瑣事出發，抒發對人生諸多問題的看法。朱自清發表於 1928 年 3 月《一般》第 4 卷第 3 號的長文〈哪裡走〉，堪稱是二〇年代知識分子徬徨、焦慮、不知何去何從的生動縮影，也是立達文人群政治立場的典型宣示。在文中，朱自清直言：「我是要找一條自己好走的路」，「我所徬徨的便是這個。」在「革命」呼聲四起之際，他坦陳道：「我解剖自己，看清我是一個不配革命的人！這小半由於我的性格，大半由於我的素養。」然而，即使是「惶惶然」、「煩悶」，他也並沒有因此墮落、麻痺，而是努力的

---

27 這幾位加入文學研究會的時間都很早。當文學研究會於 1921 年 1 月在北京成立時，葉聖陶就是 12 位發起人之一；夏丏尊、朱自清於該年入會，夏丏尊入會號為 55 號，朱自清的入會號為 59 號；豐子愷則於 1923 年入會，入會號為 125 號。

想找出一條路來走，他最終說：「國學是我的職業，文學是我的娛樂。這便是現在我走著的路。」[28]在政治混亂的氛圍中，朱自清就以腳踏實地投入教育與出版的選擇，為自己鋪陳出一條足以安身立命的道路。

夏丏尊在評論葉聖陶的小說《倪煥之》時曾表示：「文藝徹頭徹尾是表現的事，最要緊的是時代與空氣的表現。」，他反對「千篇一律的戀愛談」，也不贊成「宣傳式的純概念的革命論」，而是認為「誰也無法避免這命定地時代空氣的口味。照理在文藝作品上隨處都能嚐得出這情味來，文藝作品至少也要如此才覺得親切有味。」[29]對夏丏尊而言，以文藝作品來反映時代，正是他決心要走的人生道路；葉聖陶也持相同的見解，他說：「文藝的目的在表現人生」，「作者持真誠的態度的，他必深信文藝的效用在喚起人們的同情，增進人們的了解、安慰和喜悅；又必對於他的時代、他的境地有種種很濃厚的感情。」[30]其實，豐子愷、朱光潛、匡互生、劉薰宇等立達諸人，對時局都有著徬徨、煩悶的類似感觸，但他們都沒有懷憂喪志，或在出版，或在教育，或在創作，或在翻譯，他們盡力走著一條平實、踏實的自己的路，以自己的方式關懷社會、貢獻一己之力。他們雖以「一般」自居，但實際上卻是難能可貴，走出一條新的人生追求與創

---

28 朱自清：〈哪裡走〉，收於《朱自清全集》第 4 卷，頁 226-244。
29 夏丏尊：〈關於《倪煥之》〉，寫於 1939 年 8 月，見《夏丏尊文集‧平屋之輯》，頁 115。
30 葉聖陶：〈文藝談〉第 4、5 則。這一系列文章共 40 則，自 1921 年 3 月 5 日起在《晨報》副刊連載，到 6 月 25 日刊完。見《葉聖陶論創作》（上海文藝出版社，1982），頁 7-9。

作道路。

（三）致力學術的大眾化、生活化

《一般》致力於學術的生活化、普及化，在這方面的作品數量最多，成就也最顯著。《一般》的作者群多為學者、文人、教師，他們努力試圖將許多較專業的知識，以平實的筆調、誠懇的態度，介紹給廣大讀者，這就使得這份刊物有了自己較突出的文化品格。例如喜愛天文的匡互生寫〈趣味豐富的秋的天象〉，專研繪畫音樂的豐子愷寫〈西洋畫的看法〉、〈現代西洋畫諸流派〉、〈音樂的神童莫札爾德及其名曲〉等，劉叔琴的〈談談現代的進化論〉，章克標的〈芥川龍之介的死〉，方光燾的〈文學之社會的研究〉，夏丏尊的〈藝術與現實〉等，都是深入淺出的學術性文章，透過這些知識的介紹，希望能將嚴肅枯燥的知識普及到一般大眾，特別是青年學生。這種對學術生活化的鼓吹與實踐，早在立達學會成立之初的宗旨上就已言明：「修養人格，研究學術，發展教育，改造社會」，這些作品使《一般》在知識性、文化性上的定位清晰而突出。

在專欄設計安排上，也可以看出《一般》試圖加強一般民眾知識教育、致力學術推廣的用心。由夏丏尊主編的第一、二卷，每期大多設有〈書報評林〉、〈介紹與批評〉兩個專欄。前者「以糾正出版界的混沌現象，養成一般人的讀書趣味為目的，專載讀書錄及新出版物的介紹及批評，以冀作一

般讀書社會的指導。」[31]有較強的文藝批評色彩，如王伯祥〈讀《經今古文學》和《古史辨》〉、周建人〈關於《性史》的幾句話〉、沈本權〈評商務印書館的《學生雜誌》〉、夏丏尊〈讀《中國歷史的上帝觀》〉、鍾敬文〈李金髮底詩〉等；後者「所評述者，以最近國內出版物為限。」純粹是新書出版的推介廣告，具宣傳性質，如第 1 卷第 1 號就介紹了《中國倫理學史》等八本新書，以後每期則介紹三至九本不等。這兩個專欄在方光燾接手主編第三卷後就被取消，而夏丏尊再度主編時也並未恢復，不過，在介紹新知、刊載知識性文章的宗旨方面並沒有改變，仍以學術論文或隨筆的刊登為主，文藝創作多為點綴而已。

（四）明白曉暢、情理兼具的文體風格

　　前面提到，《一般》月刊不是純文學刊物，不以純文學作品的刊載為重心，雖然陸續也發表過夏丏尊的小說〈長閑〉、〈貓〉，葉聖陶的小說〈遺腹子〉，孫福熙的小說〈不死〉，豐子愷的散文〈子愷隨筆〉、〈漸〉，劉薰宇的遊記〈南遊〉等文學創作，以及翻譯的各國小說，但佔全部的比重不到五分之一，甚至一些小詩還被當作「補白」來處理。換言之，《一般》的文化色彩要濃於文學，學術的推廣要重於文學的創作，知識小品或學術性論文才是這份刊物自覺經營的核心。但正如前所述，他們致力的是將嚴肅的學術作品普及化、大眾化，甚至希望盡量做到趣味化、生活化，試圖

---

31 這是《一般》月刊〈書報評林〉專欄的說明，刊載在書評文章之前。這兩個專欄通常都置於整本刊物的末尾。

以深入淺出的文字表達深刻的學理，並在表達理趣的同時又
能兼具情趣。劉叔琴在創刊號所寫的〈一般與特殊〉一文，
對此有精到的闡釋：「現代的學問，現代的文化，是千萬年
來無量數的人們在地上所建設的伊甸園，所創立的象牙塔，
萬萬不應該只由少數人獨佔獨享，須得開放起來給大多數人
共住共享。這樣，才見得牠是個地上的天國。這個開放的手
續便是使特殊的一般化。」他所謂「特殊」指的是學術、文
化，而使之易讀、易懂，則是「一般化」，他認為只有這樣，
才能「使大多數人生活或文化的提高」，「這是一般的人們
所應該努力的目標，當然也是我們《一般》同人此後想要努
力的目標，打算猛進的大路。」[32]

　　要達到「深入淺出」、「情理兼具」的境界，靠的是縝
密的構思、爐火純青的文字功夫、生動成熟的表現技巧，別
具慧眼的選材目光與審美意識，這些對這群文人來說並非難
事，因為他們長期從事國文教學工作，又多有語文刊物編輯
的經驗，這使他們在寫作文章時，能自覺地在結構、佈局上
用心講究，論點明確而有條理，使文章的可讀性得到提升。
例如第 1 卷第一、二號上匡互生的〈趣味豐富的秋的天象〉，
雖然介紹的是銀河、隕石、潮汐等天文科學知識，但他運用
《詩經》、古詩中描寫天象的詩詞典故，以及牛郎織女等神
話傳說，使原本枯燥的材料變得趣味盎然；又如第一卷第三
號上西諦（鄭振鐸筆名）的〈中世紀的波斯詩人〉，本是西
洋文學史介紹的文章，但作者刻意在文前強調：「中世紀的

---

32 劉叔琴：〈一般與特殊〉，《一般》月刊第 1 卷第 1 號，頁 8。

波斯，在文學上，真是一個黃金時代。雖然她曾被阿剌伯人入侵了一次，接著又被蒙古人所統治，然而她的詩的天才，在這個時代卻發展得登峰造極，無以復加，正有類於同時的我們的中國，那時我們也恰是詩人的黃金時代。」將西洋與中國加以巧妙聯結，拉近讀者的心理距離，提高讀者的閱讀興趣，可謂深諳寫作的技巧；其他如豐子愷發表於第 5 卷第 2 號的〈漸〉，談造物主微妙的工夫、人生的法則，雖是說裡，卻如老友促膝談心，字裡行間透露出他發自肺腑的思想情感；鍾敬文發表於第 3 卷第 2 號的〈廣州風物雜憶〉，回憶廣州的木棉樹、菱角、蕹菜，引經據典，詳加考證，以充滿情感的文字娓娓道來，既有知識又有情趣。這類作品沒有一點說教味，更不是吊書袋，而是一篇篇讀來平易近人、趣味橫生的知識散文、哲理小品。

特別值得一提的是，孟實（朱光潛筆名）應夏丏尊之邀而寫的《給青年的十二封信》，可謂篇篇說理，結構謹嚴，又處處打動人心，堪稱情理兼具的佳構，被夏丏尊視為《一般》最大的收穫。夏丏尊在出版時寫的序言中說：「作者曾在國內擔任中等教師有年，他那篤熱的情感，溫文的態度，豐富的學識，無一不使和他接近的青年感服。……信中首稱『朋友』，末署『你的朋友』，在深知作者的性行的我看來，這稱呼是籠有真實的情感的，決不只是通常的習用套語。」[33] 以「真實的情感」道出自己的人生觀，和青年討論人生的問題，提供青年自我教育的藍圖，朱光潛如「良師益友」般的

---

33 夏丏尊：〈《給青年的十二封信》〉，《夏丏尊文集・平屋之輯》（浙江人民出版社，1983），頁 112。

解說道理，同時又以清新、懇切的文筆使「真實的情感」自然流露，難怪這本小書在當時或以後，都能歷久彌新地受到廣大青年喜愛。

發刊詞〈一般的誕生〉中所揭櫫的理想：「一切都用清新的文體，力避平板的陳套，替雜誌界開個新生面。」停刊號的〈再會再會〉中自我省視的結語：「我們決不敢有那麼樣的大膽來自誇〈一般的話〉的文章是明白曉暢，……不過我們的企圖，我們的努力，總是向著那個目標的，……我們已經獲得了許多愛讀者，可以知道我們的方向總不會錯。」這個理想和目標，在主編夏丏尊的努力經營，與立達文人們的共襄盛舉下，大抵得到落實，《一般》在二〇年代的文化界，確實已樹立了自己別開生面的清新風格，在雜誌界佔有一席之地，也發揮了一定的影響力。

四、不「一般」的文人典型

立達文人群是一個貫徹獨立精神、自由組織的知識分子群體，以立達學會為核心，主要事業成就有二：一是協助籌辦在江灣新建校舍，成立立達學園；二是創辦《一般》月刊。一在教育，一在文化，二者都有不容忽視的表現與成就，而寄寓其中的理念與實踐，則構成了這個文人群體的精神品格與人文風格。在教育上，他們不以教育為功利，而以教育為信仰，全心投入，犧牲奉獻，重視人格感化、自由獨立精神，強調互助勞動、儉樸勤實的作風，主張平民教育，關懷現實，可以說是一群具教育理想與教育愛的文人；在文化上，他們

致力於落實自由的精神、獨立的思想，藉著對文化、時局的看法，表達出知識分子的良知與見識，試圖為改造社會盡一份心力；同時，以一篇篇生動介紹學術的文章，啟蒙大眾，普及知識，以文化的促進提升為己任。不管是教育還是文化，其共同的理想是培養出既能「立己立人」又能「達己達人」的具健全人格的人，也就是「立達」的人。

　　二〇年代的政局混亂，軍閥混戰，知識分子普遍有不知何去何從的失落感與苦悶，在這樣的氛圍下，這群文人選擇自力辦學，獻身教育，試圖從最根本的事業做起，沒有炫人耳目的形式口號，只有腳踏實地的耕耘付出。表面上看，只是一群沒有太多資源與力量的「一般」文人，但做的實在是不「一般」的事業。朱自清對二〇年代的教育情況知之甚詳，他就曾經指出其中充斥的應酬、植黨、諂媚官紳勢力、不學無術、蠅營狗苟等種種弊端，甚至激動地說出：「總之，教育是到『獸之國』裡去了！」[34]面對種種亂象、時弊，立達文人群立足於民間教育，致力於文化傳播，關懷青年與平民，發出知識分子的呼聲，這種態度與精神，在創辦《立達》季刊時，匡互生就說得很透徹：「我們相信文化的發達，一定在思想學術都在自由獨立的空氣中。思想學術上的皇帝和臣僕，簡直是文化的敵人……我們自己以為應該說的話，即使反叛了政治的社會的歷史的學術的種種權威者，我們也有所不顧，大膽的自由的說。」[35]只有知道當時的嚴峻背景，才

---

34 朱自清：〈教育的信仰〉，《朱自清全集》第 4 卷，頁 139。
35 匡互生：〈立達、立達學會、立達季刊、立達中學、立達學園〉，《匡互生與立達學園》，頁 21。

會明白這群以「一般」自居、自勉的文人群，其心中的不滿、
激憤，以及真誠付出、全力以赴的難能可貴。從立達學會到
立達學園，從《立達》半月刊到《一般》月刊，我們可以充
分感受到這群文人平實中有堅持、踏實中有理念、絕不「一
般」的精神品格與文化理想。

第二節　羸疾者的哀歌 ──「立達文人群」　　中的薄命詩人白采

　　白采（1894～1926）是一位被文學史長期遺忘的詩人，
也是一位才氣縱橫、正待起飛卻橫遭折翼的薄命詩人。在新
文學萌芽的二○年代，他以膾炙人口的長詩〈羸疾者的愛〉
受到詩壇的矚目，被朱自清評為「這一路詩的押陣大將」[36]，
並以小說、詩話等作品表現出自己鮮明的個性，同時又以隱
密低調的行事作風疏離於人群，憑添幾分神秘色彩，可惜英
年早逝，為文學史的發展留下一絲遺憾。本文將試圖鉤沉出
這位特殊文人的生平事蹟、文學表現，以及隱藏在作品背後
複雜的情感符碼、生命圖像。

　　在未踏入白采的精神歷程之前，有必要先針對和他關係
密切的「立達文人群」做一解說。1925 年 2 月，為了落實民
間辦學的教育理想，匡互生、豐子愷、朱光潛等人在上海虹

---

36 見朱自清：《中國新文學大系・詩集・導言》（台北：業強出版社，1990
　年重印版），頁 4。

口辦起了一所私立的「立達中學」。所謂「中學」，其實只有兩三張板桌和幾張長凳，但由於校風自由，辦學認真，學生漸多，那年夏天，匡互生提議在江灣自建校舍，並改名為「立達學園」。在匡互生的奔走籌備下，當時立達學園的師資陣容和一般中學相比，顯得格外堅強，有豐子愷、朱光潛、夏丏尊、陳望道、劉薰宇、劉叔琴、夏衍等。為了讓立達學園能正常運作，並有更好的發展，匡互生、夏丏尊、豐子愷等人於3月間發起成立「立達學會」，校內外知名的教育、文化界多人加入，如茅盾、劉大白、朱自清、胡愈之、陳望道、葉聖陶、鄭振鐸、章克標、章錫琛、朱光潛、周予同等[37]。學會的成立起初是為了支持學園的創辦、發展，它有點類似一般私立學校的董事會，但又不完全相同，這些人不是掛名，而是真正為追求一個共同的教育理想而結合，因此有人說它是「立達的母親與褓姆」[38]。但學會成立之後，它所扮演的角色並不侷限於教育事業，而是一個充滿人文色彩的文人群體，特別是1926年9月創辦了學會的代表性刊物《一般》，內容涵蓋面廣，有書報評論、文學創作、翻譯，也有學術研究、文化批判和時事介紹等，如此一來，它就成了一個不折不扣的文人群體，因此筆者以「立達文人群」稱之[39]。

---

37 學會成立之初，會員僅二十餘人，到1926年立達學會會刊《一般》發表增加為五十一人，以後陸續增為五十七人。

38 章乃煥：〈中國教育史的光輝篇章 ── 試論立達學園教育改革實驗的思想與精神實質〉，收入北京師範大學出版社編輯組：《匡互生和立達學園教育思想教學實踐研究》（北京師範大學出版社，1993），頁48。

39 筆者於2005年至2006年的國科會研究計劃即是「從《一般》月刊看「立達文人群」的精神品格與文學風格」，這應該是學界首次以此名稱來概括這個文人群體。

　　立達文人群的構成除了立達學會會員之外，曾在立達學園任教過的文人也應納入此一範疇，本文所要討論的白采即是一例。白采雖非立達學會的正式會員，但曾在 1925 年下半年在立達學園任教，翌年 3 月才離開，期間與夏丏尊、劉薰宇、豐子愷、葉聖陶等人都有所往來；《一般》創刊前夕，白采突然病逝，因此在 1926 年 9 月創刊號上臨時發表了他的詩詞和筆記三則，當作補白，編者並在〈編輯後記〉中特別說明：「很可替本誌幫忙的白采先生，竟於本誌將付印的時候，在由廣東至上海的船上病殁了。後事由同仁經紀，篋中遺稿很多，擬由同仁為之整理。」由此可見他和立達學會諸人關係之密切。接著，10 月號的第二期《一般》特別製作紀念白采的專輯，由朱自清、夏丏尊、葉聖陶、劉薰宇、豐子愷、匡互生、章克標、周為群、方光燾等九人執筆，同時又將白采的《絕俗樓我輩語》分五期刊出，凡此均可證明白采在此一文人群中的地位。雖然他在立達學園只任教半年多，但在他三十三年的短暫歲月中，交往最多的即是這批文人。在立達文人群中，他的成就難與其他大家相比，但卻極具個人特色，不容忽視。

　　到目前為止，文學史書籍對白采不是隻字不提，就是幾語帶過，而且多半只提及新詩的成就，小說、隨筆等則完全不論，殊為可惜[40]。他的人與作品，知之者不多，透過網路

40　在眾多文學史書籍中，有代表性的如錢理群等著的《中國現代文學三十年》（北京大學出版社，1998 年修訂本），在 128 頁中僅提到：「『五四』以來敘事詩僅有朱湘的〈王嬌〉、沈玄廬的〈十五娘〉、白采〈羸疾者的愛〉等可數的幾部。」未做任何說明；又如朱棟霖等主編的《中國現代文學史 1917-1997》（北京：高等教育出版社，1999），在 79 頁

搜尋，也不見一篇研究專論，正如他流星般消逝的生命，他的生平事蹟與文學表現一直掩埋在歷史的煙塵中。雖然 1982 年在台灣有胡文彬先生自費編印了一冊《絕俗樓遺集》[41]，內容涵蓋了《絕俗樓詩詞》、《絕俗樓我輩語》、長詩〈羸疾者的愛〉、小說〈被擯棄者〉等六篇，以及白采致好友胡畏三的部分書信，關於白采的紀念文章、作品評論等，除了一些小說外，可說已將其代表性的作品搜羅齊備，但印數有限，流傳不廣，似乎沒有獲得太多迴響。筆者有幸獲見此書，並設法蒐羅書中未收的一些小說作品，幾番研讀之後，深覺有讓白采及其作品「浮出歷史地表」的必要。本文的研究將以白采及其作品為兩條主線，試圖讓這位「薄命詩人」的形象與成就不再模糊、隱沒，也讓文學史研究存在的許多縫隙與空白得到些許的填補。

對〈羸疾者的愛〉有兩行的分析：「通篇用對話體，分別寫出羸疾者與老者、母親、友人、少女的心靈交流，幻想代替敘寫，抒情強於敘事，體式特別。」此外，對白采的人與其他作品都未做交代。必須說，這樣的三言兩語和許多完全不提白采的文學史著作相比，已屬難能可貴。

41 此書由胡文彬編校、自費印行，1982 年 12 月出版。本文引用資料出自本書者，不再加註說明，而僅標明頁數。胡文彬的事蹟不詳，從書中的〈後記〉可知，其父親胡畏三與白采為知交好友，曾抄存白采遺稿，這也促成了他下決心蒐集白采其他遺稿合編成書。〈後記〉末寫道：「謹記於復興崗待歸樓」，推測胡文彬可能是政治作戰學校（學校坐落於復興崗）的教師，而且筆者所見的此書，書的扉頁有其贈給任卓宣先生的題字，以學生自稱，任先生長期在政治作戰學校任教，故胡文彬有可能也任職於該校，但有待查證。筆者得見此書，要感謝政治大學中文系退休教授尉天驄先生，他是任卓宣先生的姪兒，家中藏書甚豐，他知筆者研究白馬湖作家群，故以此書影本相贈，謹此誌謝。

一、白采：遺世絕俗的漂泊詩人

　　白采的一生幾乎都是在漂泊中度過，就連最後的死亡也是在旅程的輪船上。他的父母在他成年前後相繼過世，家族糾紛不斷，婚姻又以離婚收場，幾次隻身漫遊，過著「漂泊詩人」般的生活，這些不幸的遭遇，凝塑出他孤癖、寡言、離群索居、鬱鬱寡歡的性格，這樣的性格投射在作品中，使他的文學作品自然染上了浪漫、悲愁、殊異的色彩。由於他刻意隱姓埋名、獨來獨往的行事作風，使他的一生顯得神秘而少為人知，在他過世後，朋友們的追憶文章中，最常說起的就是類似「不可捉摸」、「不容易猜透」、「遺世絕俗」、「性情孤僻，不樂與人相接」[42]之類的形容語。在詳細閱讀並考證相關資料後，筆者將白采一生的初步輪廓整理成表如下：

　　清光緒 20 年（1894）出生於江西高安。原名童漢章，一
　　　　名童昭海，字國華，又字愛智、瘦吟。兄弟五人，
　　　　他排行第五。
　　清宣統 3 年（1911）筠北小學畢業。
　　民國元年（1912）母親去世（一說 1911 年）。曾受教於

廖少軒，尤得益於廖師母褚素筠的照顧和啟發。閉戶自修，專力為詩。

民國 3 年（1914）和王百蘊女士結婚（一說 1913 年）。

民國 4 年（1915）開始寫詩，並習繪畫。1915 至 1918 年間，曾三次離開家鄉漫遊名山大川，過著「漂泊詩人」的生活。

民國 6 年（1917）11 月間曾生一女，但產下即殤逝。

民國 10 年（1921）充滿糾紛的家庭生活與不幸的婚姻使他深感痛苦。9 月，父親病逝，享年七十餘歲。從此他對家庭不再留戀。創作第一篇白話小說〈乞食〉。

民國 11 年（1922）2 月離家再度過著「漂泊詩人」的生活。考進上海美術專門學校。客滬後，為隱其行蹤，變姓名為白采，號吐鳳、受之，自稱瞿塘人，不欲人知其身世。

民國 12 年（1923）6 月和王女士宣告離婚。從此益加漂泊不定、心境苦悶。年底，畢業於上海美術專門學校，在上海當過教員、編輯。

民國 13 年（1924）作長詩〈羸疾者的愛〉（6 千字），受到俞平伯、朱自清的推崇。由中華書局出版《白采的小說》，收短篇小說七篇。

民國 14 年（1925）由中華書局出版詩集《白采的詩 —— 羸疾者的愛》。下半年到立達學園擔任國文教師，翌年 3 月離開。

民國 15 年（1926）3 月轉到廈門集美學校農林部任教。7 月暑假期間到兩粵漫遊。8 月從香港搭「公平輪」

返回上海，27 日船將抵吳淞口前病死於船上，得年
33 歲。立達學園匡互生收其遺骸葬於江灣。

民國 16 年（1927）由開明書店出版其遺著《絕俗樓我輩
語》。

民國 24 年（1935）陳南士[43]刊其《絕俗樓遺詩》於江西
南昌，錄詩兩卷，共 525 首；詞一卷，共 46 首。均
為白采生前手定。

民國 71 年（1982）胡文彬編校之《絕俗樓遺集》出版。

白采簡要的生平大致如此。短暫的一生，留下許多精采
的作品，也留下了一些難解的謎團。生前出版的新詩集和小
說集，使他成為新文學初期展露頭角的文壇新銳，死後出版
的詩詞遺著，則讓人看到他兼擅舊文學的另一面才華。他失
意苦悶的心理，透過特立獨行的生活方式和文學創作真實地
表現出來，作品中強烈的靈魂拷問，個人氣質上的感傷色調，
使得浪漫抒情的「白采風格」隱隱成形。

充滿矛盾與衝突，是白采生命型態與精神世界最動人也
最鮮明的標誌，這使他的一生始終籠罩著掙不脫的愁苦情緒

---

43 陳南士（1899-1988），本名陳穎昆，江西高安人，為白采生前好友，在
與胡畏三通信中多次提及。白采詩詞遺稿就是由他於 1935 年輯印。在朱
自清編選的《中國新文學大系·詩集》中曾收錄其新詩〈夢歌〉、〈寂
寞〉2 首，可惜生平未予介紹。據尉天驄先生告知，陳南士曾在政治大
學中文系任教，講授詩選、杜詩等科目；又據政大中文系退休教授熊琬
先生提供資料指出：陳南士於 1922 年畢業於武昌高等師範（今武漢大學
前身）英國文學系，曾任江西省立二中教員、心遠中學校長、江西省政
府秘書、安徽省教育廳秘書、湖北省教育廳秘書、國民黨中央宣傳部秘
書、教育部主任秘書、國民大會代表等職。

與揮不去的悲觀色彩。這種矛盾與衝突主要表現在現實生活與精神世界兩個層面。現實層面的矛盾，表現在對應人事的反覆態度上，他時而放言高論、激動熱情，時而孤僻寡言、行蹤隱密，在熱鬧與孤獨之間徘徊猶豫，這使他難於與人交際，並予人冷漠高傲之感，但知悉他真實內心世界的朋友，卻對他非應酬式、發自真心的情義印象深刻，也對他絕烈的潛隱生活有著同情的理解。周為群在紀念文章中就說：「我和他初見面時，雖不能說『一見如舊』，但不久就覺得他是一個富於情感的人，是一個好人。」（頁 315）方光燾也指出：「初和他會晤的人也許要說他冷刻；其實他的情熱，真有使身受者的我，永不能忘懷的。」（頁 318）朱自清也同意：「他是一個好朋友，他是一個有真心的人。」（頁 296）在立達教書都是義務職，白采教了一學期後離開，又從廈門寄了五十元給學園，這讓夏丏尊在人品上對他有了新的認識。（頁 305）方光燾因為窮困而兼任四校教課，往來淞滬間忙碌不堪，白采就主動替他在立達代授一班義務課程。（頁 318）凡此均可看出他待友之真摯，以及內心對友誼的渴望與珍視。

但不可否認的，白采性格中異於常情的一面，使他遭致許多不解和誤解。在致胡畏三的二十三通手札中，他一再囑咐「所屆請勿告人」，「與弟通問，亦必屢易名者，非避弟也，避弟以外凡與弟有相連之耳目也。」（頁 211），「兄行蹤決請嚴秘勿宣，即南士處亦萬勿令知，為要。」（頁 213）僅 23 通手札就用了國華、白受之、白渚虹、瘦吟、白瘦山等不同署名，其刻意隱姓埋名、不欲人知的用意明顯可知。推

測其因，主要與家族分產後糾紛不斷，甚至同族有人具狀控告有關[44]，因此才會對胡畏三說：「兄厭故鄉深矣！」（頁211）家族糾紛，婚姻離異，導致他的心理異常痛苦而矛盾，在手札中他曾如此自剖道：「吾本狂人，文日益佳，行日益僻，將來結局茫茫，必使吾弟聞而咋舌大痛。」（頁199）「我諸事安之若素，且性喜放達，故無一事足以累心。乃至師長可叛之，父兄可疏之，擇期偶儻不群，可以想見。然悲哀之懷，終不消泯，乃知古人曠達，皆有至哀在心，如阮籍嵇康之倫，能狂笑者必能痛哭！而其笑時之可哀，則尤甚於其哭時也。十數年來，父兄師長舉不足以累吾心，既如上述；獨所耿耿於心者，吾蘊妹而已。」（頁196）蘊妹者，即白采之妻王百蘊。對愛情絕望、親情失望，使他對友情格外盼望，然因個性使然，一生知交甚少。

　　現實層面的拙於（或不屑於）應對，掩蓋了他心中的熱情，劇烈的衝突與掙扎，使他在精神層面上也透顯出對立的不安與痛苦，哀與樂，理智與情感，特別是在生與死的思索上，常常同時並存，激烈鬥爭。白采之死，非出於自殺，但劉薰宇對此有精到的觀察：「他的生活卻有是類於慢性自殺。書桌上陳著紅漆小棺材，床旁邊放著灰白人頭骨，都是他歡迎死神的表徵。他所以帶了病還從香港乘輪船搭統艙到上海

---

[44] 在劉薰宇的紀念文章中，引用了白采朋友和弟兄的信，信中已透露端倪，如朋友信中寫道：「令三兄說，令姪將要拿你的店房出押，族中有一黨壞人扶助刁唆。……令大兄也被兒子趕得離居。」；弟兄的信則說：「將我所收之租穀五石九斗二升概行搶去，並邀同族具狀控告。現以刑事起訴法庭，告家產尚未分均。……弟（按：指白采）即予歸來，若再延不歸，將來我之性命，都難保了。尚望俯念同胞，不辭勞苦……。」（頁302）

終於死在船上，也未嘗不是不想避死的表現。」（頁 304）基本上，白采是個悲觀的人，葉聖陶就說過：「他的詩與小說早使我認定他是骨子裡悲觀的人。」（頁 311）因此，死亡意識經常縈繞於心，揮之不去，在立達教書時，方克標曾到過他的房間，印象最深的也是「擺在他書桌上的髑髏和小棺模型，這二件好像是他心愛的東西。」（頁 307）在他的小說〈白瓷大士像〉中曾借「我」說出：「人生就是這樣的永不聯貫，一個個都要在這黑夜裡撒手了。」（頁 277）在〈墮塔的溫雅〉中則借「他」做了一番更直接的表白：「他便想著只有脫棄了軀殼，方能免除罪惡。他這樣並不是頌揚死，他只想跳出物質生活的重重苦惱，獲得人類最高精神的愉快。」（頁 287）由此可推知，他在精神上的死亡威脅陰影多半來自於物質生活的窘困。

　　然而，對於生死，悲觀的白采有時卻又表現出重生惜命的積極態度，在致胡畏三手札中就寫道：「處在今日無聊之世界，只能以生命為第一，知識名譽，及其次耳。」（頁 202）「吾儕愈宜自愛，而愈覺生命之可寶可喜也。」（頁 209）「但望弟於世界，社會，人生種種，忘其可哀，感覺其可愛而已！」（頁 211）「人生最要緊處，即當此困辱中，謀己愈不灰心。」（頁 212）在小說〈友隙〉中，他也不斷強調「人生方面的事實縱然是有限，希望卻仍可無限；而且說不定會有最後的希望成為事實。」（頁 290）類此言論，很難讓人與漂泊、悲觀、喜愛小棺、人頭骨的白采聯想在一起，但這種矛盾心理的存在卻是白采精神世界最真實的寫照。

　　欲超脫紅塵俗世而不能，使他墮入現實生活的痛苦深淵

中；對生命悲觀失望卻又未到絕望的地步，使他的精神世界分裂矛盾而糾葛難解。他試圖以漂泊來逃避，以狂行來掩飾，以絕世遺俗來對抗，甚至用文學創作來宣洩、排遣，但最終只有死亡，讓這個年輕的、騷動不安的生命得到永遠的安息。

二、羸疾者的哀歌：白采新詩中的自敘傳色彩

　　一如同時代的作家郁達夫（1896-1945）以許多小說生動刻劃出「零餘者」、「孤獨者」的人物形象，白采也以他的詩與小說塑造了「羸疾者」、「癲狂者」、「被摒棄者」的人物典型。郁達夫以《沉淪》在二〇年代帶動「自敘傳」浪漫抒情小說創作浪潮的興起，這股浪潮顯然影響了白采，他的小說〈被摒棄者〉即被論者視為此一小說流派的代表作之一[45]。郁達夫筆下的「零餘者」，其共通點是：不甘沉淪卻又無力自拔，憤世嫉俗，憂鬱感傷，內向敏感，有理想但幻滅，有時孤傲不群，有時自卑自憐，他們往往身受經濟和精神的多重壓迫，窮愁潦倒，因而總是被社會正統意識所輕蔑或排斥，成為被主流社會所拋棄的邊緣人，正如論者所指出，這一系列「零餘者」人物，「同現實社會往往勢不兩立，寧願窮困自戕，也不願與黑暗勢力同流合污，他們痛罵世道澆漓，或以種種變態行為來表示反抗。」[46]白采筆下的「羸疾

45　孔慶東在《1921：誰主沉浮》（山東教育出版社，1998）第72頁中提到，那一時期和郁達夫浪漫抒情小說風格近似的有〈孤雁〉的作者王以仁、〈被擯棄者〉的作者白采、〈壁畫〉的作者滕固等。

46　錢理群等著：《中國現代文學三十年》（北京大學出版社，1998年修訂本），頁74。

者」或「被摒棄者」，和「零餘者」所特有的感傷、病態、苦悶的形象、氣質相比，可說是完全相同。

白采與郁達夫年齡相仿，相同的時代背景與文學環境，相近的身世背景與人格特質，使他們的作品風格也相去不遠。他們早年都曾在家閉門自修，性喜遊覽山水，離家後長期為經濟貧困所折磨，與元配的婚姻也都不幸；在文學上，同具古典詩詞創作的深厚根柢，慣以自身遭遇、內心體驗為題材，小說常運用第一人稱，充滿鮮明的自敘傳色彩。我們知道，自敘傳體的小說並不等於自傳，郁達夫寫小說的目的並非想為自己立傳，而只是想「赤裸裸地把我的心境寫出來」，「只求世人不說我對自家的思想取虛偽的態度就對了，我只求世人能夠了解我內心的苦悶就對了。」雖說如此，但郁達夫在看自己書稿時，「眼淚竟同秋雨似的濕了我的衣襟」，並忍不住說：「即使這書的一言一句，都是正確的紀錄，你我有什麼法子，可以救出這主人公於窮境？」[47]這其實已經是取材自身遭遇的暗示。研究者早已指出，郁達夫的大部分作品「都直接取材於他本人的經歷、遭遇、心情。把郁達夫的小說連起來讀，基本上同他的生活軌跡相合。」[48]郁達夫如此，白采也是如此，「零餘者」與「羸疾者」，從某個角度來說，其實是他們面對自己精神困境的一種自述，也是他們對二〇年代知識分子精神世界的一種探索。郁達夫代

---

47 以上郁達夫的說法均出自〈寫完了《蔦蘿集》的最後一篇〉一文，寫於1923 年 7 月，原載《蔦蘿集》，1923 年 10 月上海泰東圖書局初版，引自《郁達夫文集》（廣州：花城出版社，1983）第 7 卷，頁 155-156。
48 見錢理群等著：《中國現代文學三十年》，頁 73。

表性的散文〈零餘者〉和白采的長詩〈羸疾者的愛〉都完成
並發表於 1924 年，這個巧合說明了他們同時面對的是黑暗的
病態社會，因此才有作品中同樣病態苦悶的人物出現。

　　先看〈零餘者〉。郁達夫描寫黃昏時茫然在街上漫走的
「我」，喃喃念著詩句：「袋裡無錢，心頭多恨。／這樣無
聊的日子，教我捱到何時始盡。／啊啊，貧苦是最大的災星，
／富裕是最上的幸運。」心中產生了許多矛盾的意念，最後
恍然明白：「我是一個真正的零餘者！」對世界、中國乃至
於家庭，「我完全是一個無用之人，我依舊是一個無用之人！」
他捏捏口袋裡僅剩的幾塊錢，覺得「我這樣生在這裡，世界
和世界上的人類，也不能受一點益處；反之，我死了，世界
社會，也沒有一點兒損害，這是千真萬真的。」胸前頓時「覺
得有一塊鐵板壓著似的難過得很」，但意識模糊中跳上了一
輛人力車後，又不自覺地發出「前進！前進！像這樣的前進
罷！不要休止，不要停下來！」[49]被現實生活擠出軌道的哀
怨，夾雜著自身的孤淒悲涼，在窮困潦倒中卻又保有一絲追
求理想生活的熱情，渴望突破生活重圍，這是郁達夫筆下自
艾自憐、憤世嫉俗的「零餘者」，同時也是郁達夫真實生命
的自傳剪影。這種強烈自我審視的幻滅感與危機感，不論在
〈南遷〉、〈沉淪〉〈銀灰色的死〉、〈血淚〉中的「他」、
「伊人」，或是〈風鈴〉、〈秋柳〉、〈茫茫夜〉中的「于
質夫」等人身上，都可以清楚看到。

49　此文寫於 1924 年 1 月 15 日，原載於 1924 年 6 月 5 日《太平洋》第 4 卷
　　7 號，發表時題為〈零餘者的自覺〉。引自《郁達夫文集》第 3 卷，頁
　　84-90。

再看〈羸疾者的愛〉。羸疾者，指孱弱、疲憊、彷彿得病的人，在白采筆下，主人公「羸疾者」不僅是生理上的瘦弱，而且是心理上的懦弱、膽怯，靈魂上的受創、不健全，正如詩的結尾所說的：「我所有的不幸，無可救藥；／我是——／心靈的受創者；／體力的受病者；／放蕩不事生產者；／時間的浪費者；／——所有弱者一切的悲哀，／都灌滿了我的全生命！」（頁244）但這「羸疾」，其實是表面假象，白采想塑造的是一個過於憧憬美好理想而不容於污穢世界，渴望純潔、無私、對世界的大愛而寧願割捨個人情愛的「漂泊者」、「癲狂者」，當然，也就是另一個「零餘者」。這首六千字、近千行的長詩，全篇採用對話方式進行，分別描寫羸疾者與老人、母親、友人、少女四人的對談，藉著對話，構築了一個以愛的追求與失落為主軸的故事，抒情、敘事、說理兼具，體式上別樹一幟。故事大意是寫主人公「羸疾者」本來深愛這個世界，但因用情過度，反遭訕笑，因此感到失望厭倦，他的心枯冷了，毀滅的念頭纏繞著他，他說：「已不是純真的心，／我便不再持贈人。／現在的我，／既失去了本有；／除了自己毀滅，／需要憐憫，便算不了完善。」（頁221）但在漂泊的途中，偶然經過一個快樂的村莊，「遇見那慈祥的老人，／同他的一個美麗的孤女；／他們是住在那深秀的山裡。」他們都把愛給他，但他因自己是個羸疾者，認為「不配有享受的資格」（頁219），「只願是村裡的一個生客」（頁220），而一一回絕了老人和少女的愛。

詩的開場，是老人向主人公表明他真摯的付託，以及少女的傾慕。老人百般勸解，但主人公仍固執己見，堅持離去，

因為他認為「人們除了相賊，／便是相需著玩偶罷了。」（頁219）主人公回去見了他的母親和伙伴，告訴他們在孤獨漂泊的旅途中「不能忘記」的奇遇，以及他內心的憂慮和躊躇，他對母親直言：「母親：你該知道，／你的兒子本是一個羸者！」（頁 226）悲觀地認為「不可挽回的便不可挽回，／人枉與命運爭！／無力的空想，『憤激』也是可恥！／各人只憑著自己的微力，彌缝彌缝著，／都不過這樣度過了一輩子。」（頁 229）接著，他對伙伴說：「我想避免人間的愛，／常怕受人的恩惠；／ — 我是心靈的虛弱者。」（頁 230）最後，當愛他的少女，撇下垂老的父親，不辭辛勞跋涉前來尋他，表達愛意，且體貼地指出：「我心愛的人：／你的話太悲酸了！／你該自己平靜些吧。你是太受了世俗的夾拶，／把你逼向這更偏激的路上。」（頁 241）「自示羸弱的人，／反常想勝過了一切強者。」（頁 239）但顯然未能改變主人公的心意，最後還是予以婉拒：「我將再向我渺茫的前途；／我所做的，我絕不反顧。／請決絕了我吧！／我將求得『毀滅』的完成，／償足我羸疾者的缺憾。」（頁 244）正如朱自清所說：「他這樣了結他的故事，給我們留下了永不解決的一幕悲劇，也便是他所謂『永久的悲哀』！」[50]羸疾者的悲哀來自於對現代世界的不滿、憤懣與詛咒，以及對未來世界的嚮往、憧憬與追求，也就是朱自清所分析的：

> **主人公「羸疾者」是生於現在世界而做著將來世界的**

---

50 以下所引朱自清評論白采此詩的看法均出自〈白采的詩 — 羸疾者的愛〉一文，發表於《一般》月刊 1925 年 10 月號，頁 268-279。

人的；他獻身於生之尊嚴而不妥協的沒落下去。說是狂人也好，匪徒也好，妖怪也好，他實在是個最誠實的情人！他的愛，別看輕了是「羸疾者的」，實在是脫離了現世間一切愛的方式而獨立的；這是最純潔，最深切的，無我的愛，而且不只是對於個人的愛──將來世界的憧憬也便在這裡了。主人公雖是「羸疾者」，但你看他的理想是怎樣健全，他的言語又怎樣明白，清楚。……他一面厭倦現在這世界，一面卻又捨不得牠，希望牠有好日子；他自己雖將求得「毀滅」的完成，但他相信好日子終於會到來的，只要那些未衰的少年明白自己的責任。這似乎是一個思想的矛盾；但作者既自承為「羸疾者」，「癲狂者」，卻也沒有什麼了。

換言之，「羸疾者」絕非混沌頹廢、庸俗度日的平凡者，更不是心理異常的病態者，相反的，他是眾人皆醉我獨醒，屈原筆下「漁父」式的人物，忍受著被世俗誤解的痛苦，踽踽獨行於人間的邊緣處，清醒地注視著世間的黑暗與苦難，甚至想用一己的毀滅、犧牲來喚醒世人，保持自身的潔淨。詩中的羸疾者，處在現實與理想的矛盾中，想愛而不能，想毀滅又不甘，對生命價值有著高乎常人、超出時代的憧憬與堅持，他的價值在此，痛苦也在此。對照白采的一生，以及作品中流露出的思想，必須承認，這首長詩確實是其自身經驗的寫照及心境的投射。俞平伯對此詩的評價和朱自清一樣都很高，認為「這詩是近來詩壇中傑作之一」，而其特色之

一正是「詩中主人個性明活,顯然自述其襟懷。」[51]

在詩中,白采還曾這樣自述其襟懷:「我不能談那離開人間的天國,/但也不能使人人更見有人間的/地獄!/我的工作,/只能為你們芟剔蕪穢,/讓你們更見喬皇璀璨。」(頁 234)這是何等可佩的氣度!在情感的路上,白采結婚又離婚,並曾暗戀一位邂逅的女子長達十五年,終致孑然一身,浪跡江海,四處漂泊,為情所苦,抑鬱難解,最後可能得了肺病,經常吐血,這不就是詩中的「羸疾者」嗎?只不過,因為有愛,羸疾者不再是弱者,而是有著高遠懷抱的不得志者,現實中的白采也是如此,有論者就這樣概括他的一生:「白采是一個至性的人,所以他的思想很高超,抱負也很遠大;他不但要求人性的解放,掃蕩了舊社會的積毒,並且進一步要建立一個新的,美善的未來。故他一方面嚴厲的攻擊,破壞舊社會;一方面卻熱烈地頌讚建設新世界。」[52]

當郁達夫筆下的「我」,在心中喊著「前進!前進!不要休止,不要停下來!」時,「我」就不再是一個「零餘者」;當白采筆下的「我」,高喊「為你們芟剔蕪穢,讓你們更見喬皇璀璨!」時,「我」也不再是一個「羸疾者」。在他們充滿自敘傳色彩的作品裡,我們看到了同樣的年輕人,置身於那個混亂的時代,所共有的徬徨、失落、哀愁,以及真情、至性和勇氣。

---

51 俞平伯:〈與白采書〉,收入《雜拌兒》,原由上海開明書店於 1928 年 8 月出版,此處引自北京開明出版社 1992 年重印版,頁 140-141。

52 易笑儂:〈薄命詩人白采〉,原載《暢流》第 40 卷 10 期,1970 年 1 月,此引自《絕俗樓遺集》,頁 356。

三、絕俗樓的獨語：白采古典詩詞中的情感密碼

　　想要進一步了解白采生活的片斷，特別是撥開其情感世界的迷霧，《絕俗樓遺詩》是關鍵的材料，相互參看，雖不能完全還原事實真相，甚至有可能更添幾分神秘色彩，但無論如何，透過這些舊詩詞的檢視，我們將可以更深入地走進白采的內心世界。這些白采生前手定的古典詩詞，由其好友陳南士於 1935 年輯印問世，自敘傳的寫作手法，使後人得以從中尋覓出其生前的行蹤、思想、生活與感情等方面的線索。

　　白采遺詩共二卷，分別為《自課草》、《跋珠草》，收 1910 至 1926 年間作品共 525 首；詞一卷，合《高臥集》（23 首）、《旅懷草》（21 首）及輯外 2 首，共 46 首，為 1912 至 1924 年間所作。1925 年作於漫遊途中的五言古詩〈古意〉30 首，充滿妙句奇想，對古代文人和文學有自己的追想和評價，格調清新，文氣跌宕多姿，被康有為譽為「如見嗣宗之淵放，太白之奇曠！」陳南士在〈題記〉中也稱許其詩說：「觀其所作，固未能脫去古人畦畛，而天才逸發，意境獨絕，中情鬱勃，故多真聲，其隸事遣辭，尤能自出新意。」（頁 3）對於自己的詩作，白采顯然頗為自負，曾對作於 1926 年的〈高邱行〉一詩有如下的自評：「自唐李白以來九百年無此詩，迨後二百年亦當無知者。余詩不欲淺人讀，不欲妄人評。當世若無知者則已耳，古人不可見，留待後人耳！」（頁 4）狂放之語背後實有知音難覓的慨歎。

　　至於詞作，白采則不甚滿意，甚至有「盡焚」的念頭，

填詞之難，他說：「填詞尤妙在顧及音節，分劃方善，往往按律殊失謹嚴。」因此，這些詞編定之後，「益戒不敢妄作」（頁 90）。可以說，舊學根柢甚深的他，不論作詩填詞都有自己獨到的見解。對於詞的內容，他在跋中有所說明：「前卷《高臥集》大抵跌蕩鄉里時所作；後卷《旅懷草》則羈遊湘、漢、吳、越間所作。」（頁 90）他的詞與詩多以念友、寄懷、行旅見聞和抒情為主，其情感與生平行旅在這些作品中有婉轉細膩的紀錄與表現。

前面提到〈羸疾者的愛〉是白采一次邂逅經驗的表白，他的絕情其實是重情，如果細讀其詩作，對其多情、癡情的性格就能有所體認。在白采死後的遺物中，有四包女人的頭髮，和一些女人的通信（可惜已不存）（頁 296），同樣令人好奇。在《絕俗樓遺詩》中，直接或間接透露感情生活的作品不少，特別是年輕時曾有過的一次不尋常的艷遇，似乎讓他終生不忘，寤寐思之，因而有多首詩作與此有關，尤其是 15 年間陸續所作的〈憶花詩〉8 首，更是他一往情深的明證[53]。〈憶花詩〉第一首寫於 1913 年，20 歲的白采記下了兩人邂逅的情景：「奇氣天教屬女流，飄零欲說漫含羞。逢春獨灑花前淚，蝶粉蜂黃恨不休！遶提重問舊遊園，指點珠塵宛尚在。門外如銀滿池水，匆匆曾照兩眉痕！」（頁 7）但細加推敲，白采與〈憶花詩〉中女子相遇應是 1911 年，這一

---

53 根據《絕俗樓我輩語》第 3 卷所述，白采實際上寫的〈憶花詩〉共有 16 首，棄去自覺不佳者，存者有 12 首，但收在《絕俗樓遺詩》中的僅 8 首。他說：「余辛庚後，每歲有憶花詩，率二絕句以為常，弱冠前後，藉抒騷怨之也。其詩瑕瑜互見，惟不忍盡棄，今俱存集中。……截至甲子，得詩十六首，存集者十二首。」見《絕俗樓遺集》頁 152。

年他只留下一首詩〈惆悵詩〉：「一霎娜嬛夢可疑，人間無地著相思。風鬟雨鬢如曾認，月地雲階竟許窺。芍藥多情聊可贈，彤胡有意為親炊。好憑珍重千金貌，兩槳來迎自有時。滄桑漂泊兩悲酸，邂逅情深合更難。芳澤暫親偏語澀，艷容相見早心寒。欣逢洞口桃千樹，乞與仙人藥一丸。未遣梁清同遯去，天風吹下太無端。」（頁 6）描述的正是與那名多情女子偶然邂逅又珍重分別的感傷。這段 18 歲的暗戀，竟讓他痴纏於心 15 年之久，陸續寫下〈後憶花詩〉（1914）、〈續憶花詩〉（1915）、〈三續憶花詩〉（1917）、〈四續憶花詩〉（1918）、〈五續憶花詩〉（1923）、〈六續憶花詩〉（1923）、〈七續憶花詩〉（1924）、〈八續憶花詩〉（1926），足見從 18 歲到 33 歲過世前，他始終念念不忘於這段舊情。在〈八續憶花詩〉中他寫道：「琪花瑤草散如煙，一去簫聲十五年。莫向春波照雙鬢，海山愁思正茫然。處處春山聞鷓鴣，更無歸處苦相呼。料催玉貌中年近，慚愧扁舟說五湖。」（頁 78）道出思念之苦的同時，也對自己已近中年卻仍浪跡江湖感到慚愧與悲哀。

這些詩寫得有些隱晦朦朧，一如李商隱的〈錦瑟〉詩，只知其中有著離奇傷感的艷情故事，但真相究竟為何卻只能任由後人憑空猜測。除了〈憶花詩〉，白采還有一些作品提及這段情感，如 1915 年的〈自題寫照〉：「飄搖蹤跡幾年中，憶昔清狂自不同。曾有紅妝解憐惜，鈔君詩句繡屏風。」（頁 13）又如〈訴衷情〉一詞：「櫻花時節記芳名，眾裡暗呼卿。猶憶香車初卸，妖艷動全城！人已遠，亂難平；記前情，倉皇一別，無限哀憐，紅袖飄零！」（頁 83）呼之欲出的一場

艷遇，直到白采在〈七續憶花詩〉前寫了一段不算短的題記，
才為這一系列的作品提供了較明確的線索：

> 昔卓氏得尚相如，後世稱其放誕。夫父兄不能撓，困
> 辱不能屈，則其情豈易動者可比？抑放誕非不專一，
> 明矣！往歲偶有邂逅，其人甫卸香車，城中已遍傳其
> 艷。僕因緣晤對，歷盡艱辛；彼姝常自引為愧恨，每
> 見輒涕零不已！余為譬解之再三，終莫能戢其幽怨
> 也。某先生者，方正老儒也，始一望見，亟以莊麗許
> 之，其不佻亦可知矣！孟子嘗喻少艾，某先生一顧之
> 言，固不累盛德，益徵漢皋解佩之事，迴非猥瑣儇薄
> 者流所能喻耳！雖然余亦枯槁甚矣！今方子然湖
> 海，了無異處，若說當時曾為瀟灑少年，且得名姝垂
> 睞如此，其誰信之！讀者第視為靖節閒情之辭可已！
> （頁66）

這段題記恰好為長詩〈羸疾者的愛〉和〈憶花詩〉系列
中的神祕情感事件做了部分的解密。我們從中可以確定〈憶
花詩〉的艷遇之情並非作者無中生有的浪漫幻想，〈訴衷情〉
所記的情景也是寫實，顯然兩人曾相知相惜，而這名女子的
貌美情深也深深打動了白采的心，但「她」是誰？是已婚的
社交名媛？有何難言之隱？白采的離婚和這名暗戀的女子是
否有關？這些謎團則沒有因此解開。題記中提到的「方正老
儒」和「始一望見，亟以莊麗許之」的情節，不正是〈羸疾
者的愛〉所述情景的縮影嗎？羸疾者就是白采的化身，這樣

的推論在詩詞的相互印證下應該可以成立。

　　《絕俗樓遺詩》所收集的詩詞，除了感情生活的記載外，思友、遊記和抒懷也佔了大多數。思友之作主要收在《自課草》。1919 年〈寄懷諸友〉一詩寫了羅杜芳、彭芙生、彭芸史、吳蘋青、陳蘭史（即陳南士）五人，大抵酬酢往來的知交同學不出這些人。1918 年〈喜陳蘭史自南昌歸因念北京未歸諸友〉就很能看出白采對友誼的渴望：「喜君同握手，倍覺動離情。旅食多寒士，歸裝阻重兵。漸看俱壯歲，應厭為浮名。共有青鐙約，飄零笑此生。」（頁 23）記遊之作主要收在詩卷《跋珠草》和詞卷《旅懷草》。1922 年起，白采隱姓埋名浪跡湖海，〈遠別〉一詩即是當時心境寫照：「自摩雙鬢負韶華，作客從今不憶家。珍重海天相望意，詩人漂泊是生涯。」（頁 48）此後，他四處漫遊，常熟、上海、杭州、虞山、洞庭湖、西湖、滕王閣、虎丘、烏衣巷、靈澤夫人祠、李白墓等，都曾遊歷盤桓，並作詩詠之。作於李白墓下的〈古意〉30 首，可以看出他對李白的傾慕嘆服，引為同調，「絕俗樓」的命名，正是因為相傳李白曾於四川萬縣西山上讀書，石壁刻有「絕塵龕」三字（頁 193）。抒懷之作在詩詞中俯拾皆是，對生活、美景、史事、生平懷抱等，都有具體體現，值得一提的是一些以家國憂思為題材的作品，面對二 0 年代混亂的時局，白采也曾寫下〈抱冰堂〉、〈望塵嘆〉、〈憂患〉等控訴戰爭、渴望和平的作品，如 1920 年的〈憂患〉：「吮墨和鉛意萬千，鬢毛搔短託新篇。詩人終古傷漂泊，大陸於今劇變遷。事定漸看趨至化，才高豈敢詫諸賢。不妨憂患嬰懷久，愁望誰知感逝川。」（頁 41）雖然這類作品數量

不多，但顯露出白采關心現實的一面，而非只知浪漫談情的文人雅士。

《絕俗樓遺詩》之外，白采還有《絕俗樓我輩語》的詩話隨筆，以「白采遺作」的專欄形式發表於《一般》第一卷一號、二號、三號，二卷一號、二號。這些隨筆共分四卷，內容蕪雜，以文言筆錄，有論詩見解，讀詩雜感，也有詩作酬酢，輯錄他人詩句，或自道寫詩的背景、動機與得失優劣，或敘掌故、旅遊見聞，有時也評論時局，基本上，與其詩詞創作有相互闡發的功能，在一定程度上顯示出白采的詩歌理念與文學涵養。例如《卷一》提到：「夙昔自亦愛詠花，詠花尤喜絕句，又詩中往往書花名，其初寫生題畫而已，寖以成癖，近始稍稍革之。」（頁 111）「余詠花絕句，棄稿甚多」（頁 112），可以看出他詩詞創作題材選用上的偏好；對於當時以流行語言入詩的嘗試，他也深表贊同說：「近有人甫倡用流行語創為詩體者。此舉審為我國輓近詩學一大轉鍵，其勢必將寖盛銳甚莫可遏。待之百年，必有名世之作輩出，蔚為一代菁華者，惟非所語於頑鈍拘虛淺躁者耳。」（頁 117）對作詩的體會，他也發表了不少看法，例如《卷二》提到：「幼時作詩，信筆塗抹，後始由七絕而七律五律，七古五古，按年專致力一體，繩尺如此，本極可笑。獨五絕及樂府四言，雖常學步，殊鮮愜意，遑言天才逸發，變化自如耶。故當時自以為除樂府四言外，獨覺五絕為最難。」（頁 135）自述學詩歷程。有些自覺不滿意的詩作，未收在《絕俗樓遺詩》者，白采往往以詩話隨筆的方式收錄在《絕俗樓我輩語》中，得失寸心知，他用這種方式對自己的作品做了嚴格的刪

選。可惜到目前為止，無人對白采古典詩作進行全面探究，絕俗樓的「我輩」之語，只能是喃喃的獨語了。

四、被擯棄者的吶喊：白采小說中的理想追求與失落

詩人白采的另一個身分是小說家。早在 1924 年就由中華書局出版了《白采的小說》，收短篇小說七篇，除了處女作〈絕望〉是文言外，其餘六篇都是白話小說，分別是：〈乞食〉（寫於 1921 年 5 月 5 日，發表於《東方雜誌》第二十一卷十二號）、〈目的達了？〉（寫於 1922 年 11 月 17 日，發表於 1924 年 9 月 10 日《小說月報》第十五卷九號）、〈被擯棄者〉（寫於 1923 年 8 月 14 日，發表於 1923 年 11 月 18 日《創造周報》第二十五號）、〈白瓷大士像〉（寫於 1923 年 11 月 1 日，發表於 1924 年 2 月 10 日《小說月報》第十五卷二號）、〈作詩的兒子〉（發表於 1923 年 11 月《民國日報‧覺悟副刊》）、〈友隙〉（寫於 1924 年 4 月 11 日，發表於《婦女雜誌》第十卷七號）。此外，未成冊的小說至少還有六篇，分別是〈微眚〉（發表於 1924 年 1 月 6 日《創造周報》第三十五號）、〈病狂者〉（發表於 1924 年 1 月 20 日《創造周報》第三十九號）、〈我愛的那個人〉（發表於 1924 年 3 月 10 日《文學周報》第一一二期）、〈墮塔的溫雅〉（寫於 1924 年 1 月 2 日，發表於 1924 年 3 月 10 日《小說月報》第十五卷三號）、〈侮辱〉（寫於 1923 年 1 月 29 日，發表於 1924 年 6 月 2 日《文學周報》第一二四期）、〈歸

來的瓷觀音〉（發表於《東方雜誌》，時間待查）54。由此可以看出，離家漂泊後的白采，因生活困窘，不得不積極撰稿以營生，寫作時間集中在 1921 至 1924 年間。

以目前十三篇小說來觀察，自敘傳的色彩仍是濃厚的，白采的真實生活與思想透過體驗性的表達方式，假托於一個被損害、不安寧的靈魂，寫出這個靈魂對現實、生命的詩化感受。死亡陰影的威脅與物質生活的壓迫是這些小說共有的題材基礎，而在陰影下掙扎求生、維持尊嚴、渴望超越，則是這些小說深刻的主題。和「五四」時期關心被侮辱者、被損害者、被壓迫者的思潮一致，白采這些小說正是時代的印記，同時，也是白采的理想追求與失落的痛苦呼聲。

（一）以女性視角抨擊封建禮教對婦女的迫害

以〈被擯棄者〉為例，透過一個未婚生子的少女淒涼無助的自述，道出了被封建社會禮教迫害、扼殺的「被擯棄者」的痛苦心聲。在男友要求墮胎下，少女看清了他所謂的「真愛」的謊言，堅持生下孩子後，又要面對無處不在的仇視、侮辱與冷漠，她控訴：「我沒有眼淚，我只是瞪目的直視，這世上到底是用什麼道理來統治的？他們怎能有權侮辱人，並有權侮辱我純潔無垢的小生命！」（頁 250）她吶喊：「在

---

54 趙景深寫於 1926 年 8 月 29 日、發表於 1926 年 10 月號《一般》的〈讀白采小說偶識〉一文中指出，未成冊的小說僅有 5 篇，經筆者查考還有〈侮辱〉一篇。此外，尚有一篇〈一個銀幣〉，發表於 1923 年 12 月 24 日《文學周報》第 102 期，此文以一枚銀幣的自白，敘述經過政治家、教授、貴公子、乞丐、財主、宗教家之手的遭遇，敘述方式介乎小說、寓言之間，暫時不列入小說討論。

男子是無妨的，社會對他，自有恕詞；不比我們女子，既被擯棄了，便逃不了更多的督責，除非宛轉呻吟於悲運之下以覓死，是無第二條路可許走的。」（頁 253）對於吃人的「禮教」，她更是忍不住再三抨擊，然而，這一切都挽不回她最終悲慘的下場：孩子被她從船上推下河淹死，而她精神錯亂，最後也跳河自殺了。這篇小說以少女第一人稱的日記形式呈現，只有在文末作者加了一段，表示「我拾得這一捲稿子，的確是女子寫的……我不知道伊是誰？也沒有人知道伊流落的行止。伊或者已在上帝那裡得救了！聖處女瑪麗亞定然證明伊的聖潔，赦免伊的無罪。但這是一個何等悲慘的故事呢！」（頁 259）以孤女之身對抗鋪天蓋地的封建網羅，其「被擯棄」的背後，實代表了無數同樣處境的婦女命運。

　　白采對婦女的命運有著極大的關心，他大部分的小說都以女性視角敘事，刻畫、反映的也是女性的心理，羸疾者、被擯棄者、病狂者、零餘者，從某個意義上看，都是他筆下當時女性的代名詞，這些不同女性的悲哀際遇，在二〇年代婦女解放的思潮下，顯得甚有時代性、現實感。〈我愛的那個人〉中裹小腳的薛姑娘，幼年訂親的丈夫長大後來信表示不能娶她，只寄給她一張照片，她竟斷指自誓絕不嫁人，她說：「他不愛我，只要我愛著他就是了。他是無從干涉我意志的自由，譬如我不能干涉他意志的自由一樣。」從此將這張照片「算是我一生的啞伴了」。〈微雪〉中已有三個小孩、丈夫又深愛著她的中年婦女，竟偷偷愛上了住在對面的一個年輕學生，從此「天天守住那個窗口，老是向對面偷望著」，並因此「始覺有了生的趣味」，但禮教的壓力使她不敢越雷

池一步，且因此生起病來，直到有一天，「那對面的房間，忽然已空了出來，只剩了一間空房子。」她忍不住暗暗痛哭，為這段沒有開始即已結束的「精神外遇」。這一個個封建禮教下的犧牲者、「被擯棄者」，白采以滿含同情的筆觸為她們奏出了一闋無言的輓歌。唯一的例外是〈病狂者〉。中年夫妻「病狂者」和「長悲」，和鰥居很久的方偉及其女兒嬉平友好，經常往來，後來病狂者被一所女校延聘去充當教席，應方偉之託，帶著也將上學的小女孩嬉平一同前往，結果方偉愛上了長悲，而嬉平也愛上了病狂者，透過一封吐露真情的信件，兩對戀人最後各自找到了自己的幸福。這個故事明顯違背了傳統禮教的要求，大膽而不可思議，但白采卻不忌諱地以此為題材，其不計毀譽、渴望追求真愛的強烈心理由此可以窺見。但這樣的例子畢竟不多，而且為免過於「傷風敗俗」，白采刻意採用朋友聚會聊天的方式，說著他人的故事，並以「病狂者」稱之，隱約也有向禮教妥協的意味。

（二）揮之不去的飢餓與死亡陰影

死亡的陰影在封建禮教的遮蔽下愈發幽暗逼近，除了禮教，白采感同身受的是時代亂局下無以維生的物質窮困，這讓死亡的陰影更加如影隨形，揮之不去。〈乞食〉描寫一家因欠債、子女眾多而天天捱餓，最後不得已放棄尊嚴，向施粥賑濟的財主討粥吃的故事，控訴現實的意圖鮮明，具寫實色彩。小說以一家之主的「我」為敘事者，說出自己即使天天辛勞做工，所得仍無法維持一家溫飽，甚至「一家人天天這般捱餓，簡直忘記了米飯是什麼味兒。」（頁 262）大兒

子偏偏性情執拗，「對著天天稀薄無味的菜羹，再不能下咽了。他寧可捱餓，往往隔兩三日忍著熬受。任你怎樣打，怎樣勸，他都毫不屈服。那一幅瘦瘠的面孔，也就夠你看見可怕！」（頁264）受他的影響，幾個孩子竟也跟著說：「媽媽！我也真不吃了。」幾個月內，家裡連死了兩個小孩，活著的也都病了，「我」不禁要感嘆：「世界永遠最難解決的，便是這餓肚子的問題了！」（頁268）當無力再支撐下去時，「我」只得讓大兒子到財主家去領碗粥回來吃，兒子知道這是羞恥的事，「我」也不願讓村裡的人看到，「必須等候遠村的人都走散了，才覺丟得臉下。」小說描寫大兒子鼓起勇氣出門、母親含淚無語、「我」坐立不安的情景十分深刻，令人心酸：「我們唯一擔心著路上，怕碰見了人！恰好，那廣闊的路上，只見他一個小小的人在地上移動。他那膽小走不快的神氣，在我心上，只覺比鏽鈍的螺絲釘還難轉動。……我們的手還是一下一下揮著！我似狂人失去知覺一般，只看出那遠遠地遠遠地兩個大的眼睛，露出愁慘無告的光，貫射著使我不敢喘氣！」（頁271）直到孩子快走到財主家，再次回頭向「我」試探時，「我」終於不忍心地「高慌著兩手向他慌亂招著，巴不得一刻就攬住了他才好！」而孩子也「拔起腳步，似有無數的羞赧，恐怖，侮辱，都追趕在他背後。」終於，孩子奔回家，投向母親懷裡，「我們同放聲大哭起來了。我們直這般痛哭了一天，再不提起餓不餓的事了！」（頁272）這樣的結局，至少說明了這一家人即使捱餓受飢，但起碼保住了一點做人的尊嚴，而恰恰是這樣嚴酷的考驗，更顯出保有一絲尊嚴的難能可貴。面對飢餓與死亡，白采以寧死

也不乞食的態度表明了自己反抗的決心。

　　然而，在〈墮塔的溫雅〉中，白采以「少年溫雅」自況，寫其「一生的行蹤極詭祕，但人家都知道他是一個清高之士」，他與眾不同的思想，如何一步步「不能見諒鄉里，便終年漂蕩在外」，最後從一座有名的高塔上跳下自殺而死。小說明顯有作者的真實影子，至於溫雅之死的真正原因，文中寫道：「他常自己說道：『要從這萬惡的世界裡，要把自己的靈魂超拔出來。』」（頁 284）；「他便想著只有脫棄了軀殼，方能免除罪惡。他這樣並不是頌揚死，他只是想跳出物質生活的重重苦惱，獲得人類最高精神的愉快。」（頁287）物質生活重壓的夢魘，精神生活的無法實現，不論在白采真實或小說中的人生都是悲劇造成的主要原因，在他筆下，死亡最終成為解脫與自我救贖的手段。

（三）「哀其不幸，怒其不爭」的國民性批判

　　魯迅小說的深刻主題之一是對被侮辱者、被損害者的心理有尖銳而準確的剖析，尤其是「哀其不幸」的同時也「怒其不爭」，這個批判的角度對落後愚昧的國民性無疑是當頭棒喝，白采在這一點上也有相同的認知。〈目的達了？〉中的乞婆每天唱著自憐身世的曲子，「她因為習慣了，唱著很不費事；並且自己喜歡有得唱，差不多忘卻一切。只要她的歌聲，就夠安慰自己。」（頁 274）乞婆的丈夫被拉兵不知去向，在流離的年代，她懷中抱著六個月大的小孩，小孩正吸吮著稀薄的奶汁，她坐在一富有人家後門，女主人輕聲罵著兩個小孩把未喝的牛奶打翻。兩個畫面的強烈對比，自會

令人興起對乞婆的同情，但小說結尾的一幕卻更令人震撼：
「『拿去！』僕婦高聲嚷著。她禁不住伸過手去，口中接著
還唱了一個『他』字的時候，僕婦順著手把一個大錢撳在她
掌心裡。」（頁 276）乞婆成為一個「羸疾者」、「零餘者」、
被侮辱者，雖是環境因素使然，但終日沉湎於過去，以歌聲
自我麻痺的作法，將永遠無法擺脫這種生存困境，從這個角
度看，不免要讓人「怒其不爭」了。

　　被侮辱卻不自覺，麻木而不思抗爭，在〈侮辱〉這篇小
說裡，白采狠狠地撕裂開這些不幸者令人痛心、憤怒的人性
傷口。〈侮辱〉中的「他」是「一個被人看作蠢材的奴僕」，
愛打瞌睡且不易醒，曾被人用木板搬到遠遠的馬路邊，卻仍
睡到天亮，大家都以取笑他為樂，可是，「他的意念是極易
滿足的；在他的頭腦裡，從不覺自己也算是一個人類，所以
他雖受了這樣慘刻的磨折，絕不計較及是有生命的危險。只
當同伴都是比他聰明的人，便應該這樣玩玩罷了。」有一天，
他白天又打瞌睡，同伴在他臉上畫黑圈，叫醒他，騙說主人
找他，結果主人一見愕然，打了他耳光，叫他去照鏡子，「這
當他未照鏡子以前，自然是莫名其妙；但等他照過鏡子以後，
卻又沒有什麼感想了。」小說的結尾令人好氣又好笑，但更
多的是悲哀和憤怒混雜的複雜感受。

（四）帶著不絕的希望向人間告別

　　白采小說中的人物幾乎都以悲劇收場，字裡行間瀰漫的
是一股對現實世界感到失望與悲觀的色彩，然而，在悲觀中
似又未完全絕望，趙景深指出，白采對社會尚未至十分「絕

望」，全靠他「悲觀中寓有萬分之一的希望」[55]。小說〈絕望〉描寫一個人在深山中見到「光明之神」，心想追隨，但身體已「疲荼莫狀」（頁 342）！在黑暗中對光明雖有一些煩懣，但終將朝光明走去；〈友隙〉則描寫長年遠遊的虞邁倫，幼時在家鄉與友人因小事而衝突、猜沮，見解上不相諒解，於是忍痛離開，「開始過漂泊的生活」（頁 291），但心中始終牽掛著這些朋友，尤其年紀越長，病痛纏身，他覺得「不甘心便這樣老死」，「他還是認為事實縱然有限，希望仍可無限」，「他不信世界是完全這麼淡漠的，他以為凡事都該有最後挽回的希望。」（頁 292）於是，他決心回故鄉訪友，但所見都是不認識、不相干的年輕人，「他於是悵惘了，悲哀了，簡直是癲狂了！」（頁 294）最後，他見到「一個白鬚的人跨在馬上跑來」，他一心認為這就是他幼時的玩伴，迎向前去，結果被馬踏死了！死前，他面露微笑，「躺在地上，帶著他不絕的希望，不再向世人作聲響了。」（頁 295）因著不絕的希望，他還是微笑著向人間告別。

在另一篇小說〈白瓷大士像〉中，主人公「我」因為要展開漂泊的生活，不得不設法割愛唯一心愛的白瓷大士像，想找人代為寄藏，思前想後，母親、母親的女友、曾愛過的伊、鄰村女孩等都有種種的顧慮而無法託付，最後，「還是自己起來立定志願，帶著這可愛的大士像，無論渡過荒山遠海，遇見驚飆駭浪，我決不捨棄，一同去過漂泊的生活罷。我並起誓：便是發生什麼危險，寧可先犧牲我自己，只要保

---

[55] 趙景深：〈讀白采小說偶識〉，《一般》月刊 1926 年 10 月號。

全我這唯一心愛的美術品，務須使伊得著我生命以上的永存。」（頁 282）然而，這原來只是「我」在酒後所做的夢罷了，是「我十年前不曾真個買得的一件美術品，至今老是惋惜著。」於是，「我醒了的空虛的心，正感著荒渺的前途」，看似絕望，但「我」仍決定「從此只把這一個白瓷大士像，還存在我嚴閉的想像裡，一直向我永遠飄泊的路上。」（頁283）假如將這白瓷大士像視為白采藝術理想的化身、對純淨的美的永恆追求，那麼，小說要傳達的意旨就很耐人尋味：一件不曾擁有的物品，是空虛，但卻又不曾失去，是空虛背後仍存的一絲希望。看似絕望，卻又不是真正絕望，在現實世界與藝術理想之間，作為一個漂泊者，白采的苦苦掙扎，確實有著令人感慨與思索的深刻意義。

五、「羸疾者」成為「被遺忘者」

只要曾經存在，只要還有想像，那麼，看似空虛，但並不完全空虛；看似絕望，卻又不完全絕望。白采小說的深刻性，讓人不禁想起魯迅在《野草·題辭》中所說：「過去的生命已經死亡。我對於這死亡有大歡喜，因為我藉此知道牠曾經存活。死亡的生命已經朽腐。我對於這朽腐有大歡喜，因為我藉此知道牠還非空虛。」在另一篇文章〈希望〉中，魯迅也說：「希望，希望，用這希望的盾，抗拒那空虛中的暗夜的襲來，雖然盾後面也依然是空虛中的暗夜。」[56]明知

---

56 魯迅《野草》一書最早由北京北新書局於 1927 年初版。本文所引出自《魯迅全集》（北京：人民文學出版社，1993），〈題辭〉見 159 頁，〈希望〉見 177 頁。

是無謂的對抗，但對抗的姿態本身就是有意義的，即使看不到光明，仍要向光明走去。白采死於急症，而非自殺，正因為他對現實人世仍抱著萬分之一的希望。趙景深曾描述過在立達學園教書時白采房間裡的骷髏頭，說白采時常對著骷髏頭端詳許久，「你若在門隙看見他房裡墨墨黑的，一個黑影動也不動的坐在椅上，對著一個圓的東西，彷彿一個老和尚參禪，這又是他在那裡研究他自己的『白采哲學』了。」[57]與死為伍，凝視死亡，白采似乎早已經看穿生死，看淡名利，但他並不因此頹廢消沉，作為一個羸疾者、漂泊者、零餘者，他有自己的捨棄，也有自己的堅持。

　　白采的作品充滿自敘傳色彩，新詩、舊詩、小說都有自己的身影。長詩〈羸疾者的愛〉道出他漂泊人世的心境，對愛情理想的態度；大量的舊詩更隱藏著他真實人生的情感符碼，其實白采主要的精力是放在舊詩上，其數量遠遠超過新詩，而這些詩詞之作記錄了他的生活、遊歷、思想與夢想；至於小說，他喜用第一人稱來寫作，〈我愛的那個人〉和〈被擯棄者〉表面上使用第三人稱，但作者的敘述語言極少，大部分仍是小說主人公在說話，用的還是第一人稱。至於〈墮塔的溫雅〉，可以說大半是他的自傳。透過這些作品，我們不僅看到白采短暫卻精采、複雜的一生，同時也看到一個近代知識分子面對時代、生活雙重煎熬下，徬徨無地的心情，浪跡人生的選擇，以及從中顯現出的坎坷、幽微、悲涼的精神歷程。

---

57 趙景深：〈白采之死〉，《我與文壇》（上海古籍出版社，1999），頁135。原載 1926 年 8 月 15 日《文學周報》第 238 期，原題為〈白采〉。

　　白采的一生，自逐於紛紜之外，如其作品所述，是個踽踽獨行的漂泊者，行盡天涯的異鄉人，也是四處尋夢的流浪者。在「立達文人群」中，他的作品數量不算多，但他為現代文學史的長廊，提供了「羸疾者」、「被擯棄者」、「病狂者」等別具典型意義的人物形象，也許藝術上還不夠成熟，但和郁達夫的「零餘者」一樣，都是在自己的切身體驗中輾轉賦形，充滿個人化的詩性象徵，同時也都由個人的苦悶反射出社會的苦悶，是新文學發軔期的時代產物。他的一生，早已被人遺忘；他的作品，也沉埋於歷史煙塵久矣。「羸疾者」成為「被遺忘者」，不論從文學的藝術或史料角度來看，這都是有欠公允的遺憾。

第五章　開明夙有風：開明派文人

第一節　「開明派文人」的文化理念及其出版實踐

　　20 世紀初期，中國現代編輯出版事業的蓬勃發展，直接促進了中國的現代化進程，尤其是一批由深具理想性的知識分子所主持的出版機構，為現代文明的建構營造了充滿人格理想的文化陣地，也開闢了一條傳承知識分子精神品格的重要途徑。1926 年 8 月 1 日正式成立於上海的開明書店，就是這樣一家始終貫穿著知識分子人文精神的出版機構。1953年，開明書店與北京青年出版社合併為中國青年出版社。從成立到合併的二十七年間共出版各類圖書一千五百餘種，其中教科書約二百五十種，此外還編輯發行十六種期刊。這些出版物以其內容新穎、態度嚴謹、裝幀精美而獲得社會好評，被譽為是一個有特色、有貢獻、有影響的出版社。它是由章氏兄弟 —— 章錫琛、章錫珊合辦的，初期不過是五、六人的小書店，資金也只有五千元，卻能在不到十年的迅速發展後，躍升為與商務印書館、中華書局、世界書局等創業已久的大

書店齊名的「六大書店」之一，到 1927 年時已有資本三十萬元。它的經營之道，對今天的出版界仍有一定的借鑒意義。它的文化理念和文學理想，至今看來也有值得學習效法之處。

所謂「開明派文人」，是指三、四〇年代以開明書店為中心，實際從事文化啟蒙、文學教育、藝術推廣之教材編寫、文藝創作的一批學者、作家和教師，主要核心人物有夏丏尊、葉聖陶、顧均正、趙景深、豐子愷、錢君匋、傅彬然、賈祖璋等人，其中又以夏、葉二氏為骨幹。這批文人多為思想開明，作風樸實，文化涵養深厚，教學經驗豐富，關懷社會現實，不務玄虛空談，但求點滴有成，兼具理想與務實的知識分子。葉聖陶早在抗戰時期為開明書店同仁組織的「明社」寫的社歌中就提到：「開明風，開明風，好處在穩重。處常足有餘，應變有時窮。」[1]後來又在開明書店成立二十週年時賦詩一首云：「書林張一軍，及今二十歲。欣茲初度辰，鑄金聯同輩。開明夙有風，思不出其位。樸實而無華，求進弗欲銳。惟願文教敷，遑顧心力瘁。此風永發揚，厥績宜炳蔚。以是交勉焉，各致功一簣。堂堂開明人，俯仰兩無愧。」[2]此詩具體而微地提到「開明人」願在文教事業上盡心，以穩重、樸實、認真之「開明風」彼此勸勉，以求無愧，堪稱「開明派文人」的最佳註腳。隨著開明書店事業的發展，「開明人」

---

1 明社是開明書店內部的一種同仁組織，主辦推動同仁業餘學習和康樂活動的工作，最初只在桂林試行，以後漸次推廣到各地，成為全店性的組織。其宗旨為團結全體同仁，維護書店的事業。社歌的記載見於王知伊，〈開明書店紀事〉，《開明書店紀事》（山西：書海出版社，1991），頁 92。

2 此詩為葉聖陶於 1946 年為開明書店 20 週年所撰的紀念碑辭，見中國出版工作者協會編，《我與開明》（上海：中國青年出版社，1985）扉頁。

與「開明風」的內涵不斷獲得充實與發展，不僅成為凝聚開明同仁情感與思想共識的力量，也形構出開明書店特殊的經營風格，而開明派文人的精神品格，不論當時或以後，對知識分子的出處進退、人生價值取向的選擇，都具有一定的啟發性。

「開明派文人」的形成，不以正式的社團為中心，也不是這批文人有意識的追求，而是因緣際會下，共同以書店為陣地，雜誌刊物為媒介，發表文章，出版書籍，宣傳理念，擴大影響，從而形成一個在思想藝術上具獨特性的文學社群。過去的文學史論述，多以正式社團或主流流派為主，對類似「開明派文人」的注意十分薄弱，這使得文學史著作雖有多種版本，卻在結構框架和審美視角上陷入過於一致性的單調陳套中，這種現象對現代文學史學科的整體發展自是一種缺憾。本文試圖對其文化理念與出版實踐做一綜合概括與意義探掘，相信對此一文學史邊緣現象的勾勒將有助於現代文學流派研究的深入拓展。

一、開明之人做開明之事：開明派文人的精神品格

「開明人」與「開明風」是葉聖陶首先提出的，這個說法顯然得到文化界、廣大讀者的認同。抗戰勝利後，上海就有報紙把開明書店的編輯、作、譯者稱為「開明派文人」。當呂叔湘到開明書店工作，有一報紙鄭重其事地加以報導云：「開明派文人又添大將」，足見「開明人」這個無形的文人群體，受到社會的矚目。這個鬆散的文人群體，一般認

為有夏丏尊、葉聖陶、章錫琛、胡愈之、徐調孚、宋雲彬、
傅彬然、丁曉先、王伯祥、朱自清、豐子愷、錢君匋、劉薰
宇、白采、顧均正、賈祖璋、周振甫、趙景深等人，此外，
朱光潛是開明書店發起人之一，王統照 1940 年在開明書店工
作過，他們也自稱為「開明人」。葉聖陶對開明書店的成立
有一生動的描述，他說：「開明書店是一些同志的結合體。
這所謂同志，並不是信奉什麼主義，在主義方面的同志，也
不是參加什麼黨派，黨派方面的同志。只是說我們這些人在
意趣上互相理解，在感情上彼此融洽，大家願意認認真真做
點兒事，不求名，不圖利，卻不敢忽略對於社會的貢獻：是
這麼樣的同志。」[3]他於 1930 年應章錫琛之邀，辭去商務任
職，改任開明編輯，「因為開明裡老朋友多，共同做事，興
趣好些。」[4]強調的是「興趣」、「意趣」、「感情」的「理
解」、「融洽」，說明了「開明派文人」是一個自然形成、
組織鬆散的文人集合體，是朋友志趣相投的結合，既不以企
業經營為號召，也不以社團流派自居，而主要是一種印象與
形象，是他們經過一段時日的努力與成果累積後所獲得的社
會認同與品牌信譽。

　　「開明」一詞，兼有開通明理與「啟蒙」（enlightment）
雙重內涵。以文化教育為手段，使國民（特別是青年學生）
脫離蒙昧、達到開明的狀態，可以說，開明書店從誕生之初

---

3 葉聖陶，〈開明書店 20 週年〉，《葉聖陶集》（江蘇教育出版社，1989）
　第 7 卷，頁 224。
4 葉聖陶，〈略敘〉，《葉聖陶研究資料》（劉增人、馮光廉編，北京十月
　文藝出版社，1988），頁 121。

就帶有鮮明的「文化啟蒙主義」色彩。開明書店成立的本身就是一次新舊文化之爭下的產物，準確地說，它是「五四」的產物。長期擔任開明書店編輯的宋雲彬就指出：「沒有『五四』運動就不會有人提出婦女問題來討論，那麼開明書店的創辦人章錫琛先生，就不會因談新性道德和辦《新女性》雜誌被商務印書館解職，他將一輩子在商務當個編輯；而同時在『五四』以前，像開明這樣的新型書店根本辦不起來，即使辦起來了，也不可能發展，更不可能長期存在。」[5]可見「五四」新文化運動思潮所造成的時代氛圍，正是開明書店能夠誕生、發展的思想條件。章錫琛被商務辭退一事，在當時被認為是新舊文化鬥爭下的結果，章錫琛所創辦的《新女性》雜誌和開明書店，遂被視為傳播新文化的陣地，很多讀者或作者之所以支持開明書店，其實是支持它鮮明的新文化、新文學的特點和傾向。如女作家陳學昭因為章錫琛主編商務印書館《婦女雜誌》時經常發表有關「婦女解放」、「男女平等」的文章而和章錫琛通信，後來章錫琛被迫離開商務，另起爐灶創辦《新女性》時，「每個人拿出五元，記得大約有四、五十人參加，我也是參加者之一，拿這筆聚攏來的錢作為第一期的印刷費用。而我們這些參加者都要為《新女性》義務寫稿。」[6]湖畔詩社的詩人汪靜之也是從反封建禮教的新文化觀點大力支持開明書店，他說：

　　我是女權運動的擁護者，反封建禮教的積極分子，我

---

5 宋雲彬，〈開明舊事〉，《文史資料選輯》第 31 輯，1962 年 7 月。
6 陳學昭，〈我和《新女性》〉，《我與開明》，頁 11。

　　的詩集《蕙的風》裡戀愛詩中雙方都是平等相待的，
　　沒有男尊女卑的蠻性的遺留。我對章錫琛提倡女權是
　　讚賞的，對他被辭退是同情的。

　　章錫琛自籌資金開了開明書店，資金不足，有不少友
　　人出資入股支援。我就把反封建禮教的小說《耶穌的
　　吩咐》交開明書店出版，隨後又交了詩集《寂寞的
　　國》，兩書都不馬上支稿費，出版後也不取版稅，而
　　把版稅全部入股，算是表示支援。[7]

　　「五四」運動使中國的文化界分為新舊兩派，影響所及，
出版界也分為新舊兩派。舊派出版家多為商人，思想偏於保
守，因此在「五四」初期，許多宣揚新思潮的著譯文稿，缺
乏印行的管道。作家們不得不想方設法爭取出版的機會，於
是由作家自辦書店來出書、發行刊物便成了那時盛行的風
氣，如北京大學的新潮社出版部，李小峰創辦的北新書局，
俞平伯的樸社出版部，章錫琛的開明書店都是這一類的新型
出版機構。開明書店之所以大規模地出版各種新文學作品[8]，
又有計劃地透過一系列國文教科書和輔助讀物，系統地介紹
各種新文學的理論、主張、技巧、知識，為新文學的傳播做

7　汪靜之，〈我怎樣從擁護女權當上了股東〉，《我與開明》，頁88。
8　根據葉桐的統計，1926年到1952年，開明書店出版了千餘種圖書，文學
　類圖書的比例高達三分之一，而在四百餘種各類各體的文學圖書中，新文
　學的作品就達184種，佔文學類的42.2%，佔圖書總數的14%。184種新
　文學作品中，有中長篇小說34部，短篇小說集40部，散文集7部，詩集
　18部，話劇25部。參見葉桐，〈新文學傳播中的開明書店〉，《中國現
　代文學研究叢刊》1999年第1期，頁203。

了扎實的奠基工作，體現的就是新文化、新文學建設意識。

　　開明書店與時俱進的文化傾向和支持新文學的獨到眼光，說明了「開明人」的特質與立場。這種特質與立場的形成，與「開明人」的成員背景脫離不了關係。大體而言，「開明人」的主要構成來源有四：立達學會會員、文學研究會會員、商務印書館的一批同事，以及與開明同仁中有種種關係的人，包括同學、同鄉、師生、朋友、親戚等。立達學會是1925 年 3 月在上海成立的文人團體，成立的目的是要共同支持符合自己教育理念的「立達學園」，學會以「修養人格，研究學術，發展教育，改造社會」為宗旨，夏丏尊、豐子愷、匡互生、劉薰宇等為主要發起人，成立時有會員葉聖陶、章錫琛、朱光潛、朱自清、王伯祥、周建人等五十一人，開明書店成立後，立達學會會員很多成為開明的成員和撰稿人，學會的同仁刊物《一般》月刊就由該會編輯，交給開明出版，彼此的密切關係不言可知。新文學社團「文學研究會」的機關刊物《文學週報》，也是交由開明出版，其會員葉聖陶、郭紹虞、沈雁冰、耿濟之、孫伏園等都與開明關係深厚，很多會員都將作品交給開明出版，構成開明書店一支重要的作者隊伍。商務印書館中一批倡導新文化的同事，則是支持開明的另一股重要力量，正如葉聖陶所言：「稍後創辦的幾家出版業，如中華、世界、大東、開明，骨幹大多是從商務出來的。」[9]除了創辦人章錫琛，先後由商務轉到開明工作的就有葉聖陶、王伯祥、徐調孚、宋雲彬、郭紹虞等，他們的投

---

9 葉聖陶，〈我和商務印書館〉，《葉聖陶集》第 7 卷，頁 261。

入與貢獻，使開明事業蒸蒸日上，對「開明人」形象的構成與建立，功不可沒。最後一種來源是與開明同仁有種種關係者，且不說經理部門中不少沾親帶故者，僅編輯部門，如葉聖陶與王伯祥、郭紹虞是蘇州小學時代的同窗好友，夏丏尊與豐子愷、傅彬然、賈祖璋等在浙江第一師範有師生之誼，顧均正是唐錫光的老師等，這樣的關係使這批「開明人」因緣際會地聚在一起，共同為「開明派文人」的發光發熱盡心盡力。儘管「開明人」的成員身分、背景有所不同，但大多為編輯與作者，也是新文學、新文化的支持者，有著相近的出版理念與教育使命感，主張以文學、文化、藝術為媒介，為開啟民智、教育青年貢獻心力，做開明之事。這些書生、作家、學者、教師，後來都成了新文學史上值得記上一筆的人物，他們憑著一股熱誠先後來到開明書店，讓自己成了「開明人」的一個重要組成部分。

　　「開明人」的特點在時人與後人的諸多評價中逐漸凝塑成形，如丁玲說：「負責編輯的先生們是有思想的，對讀者是負責任的。他們不趨時，不務利，只是要為祖國的文化事業貢獻力量」；黃裳稱他們為「典型的中國知識分子」，「他們都是很有學養的人，但沒有誰矜才使氣，又都是那麼踏實、平易，默默地進行著平凡切實的工作，三十年來做出了巨大的成績。」當時也有人在報刊撰文稱許「開明人」：「我所謂『開明人』就是這樣一種人：樸質、篤實、孜孜不倦從事學問的研究，他們研究所得的點點滴滴，都貢獻給社會，替

下一代青年開了先鋒。」[10]這些評價從不同面向建構出「開明人」在精神品格上的共同特點，那就是：他們都具有一定的文化學養，且都有學校任教經驗，思想開明，平易待人，對工作嚴謹認真，對後輩樂於提攜，不汲汲於追求名利，一心希望在青年教育、文化事業上有所貢獻。為了達到這個目標，他們勤懇著述，一絲不苟，既走著自己文化理想的踏實道路，又不脫離現實，和社會脈動與時代需求緊密結合。正是這樣的人格特質，使他們能聚集到這家小書店裡，默默耕耘出充滿人文氣息、人格風範的一方天地。

　　這些「開明人」人格特質的敘述也許有些抽象，但以下許多事例將可以使這些形容詞具體而生動起來。1945 年，教育部指定開明書店編寫《初中本國地理課本》作為全國通用的地理課本，書成後須送請教育部審查後才能出版。但在政治考量下，教育部要求在書中增加一些不屬於地理學科範疇的內容，否則即不予通過。負責審閱的葉聖陶獲悉後氣憤地表示：「教材應當是確實可靠的，我們不能『指鹿為馬』的欺騙學生。『國定課本』這塊金字招牌我們不要，也不能把既無科學根據、又不屬地理範圍的宣傳品硬塞到地理課本裡濫竽充數！」隨後函告教育部另請高明編寫。[11]寧可捨棄「國定課本」這塊可以大賺其錢的招牌，也不肯降低出版物的科學性、正確性，「開明人」實事求是、剛正不阿的氣節於此

---

10 上述所引丁玲之說見其〈感謝與祝福〉一文，收於《我與開明》，頁 17；黃裳之說見其〈關於開明的回憶〉，收於《我與開明》，頁 46；至於當時報刊之文是指寒山子，〈從報社到書街〉，《前線日報》，1946 年 4 月 29 日，轉引自章士敫，〈章錫琛先生傳略〉，《我與開明》，頁 177。
11 此事詳見田世英〈飲水思源憶開明〉一文，《我與開明》，頁 75。

可見。為了服務當時為數甚多的失學青年，開明書店一度開辦函授學校，為此編寫了一套中學教育程度的函授講義，書店的主要成員都參加這項有意義的工作。他們每月批改學生的練習、作業，答覆各種疑問，熱心而積極，並設有獎學金、貸金，幫助一些優秀青年求學。以民間書店的艱難維持情形，開明書店把教育放在第一位的精神和一般唯利是圖的商業經營是有著明顯不同的。信譽是出版社的命脈，開明對作者的信譽保證之一，是絕不拖欠稿費。冰心在 1944 年透過巴金給了開明《關於女人》的書稿，之前她曾被其他出版社騙說銷路不佳而不付稿費，但自從給了開明以後，「即使我遠在日本期間，開明書店也照期不誤地給北平的謝家寄去稿費！」[12] 這看似一件小事，但幾十年的堅持就成了一種難得的風範，正是這樣的信譽，打造了「開明」的金字招牌。

　　和葉聖陶一起負責編輯《中學生》雜誌的傅彬然，也展現了「開明人」堅持原則的編輯基本方針，例如抗戰時期《中學生》在桂林復刊，內容政治性較強，反映現實的文章較多，這本是因應抗戰特殊的時代背景所致，和戰前《中學生》在內容上偏重各種學科知識的介紹不同，因此當國民黨當局警告《中學生》不要多談政治時，葉、傅兩人都不予理會。但是，抗戰勝利後，有不少人主張《中學生》應繼續強化政治性，減少學科輔導性文章時，傅彬然卻認為應該回歸到這份刊物的宗旨，即教育與文化的使命。《中學生》如此，整個開明書店的出版方向也是如此，在夏丏尊、葉聖陶、傅彬然

---

12 冰心，〈我和「開明」的一段因緣〉，《冰心全集》（卓如編，福州：海峽文藝出版社，1994）第 7 卷，頁 543。

等「開明人」的理想堅持下，以出版中學生課本和課外讀物的出書方針始終不變。文化即是教育，教育即是生活，而教育與文化主要以青年為對象，這個一貫的堅持，使開明書店樹立了清新的形象與良好的口碑，而「開明人」在讀者心目中也建立起崇高的聲譽，歷久不衰。

二、夏丏尊與葉聖陶：「開明風」的奠基者

所謂「開明風」，一方面指「開明人」待人處事的氣度與作風，一方面也指開明書店在出版經營上的方針與風格，這種作風與風格，有人稱為「開明氣息」，且歸納出以下三點：第一是不迷信「本本」和「長上」，也就是思想上不受教條主義和個人崇拜的束縛；第二是不務虛名，不隨潮流起鬨，孜孜不倦地從事於一些自己能辦到的有益於群眾的事情；第三是廣結善緣，沒有門戶之見和宗派作風。也因此，「在社會上取得比較廣泛的好感和贊助」。[13]曾在商務、開明工作過的資深編輯張明養則將開明書店的傳統與特點概括為「開明精神」，認為「開明書店的編輯出版方針，的確體現出開明精神」，「開明書店在我的印象中，似乎處於兩者之間，既不是保守的，也不是非常激進的，而是進步的、『開明』的，也可以說是一種『開明』精神。」[14]至於作家柯靈則有一文〈開明風格〉說道：「人有人品，文有文品，書店也應當有品。……開明書店品格鮮明，獨具一格，扼要地說，

---

13 孫起孟，〈開明氣息〉，《我與開明》，頁70。
14 張明養，〈從我與開明的關係談到開明精神〉，《我與開明》，頁227。

是謙遜懇切，樸實無華，有所為而有所不為。」[15]不論是「開明精神」、「開明氣息」，還是「開明風格」，他們都描述出開明書店的特點是穩重、從容，守常而又有創造，與時俱進，把圖書出版視為教育事業來辦，嚴肅認真，一絲不苟，力求實事求是，不譁眾取寵，與政治保持適當距離，但面對國家危難，他們也表現出明辨是非的正義感和愛國心。這種精神與氣息，在當時的出版界，確實顯現著自己獨特的風格。

　　開明精神的建立與發揚，都與夏丏尊、葉聖陶有關。不誇張地說，「開明人」和「開明風」的形成，實質上得歸功於他們兩人。夏、葉二人先後長期擔任開明書店編譯所所長，相關書籍的策劃出版均出自二人之手，並以他們為中心，結合了一批理念相同的作家群，從而使開明書店的聲望日漸提昇。當我們說「開明人」時，最佳的代表就是他們二位。當我們說「開明風」時，首先浮現的也是他們二位的形象與風範。夏、葉二人的文學品味、文化品格，和開明書店風格的凝塑有直接而深入的關係，稱他們為「奠基者」並不為過。「開明風」的精神體現主要在以下幾個方面：尊重作者，幫助作者，以誠相待；支持年輕作者，提攜後進；在編校、出版上落實「為讀者」的精神；不求名，不圖利，力求對社會有貢獻。夏、葉二人在主持書店工作的身教與言教上都兢兢業業地予以實踐，數十年如一日。所謂「文如其人」，其實店也如其人，開明書店的風格，正是開明主持人風格的表現。從這個意義上說，開明之風，其實就是夏、葉之風。

---

15 柯靈，〈開明風格〉，《柯靈文集》（上海：文匯出版社，2001）第 3 卷，頁 122。

　　夏丏尊自 1926 年進入開明書店工作，直到 1946 年病逝，都沒有離開過開明書店，或編或寫，長達二十年。開明書店以青年讀物為出版方向，以語文教育為中心，這個正確而深厚的基礎是他奠定的。他先後主編《一般》月刊、《中學生》雜誌，又擔任《新少年》、《月報》雜誌社社長，同時與劉薰宇合編《文章作法》，與葉聖陶合編《文心》、《文章講話》、《文藝論 ABC》等，均曾風行一時。夏丏尊的個性謙和，待人以誠，具有一種「磁性人格」，號召力強，交游亦廣，開明書店的茁壯成長，夏丏尊投注了不少心力。他在白馬湖畔蓋了「平屋」，這不僅是指簡單的平房（而非樓房），另外也暗寓了平凡、平淡、平實之意。他的《平屋雜文》，筆調質樸，娓娓道來，如老友談心，雋永文風與溫雅人格一致。一邊流淚一邊翻譯的《愛的教育》，更成了很多學校指定的課外書籍，暢銷不輟，十餘年間印行了一百版左右。

　　夏丏尊藹然長者的形象是突出的，許多與他接觸過的人都難以忘懷。與他共事過的傅彬然說：「夏先生所以這樣受人崇敬，從根本上說，自然由於夏先生的整個人格的感召。其實，夏先生那種出於衷心，毫無做作的對人關切，處處替人著想的態度，就已經使人深感溫暖，永遠不能忘懷了。」[16] 范泉也回憶道，他翻譯日本小田岳夫的《魯迅傳》，交給開明出版，夏丏尊熱情接待，並答應出版，等到最後校讀時，夏丏尊已過世，他說：「當我打開紙包，把我的譯稿一頁一頁地看去，赫然呈現在我面前的，竟是丏翁不止一處地代我

---

16 王知伊，〈一個平凡、篤實而又偉大的人〉，《開明書店紀事》，頁 52。

修改的手跡！這使我回想到 1944 年第二回看望丏翁時的那次教導。他指出我譯文的毛病，卻為了避免我喪失信心似的，沒有把譯稿退還給我，而是由他自己細心細緻地一一修改。這要花費丏翁的多少時間和精力啊！」這種扶持後輩、認真負責的工作態度，看似平凡，卻格外令人尊敬。

　　同樣在開明工作長達二十年之久的葉聖陶，他的編輯思想和出版理念成為「開明風」最具體生動的典範。他把出版事業看做是教育事業、良心事業，這就決定了他經營開明的方式與理念，他說：「我們有所為有所不為：有所為，就是出書出刊物，一定要考慮如何有益於讀者；有所不為，明知對讀者沒有好處甚至有害的東西，我們一定不出。這樣做，現在叫做考慮到社會效益。我們絕不為了追求經濟效益而不顧社會效益，我們絕不肯辜負讀者。」為什麼能始終如一地堅持這個信念呢？葉聖陶解釋說：「開明書店的讀者主要是青年和少年，因而我們認為，我們的工作是教育工作的一個組成部分，一個不可缺少的重要的組成部分。我們做的工作就是老師們的工作。我們跟老師一樣，待人接物都得以身作則，我們要誠懇地以平等的態度對待我們的讀者，給他們必要的條件，讓他們成長為有益於社會的人。我們當時的確是用這樣的準則來勉勵我們自己的。」[17]正是這樣的出發點，使他對自己的工作崗位充滿了使命感與責任感，不敢一日懈怠，他的人生態度、工作精神、學養見識、審美追求等，也在一日復一日的勤勉付出中，點滴化為「開明風」的主要內

---

17 葉聖陶，〈開明書店創辦 60 週年紀念會上的講話〉，《葉聖陶集》第 7 卷，頁 329。

涵，而他也成為「開明人」的最佳詮釋者。劉嵐山的描述就生動地說明這一點：

> 無論是教書或寫作，無論是處理個人生活或主持開明書店的編輯事務，葉聖陶先生都在表示出中國讀書人所特有的樸實，耿直，坦率，負責的氣質與性格。他經年穿著粗布中裝，腳上的布鞋是家裡做的，剃著光頭，老老實實地像個鄉下人，不大歡喜談話。在書店裡和同事們一同工作一同休息，這個世界的繁華好像與他無關一樣；但是，他卻比任何口頭喊著關心別人而實際上只關心自己的人都要關心別人一點，這不要說別的，開明書店之忠實於讀者，從不出版一本很壞的書給讀者，甚至連一本於讀者無益的書也不經售，就是一個很好的證明。[18]

　　基於出版即教育的理念，葉聖陶在開明主要的工作是編寫國文課本，推廣語文教育，陸續編寫了《開明國語課本》、《初中國文教本》、《開明新編高級國文讀本》、《開明文言讀本》、《兒童國語讀本》等在文化界、教育界影響廣遠的書籍，一起合作的夏丏尊、郭紹虞、朱自清、呂叔湘、覃必陶、周予同等人，都是當時最傑出的語文教育專家，他們在自己多年從事語文教學的經驗基礎上，編寫一系列提高語文教學的指導讀物，對語文教學現代化、規範化的貢獻是有

---

18 劉嵐山，〈葉聖陶與開明書店〉，《葉聖陶研究資料》，頁 148。

目共睹的。劉增人說得好：「葉聖陶的語文教學活動，往往
是和夏、朱、呂、周等朋友協同來做，更廣義地看，應該說
是開明同仁的群力與共識。集體的智慧，集體的貢獻，是群
體化的結晶，使葉聖陶這一系列著述、一系列活動，成為現
代文化史、教育史、出版史上高標獨創的模範，既前無古人，
更後啟來者，哺育著一代一代語文教師和語文工作者。」[19]雖
然開明書店的成就，葉聖陶居功厥偉，但他始終把這份光耀
歸諸於整體「開明人」，他在 1985 年開明書店六十週年的紀
念講話中就說：「提到開明，大家都說這個書店辦得還不錯，
而且總要提到我，好像辦得不錯都是我的功勞。其實不是這
樣。……開明書店還能給讀者留下一點兒印象，是這許多人
共同努力的結果。其中有我的一小份，只是一小份而已。」[20]
這正是典型的「開明風」，功成不居，為一致的主張認真嚴
肅地埋頭做去，一旦有成，仍虛懷若谷，平常以對。夏、葉
二人，開啟一代學風，澤被青年無數，以自己的學養、人格、
風範，奠定了為人稱道的開明風度，曾經擔任《中學生》編
輯工作、受過葉聖陶直接薰陶的歐陽文彬說：「他的言教身
教使我認識到編輯這一行的神聖使命。屈指算來，我在這個
崗位上也已經幹了三、四十年。我常把葉老教給我的東西轉
授給青年作者們。當我看到這些東西在更多的青年作者身上
發生作用的時候，簡直比自己有所長進還要高興。」[21]從這

---

19 劉增人，《山高水長 —— 葉聖陶傳》（台北：業強出版社，1994），頁 126。
20 葉聖陶，〈開明書店創辦 60 週年紀念會上的講話〉，《葉聖陶集》第 7
　　卷，頁 328。
21 歐陽文彬，〈打開文藝寶庫的鑰匙 —— 代編後〉，《葉聖陶論創作》（上
　　海文藝出版社，1982），頁 565。

段話中，我們看到了葉聖陶精神在歐陽文彬身上的傳承，「開明人」的作風與理念，「開明風」的內涵與特質，看來仍將在後來者身上繼續沿襲，不斷充實增長。

三、樸實無華，惟敷文教：開明派文人的文化品格與出版實踐

　　開明派文人的文化品格具體表現在他們的出版實踐中。所謂「開明風」，最簡潔有力的說明就是出版的圖書與刊物。幾十年的堅持，上千種的圖書，就是「開明風」最直接真實的呈現。柯靈對此欽佩地說：「主持人不但多是名家學者，精通出版業務，而且有一致的目標，共同的理想。開明出版的書，選題有方向，有重點，而豐富多樣，琳瑯滿目；但在篇帙浩繁的目錄中，你休想找出一種隨波逐流、阿世媚俗之作，更不用說什麼烏煙瘴氣的神怪、武俠、偵探小說了。」[22]他們嚴肅面對出版工作，講究高度、自發的負責態度，趣味低級卻能賣錢的書他們不出，校對不允許有一個錯字，郵購服務信譽良好，這些都是「樸實無華」的「開明風」的具體實踐。開明書店出版的圖書中，粗略的統計，青少年讀物就佔了全數的四分之三左右，可以說，開明書店的迅速崛起，是在千萬青少年的熱烈支持下達成的。其中尤以配合中學各學科學習用的輔導用書籍最受歡迎，開明書店就是以質量俱佳的教科書奠定市場版圖，也以「良師益友」的形象深印在

---

22 柯靈，〈開明風格〉，《柯靈文集》第 3 卷，頁 123。

無數讀者的心目中。「惟願文教敷，遑顧心力瘁。此風永發揚，厥績宜炳蔚。」正如葉聖陶所言，開明書店在文教事業上的成果斐然，在文化領域中開創風氣，也產生了一定的潛移默化作用。

「開明人」踏實、嚴謹的「開明風」，在具體編輯工作的細節上往往充分顯現。曾經參與創辦開明書店的吳覺農回憶道：「開明書店能夠在讀者中贏得良好信譽，主要是靠主持工作的同志們一貫的認真不苟，穩健踏實，老老實實地為教育和出版事業工作的作風。」他進一步指出：「他們審閱稿件，既對作者也對讀者負責，選稿不是只看作者是否有名望，書名和主題是否入時，而是看內容是否真正有益於讀者。文字要求嚴謹，有不妥之處必一一予以查考訂正，務求保證質量，不容許粗製濫造。」[23]對開明書店頗有研究的王知伊也提到，開明書店出版的書，錯字一向較少，這正是「開明人」嚴謹作風的體現，「且不說在內容上要努力做到不出錯，注意政治上和科學上的正確性，就是在運用標點符號上也不應有舛差。」[24]也因此，葉聖陶、傅彬然等人戴著老花眼鏡親自認真校對的畫面，成為許多開明人深刻的記憶之一。

開明人的文化品味在市場的商業大潮中顯得獨樹一幟。1932 年出版的《辭通》，是朱起鳳花了三十年精力，從古書中搜集可以相通的雙音詞，編纂而成的三百萬字巨著，透過胡適介紹給商務印書館，商務評估此書銷路不大，會虧本，不願出版，令胡適感慨道：「不幸這一部三百萬字的大著在

---

23 吳覺農，〈我和開明書店的關係〉，《我與開明》，頁 84。

24 王知伊，〈記傅彬然的編輯思想〉，《開明書店紀事》，頁 36。

那個時代竟尋不著一個敢冒險的出版者去承印。」最後此書由開明出版，章錫琛強調，即使虧本也要出版學術著作。除了《辭通》，開明還認真編校出版了《十三經索引》、《二十五史》、《二十五史補編》、《六十種曲》等古代經典，顯現出對傳統文化的重視；對當代新文學作家，他們積極約稿，精心編排，為新文學的推廣竭盡心力，如茅盾的《幻滅》、巴金的《滅亡》、丁玲的《夢珂》、戴望舒的《雨巷》等作家的第一部作品，都是在開明書店出版的。由茅盾主編的叢書《新文學選集》第一、二輯，共收朱自清、郁達夫、丁玲、巴金、老舍、田漢、艾青、許地山、聞一多等二十四位名家的作品，為新文學發展的歷史過程留下一個耀眼的紀錄。透過語文教科書和課外讀物的編寫，中學生有了與新文學接觸的管道，而這些名家名作也在選入課本與不斷誦讀的過程中被「經典化」，「五四」以來白話文創作的實績，在這些教材的代表作中得到文學史的汰洗與考驗，就文學啟蒙與文學革命的意義上說，開明做了大量且重要的工作，有效地推動了新文學的規範化與普及化。這些從大量作品中精選出來的名篇，如魯迅的〈孔乙己〉、〈藥〉、〈秋夜〉，冰心的〈超人〉、〈寄小讀者〉，朱自清的〈背影〉、〈匆匆〉、〈荷塘月色〉，徐志摩的〈再別康橋〉，周作人的〈烏篷船〉，葉聖陶的〈藕與蓴菜〉、〈古代英雄的石像〉，許地山的〈落花生〉，郭沫若的〈天上的街市〉，張天翼的〈華威先生〉等，都是廣為傳誦的佳作，由於被編入教科書，得以產生更深刻而持久的影響，成為新文學的典範之作。

　　透過這些努力，開明作為一個文化人辦的書店，其文化

形象日益清晰而巨大。不論傳統或現代，創作或研究，大學或小學，圖書或雜誌，開明兼容並蓄、有為有守的精神，在夏丏尊、葉聖陶、朱自清、郭紹虞等人的用心培育下，有了自己獨特的文化品格。這些人都是在當時或以後執教於大學的學者，同時又多為出色的新文學作家，但他們都願意為中小學語文教育盡一份心，為培養讀者更高的閱讀品味而盡一份力，不譁眾取寵，也不隨市場起舞，走自己的路，從而造成一時的文學風氣，即使是今天看去，仍得說「難能而可貴」。最好的例子還是葉聖陶。1932 年，他花了一整年的時間編寫《開明小學國語課本》，初小八冊，高小四冊，一共十二冊，四百多篇課文，「這四百來篇課文，形式和內容都很龐雜，大約有一半可以說是創作，另外一半是有所依據的再創作，總之沒有一篇是現成的，是抄來的。」[25]為了這些小學課文的編寫，他每天從早上八點忙到下午五點，編寫改校，幾乎沒有一天休息。這些課文，有他幾十年語文教學寫作的心得和經驗，更是他文化人格的投射與體現，對此，有論者分析說：「作為一位已經在文壇久享盛名的作家和在出版機構供職即將十年的編輯，為小學生寫幾篇課文，似乎是茶餘飯後隨手揮寫的『小兒科』，但他卻是全副身心在從事，認真投入，一絲不苟。這一事業，高手不屑為之，功力不足者無能為之，在中國現代文化教育史上，唯有葉聖陶以名噪文壇的作家而親自為少年兒童撰寫成套的語文課本：這種並世無兩的選擇，正顯示了他與眾不同的觀念和作風。」[26]此語不虛，

---

25 葉聖陶，〈我和兒童文學〉，《葉聖陶集》第 9 卷，頁 388。
26 劉增人，《山高水長 —— 葉聖陶傳》，頁 121。

葉聖陶這種作風與態度，即使在往後歷經各種戰亂與流離，也初衷不改，認真依舊。葉聖陶的文化人格和開明的文化品格，就在這些出版實踐中，贏得了掌聲，站穩了腳步，又為新文學的創作和新文化的宣揚鋪墊了厚實的基礎。

開明書店總管理處於 1950 年由上海遷到北京，1953 年 4月和青年出版社合併組成中國青年出版社，從此在現代文學史上佔有一席之地的開明書店，正式走入歷史[27]，但是，它的許多優良傳統，已被中國青年出版社繼承下來。曾任中國青年出版社社長的蔡雲就在一次紀念開明書店創辦人章錫琛一百週年誕辰的座談會上說道：「開明書店是一個已經記入史冊的單位，在今天的中國出版社名錄中，已經找不到她的名字了，但是開明書店的許多優良傳統和作風，仍然在中國青年出版社的日常工作中發揮著自己的作用。」[28]開明書店雖已消失，但「開明人」的文化理想和踏實穩健的「開明風」，卻至今仍可供思考、借鑑和追隨。葉聖陶說：「開明夙有風，思不出其位。」這「風」是「樸實而無華，求進弗欲銳。」這「位」是「惟願文教敷，遑顧心力瘁。」在文化教育的位子上，「開明人」穩重向前，步步踏實，從而讓「開明」在中國現代文化史、文學史、教育史上都有了一個不容忽視的

---

27 1937 年以前，開明書店即在北京、廣州等地設有分店，抗戰勝利以後，並在福州、台北新設分店。台灣開明書店至今仍在，位於台北市中山北路一段 77 號，規模不大，在車潮擁擠的中山北路上並不顯眼。它的出版物仍以 1949 年以前出版者為主，來台後出版的新著不多，有姚一葦的《藝術的奧秘》等，其出版方針與經營理念和早期的開明書店並無太大不同，仍以文學、藝術、教育類叢書為主。至於大陸的開明書店，則已走入歷史。

28 引自王久安，〈開明書店的成功之路〉，《出版發行研究》1994 年第 2期，頁 49。

位置。

第二節　評述夏丏尊及其作品在

台灣的出版與研究

　　不論是「白馬湖作家群」，還是「開明派文人」，夏丏尊都是其中的中心人物。他的人格與文風，在經過時代的沖刷洗鍊後，逐漸顯現出一種超越時間的藝術力量與歷史價值。雖然在其生前死後，人們都沒有忘記過他，但和現代文學史上耀眼的「魯郭茅巴老曹」等人相比，他就如建立在白馬湖畔的「平屋」一般，平實、平淡、平凡地存在。

　　也許是創作的作品數量不多，也許是長期「為他人作嫁」的編輯習慣，也許是自身甘於淡泊、不與人爭的性格使然，他總是篤實沉默地走自己的路，做自己喜歡的工作，投身翻譯無怨無悔，編寫刊物盡心盡力，提攜後進不遺餘力，面對時局有為有守。他的踏實與真誠，使他結交了許多真心的朋友，朱自清、弘一大師、葉聖陶、朱光潛、豐子愷等人都與他相知相交多年，情誼深厚。或許是這個原因，在談論這些人的文章或回憶中，夏丏尊總是經常被提起，因此人們對他並不感到陌生，但要進一步追問夏丏尊的文學、教育或出版事業情形，很多人就不一定馬上能答得出來。夏丏尊在文學史的位置與形象大略如此：時常可以看到他的名字與身影，但對他的認識有限；他不是中心人物，卻長存在人的心中。

這樣的印象，對台灣學界而言應該是合乎事實的陳述。這樣的說法，如果透過對他及其作品的出版與研究情況來觀察，也是相去不遠的。

在台灣，由於夏丏尊的作品〈鋼鐵假山〉、〈觸發 —— 一封家書〉、〈《子愷漫畫》序〉（改題為〈生活的藝術〉）、〈意念的表出〉等文曾先後被選為國立編譯館主編的國、高中國文教科書範文[29]，加上他所翻譯的《愛的教育》中的許多小故事，常在許多補充教材、閱讀測驗中出現，因此台灣的中學生對他並不陌生。但自 2002 年起，國、高中教科書市場開放，國立編譯館版本停止使用，改由民間出版社編寫出版，計有康軒、南一、翰林、龍騰、康熙等出版社投入此一編書行列，各家選文有很大發揮空間，重複的現代文學作品不多，而選入夏丏尊作品者僅有康軒版國中第五冊第七課〈生活的藝術〉、翰林版高中第一冊第十二課〈生活的藝術〉、龍騰版高中第三冊第十課翻譯的小說〈爸爸的看護者〉，如此一來，不採用這些版本的學生就不易深入認識夏丏尊，他受重視的程度也不如以往。不必諱言，教科書的選文往往有「典律化」的作用，一旦選入，對作者的知名度將有極大的提升作用，甚至刺激作品的買氣，以及進一步對其作品的出版與研究。隨著其作品在教科書「使用率」、「曝光率」的減少，台灣學子對夏丏尊的認識已經漸趨模糊、貧乏。

---

29 過去由教育部委託國立編譯館編寫國、高中國文教科書的時代，教材是統一的，雖然也會修訂，但變動不大。根據資料，夏丏尊的作品曾經先後被國立編譯館選為範文的有：國中第三冊〈鋼鐵假山〉、第四冊〈觸發 —— 一封家書〉、第五冊〈生活的藝術〉，高中第四冊〈意念的表出〉。

一、夏丏尊及其作品在台灣的出版概況

　　台灣出版界對中國新文學作家作品正式而有計畫地出版，大約在八〇年代以後才開始形成風潮。一開始較集中在朱自清、徐志摩、郁達夫等人，後來逐漸有豐子愷、周作人、沈從文、許地山、張愛玲等人的作品集問世，不數年間，魯迅、巴金、老舍、冰心等人的傳記或作品已堂堂上市，這些具有高知名度的作家作品自然成了相關市場的重心所在。以目前而論，和這些作家相比，夏丏尊顯然寂寞多了。不過，也許因為他的早逝（1946），加上長期致力於教育事業，政治色彩不濃，因此在台灣的教科書上一直有他的作品（這情形和朱自清、徐志摩類似），幾十年來宛如長青樹一般受到讀者廣泛的注目和喜愛，直到近些年來，才逐漸光環淡去。

　　在魯迅、周作人、巴金、沈從文等人未成為市場焦點以前，夏丏尊一直有著不低的知名度，因此，在這幾位作家作品尚未被「隆重上市」以前，夏丏尊的作品早已經出版問世。位於台北市中山北路一段 77 號的台灣開明書店，延續著上海開明書店的出版方向與文化理念，曾出版了幾本新著，但主要的經營方針還是再版和銷售上海開明書店的出版品，因此，夏丏尊的作品如《愛的教育》（1956 年）、《續愛的教育》（1956 年）、《文心》（1969 年）、《平屋雜文》（1970年）、《文章講話》（1985 年）等在台灣也有出版上市，內容樣貌和過去舊版完全一樣。除了台灣開明書店外，其他出版社也有夏氏作品問世，如夏丏尊原編、曾議漢增編的《永

遠的弘一法師》（帕米爾書局，1992 年），夏丏尊、傅東華的《文藝論與文藝批評》（莊嚴出版社，1982 年），《平屋雜文》（漢風出版社，1990 年），《文章講話》（書泉出版社，1994 年），夏丏尊翻譯的《時空中的蓮花：佛陀過去生的故事》（文殊出版社，1988 年）等。有趣的是，《文心》一書除開明版外，還有台北的漢京文化公司（1982 年）、天龍書局（1988 年）、尼羅河出版社（2001 年）、台南的漢風出版社（1998 年）都曾翻印出版，足見此書受歡迎的程度。

　　第一本針對夏丏尊作品重新選編出版的是 1977 年由黎明文化公司出版的《夏丏尊選集》，列入其《中國新文學叢刊》之五，由台灣師大英語系的林綠教授編選。書前有一短文〈關於夏丏尊〉，簡單介紹作者的生平，其後則是作品選集，共分論述、小說、隨筆、欣賞與寫作四輯，從《平屋雜文》、《文心》、《文章作法》等書中選出三十五篇作品。沒有賞析或說明文字，只是作品的呈現，但能顧及不同的類型，編選上已見用心。第二本由台灣編選出版的夏丏尊作品是 1986 年由蘭亭書店出版的《夏丏尊代表作》，編輯者是台灣知名的文學史料研究者、現任佛光大學文學研究所教授的陳信元，他在書的封面上寫著「夏丏尊百歲冥誕紀念版」，可見此書是在紀念動機下的產物。由於當時兩岸資訊交流的阻絕，他是自己從許多刊物如《中學生》中挑選其作品編輯而成，共收散文、序跋、小說等作品四十一篇，書末則附有賀玉波撰〈夏丏尊訪問記〉、林非撰〈夏丏尊的散文〉二文

和由秦賢次編撰的〈夏丏尊年表〉[30]。另外，為促銷此書，出版社特別附贈一小冊《懷念夏丏尊專輯》，收有魏金枝〈夏丏尊先生行略〉、朱自清〈教育家的夏丏尊先生〉、趙景深〈夏丏尊〉等紀念文章共十四篇。《夏丏尊代表作》以作品為主，《懷念夏丏尊專輯》以作者為主，二者合觀，對夏丏尊其人其文將可有完整的認識，由此看來，編者及出版社確實有其文化理念及獨到的文學眼光。

　　《夏丏尊選集》、《夏丏尊代表作》的可貴，在於它是由台灣學者自己挑選編輯而成、具有新風貌的作品。1992 年由海風出版社出版的《中國新文學大師名作賞析》系列中有「夏丏尊·豐子愷」一冊，編輯選評者是華中師範大學中文系的黃濟華教授。這一系列共三十本的名作賞析叢書，原由廣西教育出版社出版，由其授權而有了台灣版，換言之，這套叢書只是大陸作品的台灣版而已。由於夏、豐兩人合編成一冊，夏丏尊的作品只選了七篇，難以窺其全貌，不過作品後有編者的賞析評論，具有參考價值。

　　2006 年 5 月，也就是夏丏尊誕辰一百二十周年前夕，三民書局出版了由范銘如教授主編的《二十世紀文學名家大賞》系列共十冊，有魯迅、徐志摩、蕭紅、許地山、朱自清等，其中《夏丏尊》一書由筆者編著，計收其作品三十三篇，分散文、小說、序跋三卷，書前有一長達六千字的導讀，每篇

---

30 賀玉波一文是 1931 年 5 月作於上海，刊於《讀書月刊》第 3 卷第 3 期；林非的文章則是選自其《現代六十家散文札記》（天津：百花文藝出版社，1980），頁 100-102；秦賢次是台灣知名的文學史料研究者，這份年表曾於 1985 年 8 月、10 月分兩次刊登於《文訊》雜誌第 19、20 卷。

選文則有約七百多字的賞析，加上〈夏丏尊年表〉、相關圖片的設計，充分顯現編輯企劃的用心。迄今為止，這是對夏氏作品進行賞析篇數最多的一本。

　　至於夏丏尊傳記的出版，令人汗顏的是，僅有陳星的《平凡‧文心 —— 夏丏尊》，2003 年由文史哲出版社出版。這本傳記是該出版社《中國現代文學名家傳記叢書》共十五冊系列中的一本，由上海復旦大學中文系欒梅健教授和筆者共同策劃主編。執筆者陳星是杭州師範學院弘一大師‧豐子愷研究中心主任，對夏丏尊有多年的研究，尤其對夏氏與豐子愷、葉聖陶、朱自清、弘一大師等人的交遊有詳盡的資料掌握，寫來脈絡清晰，流暢可讀。這本唯一由台灣出版的夏丏尊傳，是目前台灣讀者了解其生平最理想的參考書籍。

　　除了夏氏的原著外，三本作品選集，一本傳記，是目前為止以「夏丏尊」為名出版的「新作」，這樣的成績是不能令人滿意的。筆者期盼，將來能有由台灣學者撰寫的夏丏尊傳，至於作品部分，最好能全面重新整編，或在幾本選集的基礎上，進一步出版夏丏尊的全集，以方便並滿足喜愛他作品的閱讀者與研究者。

二、夏丏尊及其作品在台灣的研究概況

　　夏丏尊作品的研究，大體而言，可以分成兩個主要面向：一是有關寫作教學理論的探討，二是對其整體作品特色與成就的研究。在期刊文章方面，前者有覃思〈讀夏著《文章作法》一得〉（《中國語文》第 43 卷第 3 期，1981 年 3 月）、

簡宗梧〈愧對行雲一高僧 ── 評夏丏尊散文「生活的藝術」〉
（《師友》第 222 期，1985 年 12 月）、何永清〈夏丏尊《文
心》述要〉（《中國語文》第 454 期，1995 年 4 月）、陳幸
蕙〈國文爆米花：書香手札 ── 關於夏丏尊的三篇文章〉（《明
道文藝》第 285 期，1999 年 12 月）、王昌煥〈夏丏尊「生
活的藝術」的修辭策略〉（《國文天地》第 17 卷第 2 期，2001
年 7 月）、何永清〈「風」言「風」語 ──「白馬湖之冬」
析賞〉（《國文天地》第 18 卷第 8 期，2003 年 1 月）等；
後者有陳信元〈夏丏尊 ── 評介夏丏尊散文創作〉（《自由
青年》第 82 卷第 1 期，1989 年 7 月）、楊昌年〈具象與情
緒 ── 夏丏尊散文〉（《國文天地》第 145 期，1997 年 6 月）、
耿秋芳〈談白馬湖作家 ── 夏丏尊的散文風格〉（《國文天
地》第 18 卷第 10 期，2003 年 3 月）等。有關寫作理論的單
篇文章大多不長，發表的地方多在《中國語文》、《國文天
地》等以教學為主的刊物上，而且集中在幾篇教科書範文的
討論和介紹上。討論整體風貌的文章也有類似的傾向，舉例
或分析文本時多集中在〈白馬湖之冬〉、〈鋼鐵假山〉、〈生
活的藝術〉這些名篇，重複性過高。平心而論，單篇文章受
限於篇幅，和以教學、介紹為出發點的功能取向，學術性明
顯是不足的。

　　至於學位論文，共有兩篇，恰好分別契合以上兩個研究
面向。陳玉芳《夏丏尊、葉聖陶讀寫理論研究》（台北：台
灣師範大學國文研究所碩士論文，2000 年），由潘麗珠教授
指導，探討的重心是從兩人合著的語文教育作品中，統整出
關於閱讀及寫作兩方面的理論與方法，對國語文教學的理論

深化有其一定的參考價值。全文共分五章，除緒論、結論外，只有三章。第二章〈夏丏尊、葉聖陶的生平與時代〉，分就二人的生平與創作歷程擇要陳述，藉以呈現兩人文學觀的轉變，並探討兩人致力於讀寫理論的動機；第三章〈閱讀理論探析〉，回顧讀寫關係的歷史，並討論「閱讀什麼」和「怎樣閱讀」的相關理論；第四章〈寫作理論探析〉，介紹寫作前應具備的觀念、態度和基本能力，以及積聚、構思、行文、修改等寫作過程；結論則說明兩人讀寫理論的價值與時代意義。文末附有〈夏丏尊、葉聖陶交往年表〉、〈葉聖陶編輯國文課本、讀本、文選年表〉。由於夏丏尊材料的不足，論文明顯偏重於葉聖陶的部分，對夏氏的論述稍嫌簡略，而且也非夏丏尊的專論，更不是針對文學創作與理論的研究，對夏丏尊整體研究而言不免有些缺憾。

　　楊舒惠《夏丏尊及其作品研究》（台北：政治大學中文研究所碩士論文，2003 年），由筆者指導，研究的重點則在於全面析論其人的思想與文學、教育理念，作品的特色、風格與藝術成就，共分七章，除緒論、結論外，有〈夏丏尊人生歷程的三種面向〉、〈夏丏尊人生思想的雙重風貌〉、〈夏丏尊的教育理念及實踐〉、〈夏丏尊文學創作析探〉、〈夏丏尊教學及翻譯作品析探〉等五章，對夏丏尊在文學創作、翻譯、教科書編寫、教育活動等不同領域的成就都有精到的探索分析。作者雖年輕，但所述所論時有自己獨到的見解，如探討夏丏尊在人生思想上的雙重面貌，指出在對日態度上是「留日與仇日」，改革意識上是「熱情與冷靜」，宗教情懷上是「出世與入世」，對夏氏複雜的心態與思想有新穎的

分析；在討論夏丏尊的小說創作時，作者能運用敘事學理論，從敘事者、敘述視角、敘事時間及話語模式的變化，析論其小說技巧及創作意圖，跳脫一般賞析式的寫法，作較深刻的研究，都是本論文較突出之處。此外，文末所附的〈夏丏尊文學活動年表〉和夏丏尊之孫夏弘寧先生的信函，也有一定的參考價值。作為單一對象的專家論，這篇約二十萬字的論文已經對夏丏尊作了全面的探討，雖然整體深度與創見略有不足，但已難能可貴。

　　學位論文不計，以夏丏尊為單一研究對象的專著在台灣至今尚未出現。不過，在對「白馬湖作家群」的研究中，這位居「領導中心」的靈魂人物已經受到相當的重視，專章專節的析論已經對其人格與文風作了詳盡而深入的探討。筆者所撰《清靜的熱鬧 —— 白馬湖作家群論》（東大圖書公司，1999 年）的第七章是評論此一作家群的作品，其中一節即是〈夏丏尊：具象與情緒並重，親切如摯友談心〉，指出其散文特色有二：說理親切，感染力強；抒情真摯，具象與情緒並重。此外，在論述這群作家的文人型態、民間性格、崗位意識、教育理念時，對夏丏尊的言行主張也有一定的分析和詮釋。在台灣學界，對此一議題的注意與討論，應該說這本書的出版扮演了一定的推動作用。當然，杭州的陳星教授也曾在台灣出版過《教改先鋒 —— 白馬湖作家群》（台北：幼獅出版公司，1996 年）、《君子之交 —— 弘一大師、豐子愷、夏丏尊、馬一浮交遊紀實》（台北：讀冊文化公司，2000 年），對夏丏尊的介紹有推波助瀾之功，而筆者在撰寫《清靜的熱鬧》一書時也得到他大力的協助和啟發，不能不提。

　　綜觀夏丏尊及其作品的出版和研究，以目前的成果來看，雖不盡滿意，但已令人欣慰。在台灣學術界，近年來的文學研究有明顯的「詳台灣、略中國」的傾向，這一點只要從每年向「國家科學委員會」申請研究計畫經費獲得審查通過的題目來觀察，即可證明此言不虛[31]。在這樣的「大勢所趨」下，對中國現代文學的研究人力逐漸減少，相關課題的重視不足，也是不爭的事實。置身於如此冷清的氛圍裏，夏丏尊所受到的「待遇」，應該可以說是「清靜的熱鬧」吧。

　　以目前兩岸文化交流的便利與密切，夏氏資料的整理詳備，在既有的夏丏尊傳記基礎上，編寫《夏丏尊畫傳》、《夏丏尊評傳》應該不難。作品出版方面，在《夏丏尊文集》（杭州：浙江人民出版社，1983 年）的基礎上，增補修訂出版《夏丏尊全集》，也是可行的嘗試[32]。除此之外，如夏丏尊作品的修辭藝術、夏丏尊的翻譯理念及其實踐、夏丏尊和他同時代作家的研究等，也都是可以深化探討的學術課題。這些建議與構想，需要更多學界人力的投入與推動才能克竟其功，在紀念夏丏尊誕辰一百二十周年、逝世六十周年的此刻，筆者希望許多實際的研究編寫工作可以早日展開，因為，對一位長年在編寫出版崗位上孜孜矻矻、鞠躬盡瘁的作家、出版

---

31 以申請通過的現代文學研究計畫案為例，93 年度（2004）共通過 236 件，其中為中國現代文學者有 11 件，台灣現代文學者有 22 件；94 年度（2005）共通過 235 件，其中為中國現代文學者有 11 件，台灣現代文學者有 26 件；95 年度（2006）則通過 208 件，其中為中國現代文學者有 6 件，台灣現代文學者有 20 件。大致看來，前者約為後者的二分之一左右，並有逐年降低的趨勢。
32 據筆者所知，浙江大學教育系劉正偉教授即正在編輯整理《夏丏尊全集》。

家、教育家而言，這或許才是最好的一種紀念方式吧。

第三節　平凡文心，蓮荷風骨：
夏丏尊和他的作品

　　在中國現代文學史上，夏丏尊不是一個光彩奪目的名字，但卻是一個讓人不會忘記的名字。他是著名的文學家、教育家、翻譯家、出版家，不論是從日文版翻譯過來的《愛的教育》，創辦的《中學生》雜誌，或是和葉聖陶、劉薰宇等人合著的《文心》、《文章講話》、《文章作法》等書，都曾經受到無數青年學子的歡迎，而且影響了一代又一代的讀者，夏丏尊篤實平淡、認真不苟的精神面貌，以及如良師益友般娓娓談心的親切形象，也因此深印在廣大讀者的心目中。

　　也許是把大部分的時間精力都放在教學、出版，特別是編寫課本讀物和翻譯外國作品，夏丏尊自己創作的文學作品並不多，只留下了一本《平屋雜文》，但卻是他個人思想情感的結晶，也是他平時人格力量的精采呈現，不少作家都從中得到過啟發。豐子愷在〈悼夏丏尊先生〉一文中說，他的散文是「在夏先生的鼓勵指導下學起來的」，而巴金在〈談我的散文〉中也曾說：「『五四』以後，從魯迅起又出現了不少寫新散文的能手，像朱自清先生、葉聖陶先生、夏丏尊先生，我都受過他們的影響。」不多的篇章，卻能在當時和以後散發出經久的熱力與魅力，除了作品本身的洞悉世情，

深刻耐讀，我想更重要的是他精神人品的豐富和真誠，也就是道德與文章兼美，才使得他在文學史浩瀚長河中能以薄薄的一冊雜文佔得一席之地。

一、刻苦自學，卓然成家；投身教育，誨人不倦

夏丏尊原名鑄，初字勉旃，1912 年改字丏尊。浙江省上虞縣人。祖上經商，父親為秀才出身，因此他自幼從塾師讀經書，學作八股文，十五歲考取秀才，可算是聰穎早慧。十六歲時，遵父命前往上海中西書院（東吳大學前身）初等科就讀，僅半年即因家貧輟學，返家自修。十七歲時入紹興府學堂（浙江第五中學前身）就讀，透過閱讀《新民叢報》，對革命、自由等新思潮心嚮往之。半年後再度輟學回家，替父坐館，邊教書邊自修。1905 年，他向親友借貸赴日留學，先入東京宏文學院補習日語，後來考入東京高等工業學校，可惜因領不到官費，無奈之餘只得三度輟學返國，結束其最後的學生生涯。

終其一生，他沒有拿過任何一張學校的畢業文憑，然而他在文學創作、翻譯、書法、金石、佛典、理學等不同領域，都有淵博的素養與不凡的造詣，可說是自學成材的典範。葉聖陶在《夏丏尊文集·序》就說：「丏翁沒有得到過一張文憑，雖然進過幾所學校，還去日本留過學，都沒有學到畢業。讀過他的作品的人都知道，他知識廣博，對某些方面有比較深的見解，還有高超的鑑賞文學和藝術的眼光。所有這些都是他自己學來的，從生活中學，從工作中學，從書本中學，

還向交好的朋友學。」在經歷家道中落的困頓，動盪歲月的坎坷，飽嚐生活的艱辛之餘，他能不怨不餒，無止境地充實自己的學識與能力，不受學校或文憑的局限，力爭上游，這樣的精神確實令人敬佩。

1908 年，二十二歲的夏丏尊應聘擔任浙江兩級師範學堂（後來更名為浙江省立第一師範學校）通譯助教，這是他一生從事教育工作的開始。他在浙一師服務了十三年，曾自告奮勇兼任舍監、國文教員等職務，他的認真教學與對學生發自真心的關愛，使他深受學生敬愛，雖然學生在背後給他取了個綽號「夏木瓜」，但所有的學生都知道，有事就去找「夏木瓜」，甚至有人說夏丏尊的教學態度是「媽媽的教育」，因為他那無私的奉獻精神，完全是教育家的風範。

離開浙一師後，他曾先後在湖南第一師範、春暉中學、立達學園教書，致力於教育改革，推動新文化、新文學思潮。直到去世的前幾年，他還在南屏女中兼課。對於教育，特別是青年學子的教育，他確實是時時刻刻以之為己任的，因為即使是不在教育工作崗位上，他仍然透過一篇篇散文、一本本教材講義，或者是《中學生》雜誌的定期出刊，不間斷地投入到他念茲在茲的教育工作中。文學史家唐弢就指出，夏丏尊的文字「處處含有教育意義，是始終不忘其本位使命者。」《平屋雜文》中的〈讀書與冥想〉、〈我的中學生時代〉、〈早老者的懺悔〉等文，就是對青年教育傾注關心的作品，情真意切，讀來自有春風化雨之感。《文章作法》是他在湖南第一師範和春暉中學教語文課時編寫的講義；《文心》以故事體裁寫關於語文的知識，深入淺出，很受讀者歡迎；還

有《國文百八課》、《閱讀與寫作》、《開明國文講義》等，如果沒有對教育巨大的熱忱，不可能有如此豐碩的成果。

他於 1930 年創辦《中學生》雜誌，自己撰寫社論、編輯後記；1932 年又創辦《開明中學講義》，想用函授的方式，讓廣大失學的青年可以透過自學獲取知識。藉著辦刊物，他其實在為全國幾十萬青年辦一所沒有校址的大學。在開明書店工作過的人都對夏丏尊帶著兩三個饅頭進書店辦公，晚上戴著老花眼鏡伏案工作的情景印象深刻。他就像個苦行僧一般，全心全力為自己的理想奉獻。他一生奉行「愛的教育」，初讀《愛的教育》時他是「流了淚三日夜讀畢，就是後來在翻譯或隨便閱讀時，還深深地感到刺激，不覺眼睛濕潤。」正是這樣的深情與感動，他翻譯的《愛的教育》不僅風行一時，甚至很多人不一定知道原來的作者，但卻知道翻譯者，葉聖陶的兒子葉至善說得好：「一部翻譯小說，跟譯者的名字聯繫得如此之緊，在讀者的印象中竟超過了作者，這樣的現象是極少見的。究其原因，恐怕就在於夏先生立意之誠。」換言之，這部書能深入人心，絕不僅僅是作品本身的因素，夏丏尊充滿教育愛的精神與形象也是重要的原因。

一個沒有文憑、苦讀出身的文人，最終能成為千千萬萬讀者心目中的良師益友，夏丏尊締造的不是偶然的傳奇，而是長期耕耘、積累、付出後的收穫與回報。

二、白馬文風，清淡雋永；平屋雜文，耐人咀嚼

夏丏尊於 1921 年返回家鄉上虞白馬湖，在經亨頤主持的

春暉中學任教，不久，在學校附近蓋了一間平房定居，題室
名為「平屋」，既是記實，又寓有平民、平凡、平淡等意。
這「平」字，有其人格精神的寫照，也有其文風的寫實。他
把唯一的一本文藝創作集取名為《平屋雜文》，收散文三十
篇，小說三篇（怯弱者、長閒、貓。但有人認為這三篇仍可
算是散文）。全書數量雖不豐富，但評論、小說、隨筆、序
跋、書信等文體種類較多，稱為「雜文」最適當。可以說，
「平」與「雜」正是《平屋雜文》的寫作特色。

夏丏尊的散文，文字不假鉛華，本色天真，自然質樸而
有味，內容上緊扣生活，平中見奇，加上結構精巧，語氣親
切平和，讓人讀來餘韻盎然。這種平實、平易的文風，需要
思想、功力、感受和千錘百鍊的技巧，對週遭事物能深刻、
準確、真切的觀察和體會，絕無賣弄和矯情。正是這種踏實、
平實的風格，使作品有長遠的生命力，即使乍看之下沒有太
多絢麗的詞藻，新奇的手法，但其中智慧、情感與藝術的深
度與廣度，卻能讓人咀嚼再三，這才真正是大家手筆。大陸
學者陳星就指出：「夏丏尊散文的表現形式以白描為主，有
時甚至讓人覺著『白』到了無任何技巧可言，但由於他把一
些所謂的『技巧』巧妙地隱伏在平實的文字之中，同時通篇
無處不激盪著作者的人間情懷，所以，他的文章能給人清雋
之感、淳樸之情和充實的人格力量。」像〈貓〉一文，表面
寫貓，實質是寫人，通過對貓的描述，深情傾洩了對妹妹、
親人的懷念與哀傷，全文按時間先後平鋪直敘，沒有故作曲
折的情節設計，但深刻強烈的內蘊就在那平淡索屑的細節描
寫中牽動著讀者，隨之悲歡憂戚，起伏不已。

又如他膾炙人口的散文代表作〈白馬湖之冬〉，寫出一個甘於寂寞，置身簡陋的「平屋」之中，卻又能在精神上有所寄託的知識分子形象，表面上寫的是呼呼作響的風聲，其實是如何在風雨如晦中淡然自處、身心安頓的夫子自道。在借景抒情的真切描寫中，把他對白馬湖的思念之情表現得真實而自然，既書寫了身處亂世的寂寞心境，又能洋溢著情景交融的詩趣和情味。就是這篇作品，讓楊牧在為近代散文歸納七種典型品類時，將夏丏尊列為「記述」類散文的開山祖師，說他以一篇〈白馬湖之冬〉「樹立了白話記述文的模範」，並以「白馬湖風格」稱之，指出其特徵為「清澈通明，樸實無華，不做作矯揉，也不諱言傷感」。目前兩岸研究「白馬湖作家群」的學者，也都以夏丏尊為此派作家的中心人物，主要原因就是他清淡雋永的文風，確實成為一種散文藝術的突出典範。

概括地說，淡而有味，雜而不亂，《平屋雜文》的藝術成就正在於此。這種爐火純青的境地，靠的是內容與形式的講求與統一。在內容上，他特別強調真情實感的重要性，他說：「文藝的本質是情，但所謂情者，不能憑空發生，喜悅必須有喜悅的經驗，悲哀也必須有悲哀的事實」，「要感動別人，先須感動自己。讀者對於作品所受到的情緒，實是創作家所曾經自己早已更強烈地感受過了的東西。」（《文藝論 ABC》）他在許多地方都一再主張這樣的文學觀，例如〈文學的力量〉中也說：「文學並非全沒有教訓，但是文學所含的教訓乃係訴之於情感……文學之收教訓的結果，所賴的不是強制力，而是感化力。」一如「良師對於子弟，益友對於

知己」。他的作品就是這種文學觀實踐下的產物。特別是為青年所寫的文章，總是動之以情，曉之以理，循循善誘，讓人有如沐春風之感。葉聖陶因此在《夏丏尊文集‧序》中說：「讀他的作品就像聽一位密友傾吐他的肺腑之言」。

在形式上，夏丏尊的修辭嚴謹，邏輯縝密，理路清晰，結構完整，屢受文學評論家推崇，稱他為「文體家」、「文章家」。他的好友姜丹書就指出：「先生之於文學，最注重研析字義及詞類性質，作文法則等，議理務合邏輯，修辭不尚浮華，其為語體文也，簡潔明暢，絕無一般疵累之習，善於描寫及表情……讀之令人心神豁然，饒有餘味，如見其人，如見其事也。」（〈夏丏尊傳略〉）這正道出夏丏尊散文嚴謹洗鍊的寫作風格。他的人品完全表現在他的文品上。他的每篇作品在詞章表現上都是乾淨利落，精練暢達，很少雕飾累贅之痕，上乘之作，足以作為散文創作的學習範本。

追求形式與內容的和諧統一，是夏丏尊文學創作的審美目標。在〈文學的力量〉中，他強調文學的特性有二，一是「具象」，二是「情緒」。具象是指題材的真實與表現的準確，而文學作品如能帶有情感將會使讀者受到潛移默化的影響，他說：「文學的作品並不告訴人家如何如何，只把客觀的事實具象的寫下來，使人自己對之發生一種情緒，取得其預期的效果。」〈鋼鐵假山〉、〈整理好了的箱子〉等篇都是很好的例證。前者只具象地描寫作者如何用一塊日軍轟炸過後的廢墟中拾得的彈片做成鋼鐵假山的經過，情緒冷靜而節制，但字裡行間卻蘊藏著對日本侵略者的深仇大恨，以及永遠不忘歷史慘痛教訓的民族情感，尤其文末以欲用象徵鮮

血的朱漆為這史實寫幾句話作結，至於要寫什麼字卻又不作交代，含蓄而深沉的表現方式反而引起讀者更多的聯想與共鳴；後者用剪接手法，描寫一對夫婦為逃難而搬家卻終於沒搬的經過，作者只是將緊張的氣氛、夫妻的對話、晚報的標題等幾個形象的畫面拼貼在一起，其中的寓意完全靠讀者自己去揣摩、思索。具象與情緒的巧妙運用，充分表現了作者觀察的細膩、手法的高明、情感的深沉和思想的敏銳。獨到的藝術觀照能力，樸質無華的文字，加上嚴謹條理的構思，《平屋雜文》因此有了耐人咀嚼的深厚底蘊。

三、耿介直言，蓮荷風骨；傾心交談，溫煦長者

當然，《平屋雜文》並非都是平淡委婉，也有筆鋒犀利、耿介直言之作。夏丏尊固然溫煦長者的形象鮮明，卻也有金剛怒目、蓮荷風骨的表現。他曾在「平屋」客堂上自書一副對聯：「天高皇帝遠，人少畜生多」，屋外的一幅則寫道：「青山繞屋，白眼對人」，憤世嫉俗之情溢於言表。老友葉聖陶的觀察最是生動：「對於世界上的一切事物，近的遠的，大的小的，他沒有一件不關心。可是在那個走向沒落的社會裡，可以叫人寬慰的事物幾乎一件也找不到，因而他只好搖頭，只好皺眉，只好嘆氣。他那長長的嘆氣聲，凡是接觸過他的人都永遠忘不了。」（《夏丏尊文集・序》）夏丏尊至少有兩件事是讓人忘不了的。第一件事是抗戰爆發後，他留居上海，繼續堅持文化工作，和敵偽進行艱苦的文化鬥爭。1943年底，他和一群愛國的文化界人士，同時被日本憲兵司

令部逮捕入獄，在審訊他時，日軍出示中國文藝家協會主張抗日的宣言，據以問罪。日軍知道夏丏尊曾留學日本，強令以日語回答，但他堅拒：「我是中國人，要講中國語！」顯現出一個愛國知識分子寧死不屈的蓮荷風骨。第二件事是1946 年臨死之前，面對國內黑暗的政治情勢，他對葉聖陶痛心地說：「勝利！到底啥人勝利 —— 無從說起！」耿介直言的個性也流露無遺。

翻開《平屋雜文》，議論時事、關注現實的作品其實不少，這和夏丏尊主張文學要與民眾結合的文學觀有關，他說：「好的藝術家必和大眾接近，同時為大眾所認識，所愛戴……他們一向不忘記大眾，一切作為都把大眾放在心目中……。這情形原不但藝術上如此，政治上、道德上、事業上、學問上都一樣。」（〈阮玲玉的死〉）正因為他心心念念著大眾，處處為人們著想，所以他的許多散文就表現出對黑暗勢力的憎恨，對人民疾苦的關注。如〈灶君與財神〉中假託灶君與財神的對話，寫出農村經濟蕭條、貧富不均的慘況；〈春的歡悅與感傷〉中，指出春天原本是值得歡迎的，但一想起故鄉人們的困苦情形就讓他憂愁起來；〈一種默契〉從商店關門大賤賣的現象中，暴露出市面的不景氣；又如〈良鄉栗子〉，透過對土產良鄉栗子上市情形的觀察，揭示了中國在洋貨入侵下市場萎縮的情景。即使是對知識分子，他也感同身受地寫出他們令人同情的遭遇，在〈知識階級的運命〉中，他感喟地指出，上層的「知識階級」只是少數，多數是下層，這些大多數的下層知識分子生活情況是：「無職的求職難，未結婚的求婚難，有子女的教育經費難，替子女謀職難。難啊

難啊，難矣哉，知識階級的人們！」發自真心的關懷，在微言深義中自然展露。他甚至在談到教師的諸多無奈之後，忍不住激憤地呼籲人們：「與其畏縮煩悶的過日，何妨堂堂正正的奮鬥。用了『死罪犯人打仗』的態度，在絕望之中殺出一條希望的血路來！」（〈無奈〉）這是熱情血性的夏丏尊，憂國憂民的夏丏尊。

　　只有將實踐愛的教育、娓娓談心的溫煦長者形象，和議論時政、直面人生的耿介知識分子形象合而觀之，才能真正體認夏丏尊的人品與文風，也才能真正掌握住《平屋雜文》的藝術特色與價值。夏丏尊的散文數量雖不宏富，但每有所作，在思想和藝術上多能精心錘鍊，而他的一生悲天憫人，真誠樸直，一步一腳印，在創作、翻譯、出版、教育等領域，都為我們留下了值得驕傲的業績，也讓我們透過這些文字，看到他為人的襟抱與情操。葉聖陶在〈夏丏尊先生逝世〉中說：「他沒有創立系統的學說，沒有建立偉大的功業，可是，他正直的過了一輩子，識與不識的人一致承認他有獨立不倚的人格。」朱自清也評價夏丏尊是一位「以宗教的精神來獻身教育」的理想家，而且「他愛朋友，愛青年，他關心他們的一切……他的態度永遠是親切的，他的說話也永遠是親切的。」獨立不倚的高尚人格，永遠親切待人的溫煦態度，加上他在許多領域辛勤耕耘的纍纍成果，我們可以說，夏丏尊已經無愧無悔地走過了他平凡但又絢麗的一生。

第六章　上海女性新聲音：東吳女作家群

第一節　施濟美與「東吳女作家群」

一、命題的提出與問題意識

隨著文學史研究方法的不斷突破與觀念的鬆動、視野的拓展，過去很多在現代文學史上被壓抑、遮蔽的思潮、流派、作家作品，已經逐漸「浮出歷史地表」，成為近年來文學史「知識考古」工作上的重大收穫，邊緣／中心的辨證關係在現代文學史的研究視閾中也產生了微妙的傾斜變化。以四〇年代具有代表性的海派女作家之一的施濟美為例，已經漸漸為文學史研究者所注意，在上海淪陷區文學研究和海派文學研究這兩大文學區塊中，以施濟美為代表的「東吳女作家群」[1]也不再被中心論述所淹沒、遺忘。事實上，這批活躍於四〇

---

1 作家胡山源在《文壇管窺》（上海古籍出版社，1997）一書中曾提到四〇年代上海有「東吳派女作家群」的存在，其中又以施濟美最受青年學生歡迎。此外，大陸作家、學者左懷建、張曦、梁永、王琳、陳青生、湯哲聲等人在其文章、書籍中也曾提到此一女作家群，或稱「東吳派女作家群」，或稱「東吳女作家」，或稱「東吳系」。由柯靈主編的《民國女作家小說

年代上海文壇的年輕女作家，以她們初出茅廬的銳氣和女性特有的才思，寫下了一批具有新鮮氣息、並能受到讀者歡迎的作品，對上海淪陷時期文壇的活絡和文學的繁榮都有一定的促進作用。

　　過去的文學史論述，多以正式社團或主流流派為主，對類似「東吳女作家群」的注意十分薄弱，這使得文學史著作雖有多種版本，卻在結構框架和審美視角上不免陷入過於一致性的單調陳套中，這種現象對現代文學史學科的整體發展自是一種缺憾。當然，此一文學群體的構成鬆散，文學成就參差不齊，談不上理念一致，更沒有旗號主張，不能視為一嚴謹的流派，只是特定時空文學史發展的一個特殊現象而已，因此其被忽略並不令人意外。然而，它畢竟是歷史真實的存在。

　　這群女作家在戰亂烽火的四〇年代，執著於文學創作，以其才華洋溢的小說、散文為上海文壇增添一道秀麗的風景線，也為 20 世紀的女性文學提供了特定時期別具特色的精采文本與作家型態。然而可惜的是，不論作為一個文學群體，還是作家個體，她們長期以來一直被各種文學史忽略。張愛玲、蘇青、施濟美是四〇年代上海文壇最引人注目的女作家，如今張、蘇已廣為人知，而施濟美則始終少人聞問，遑論其他幾位了。

經典》（1997）中收列施濟美小說集《鳳儀園》，則明確指出施濟美是當時人們稱為「東吳女作家」中的首要成員。筆者以為稱「派」與「系」會讓人誤以為這一群體的存在是有計畫、有組織的行為，其實不然，因此筆者以「東吳女作家群」一詞指涉這群女作家。

　　本文是學界首次直接針對此一群體，以獨立議題進行有系統的研究[2]，也是在關於施濟美有限的研究成果上更進一層的探索，希望能鉤沉出這群在現代文學史上被遺忘的女作家的生活面貌與文學成就，為現代文學史料填補空白，也為女性文學研究提供另一個藝術審美樣式。在資料有限的客觀條件限制下，本文不免要帶有「尋找」、「鉤沉」的性質，希望至少先做到將相關的材料盡可能搜羅，再進一步對其解讀、分析與論述。可以說，這個課題的研究具有一定的開創性，但其挑戰性與困難度也是可想而知的。

---

[2] 本文發表於 2005 年 11 月 20 日在台灣桃園南亞技術學院舉辦的「2005 海峽兩岸華文文學學術研討會」，當時，大陸上並未有相關專書問世，而根據中國優秀博碩士學位論文全文數據庫網搜尋的結果，相關的學位論文有四筆，但都是 2006 年以後完成，其中碩士論文有：丁宇鷹《廢園裡的群鶯亂飛 — 試析施濟美小說的女性世界》（華東師大，2006 年）、譚飛《岸邊的守望 — 東吳系女作家論》（蘇州大學，2010 年）、管守文《東吳系女作家 — 施濟美研究》（遼寧師大，2012 年）等三篇；博士論文則有一筆：王羽《「東吳系女作家」研究》（華東師大，2007 年），這篇博士論文是迄今為止最完整而有系統的研究成果，但也未見出版；至於期刊文章方面，2002 年以前多為史料回憶性的短文，2002 年開始，學術性的研究（相對來說）逐漸多了起來，其中較受到學界重視且相關研究較多者是施濟美，四〇年代的代表作《鳳儀園》已有兩種新版問世，目前任教於浙江工業大學的左懷建教授從 2002 年起，對施濟美持續進行了較深入的研究，發表了至少六篇相關評論文章，但都是以單一作家施濟美為研究對象，而非以作家群體為討論重心；此外尚有王會、姜瑀、畢金林等學者也發表了幾篇關於施濟美的文章，但都是在 2006 年以後；有些專書（如陳青生著：《年輪：四十年代後半期的上海文學》，2002 年））或是單篇文章（如梁永：〈東吳派與女作家施濟美〉）對此一群體曾進行介紹或論述，但多僅為全文中的一小部分而已。

二、瞬間的輝煌：東吳女作家群的
　　出現及其時代背景

　　回顧 20 世紀的中國歷史，四○年代可說是最激烈動盪的十年，中國大地無一日不處於硝煙烽火中，也無一日不面臨生死存亡的危急關頭。戰爭，成為這一時期人們最習慣也最恐懼的生存狀態。肩負反映社會現實使命的文學，遂充滿了苦亂流離的血淚控訴和戰鬥宣傳的救亡氣息。然而，在烽火連天、經濟蕭條的衝擊下，上海依然是當時中國文化產業最興盛的城市，印刷業、出版業、新聞業、娛樂業的規模在全國堪稱首屈一指，市民的消費力高、閱讀需求大，加上大批作家在此居留、聚集、活動，使上海在那特殊的戰爭年代依然維持著活躍、熱鬧的創作榮景，不論是作家陣容、文學活動，還是創作實績、文化影響，上海都當之無愧可以被稱為文學的中心。[3]

　　以戰爭形勢的發展變化來觀察，四○年代的上海文學可

3　抗戰初期，上海文化產業曾遭受戰火的重創，但孤島時期已得到恢復，報紙雜誌相繼復刊，據不完全統計，孤島時期的上海，先後出版的各種報紙有四、五十種，各種期刊雜誌有二、三百種，大小不等的電影院、歌舞廳等娛樂場所有近百處，各種類型的劇團有五、六十個，重新成為中國最繁榮的文化都市。1941 年 12 月孤島時期結束，上海全部淪陷，初期的文學表現相對低落蕭條，但進入 1943 年以後又開始繁榮。抗戰勝利後，國民政府遷都南京，早先遷至內地的文化機構、文化人士紛紛匯聚上海，致使當時輿論有「上海又成為中國文化中心」之說。以上敘述參考自陳青生著：《抗戰時期的上海文學》（上海人民出版社，1995），頁 72-73、194-198，以及陳青生著：《年輪：四十年代後半期的上海文學》（上海人民出版社，2002），頁 6-7。

以分成三個階段：一、後孤島時期（1940－1941.12）；二、淪陷時期（1941.12－1945）；三、國共內戰時期（1945－1949），這三個時期是互相銜接，彼此影響的。當 1941 年底太平洋戰爭爆發，上海全部淪陷，「孤島」時期結束，許多作家被捕，刊物也被查禁，但上海文壇並未因此沉寂蕭條，根據統計，淪陷時期的上海，先後共出版了二十多種以文學為主或專載文學作品的刊物，如《萬象》、《春秋》、《紫羅蘭》、《幸福》等，他們以作品迂迴曲折地流露出對侵略者的不滿、追求自由的渴望和期待光明的到來。施濟美、程育真、湯雪華等一批年輕女作家有不少作品就發表在以上這些刊物，因而在那淪陷、戰亂的黑暗時期躍上文壇，嶄露頭角，並受到讀者的歡迎，由於這群女作家都出身於東吳大學或東吳附中，有論者便以「東吳女作家」稱之。

　　東吳大學是教會學校，原址蘇州，抗戰期間因日軍佔領和迫害，一度遷至上海租界避難，直到 1945 年抗戰勝利後陸續遷回蘇州校園。由於東吳大學當時沒有文學系，因此她們主要讀的是法律、政治、經濟、教育等科系[4]。她們活躍於四

4　東吳大學在 1930 年時有文、理、法三個學院十二個系科，其中文學院有文學系、經濟系、政治系、社會系、教育系。1937 年日軍侵略上海後，情勢危急，決定將大學部遷到湖州，中學部避難南潯。1938 年在上海復校，1942 年又停辦。在校董聯合會（紐約）協助下，法學院前往重慶，文理學院則前往廣東曲江辦學。1944 年校董會決定暫時停辦（曲江）文理學院，直到抗戰勝利後才陸續恢復。由於戰時教育的特殊性，應用科學教育較受重視，在學校遷徙避難的過程中，文學系暫時停辦，因此施濟美等人無法就讀於文學系。至於東吳附中，在上海租界期間規模迅速擴大，一度發展為華東地區規模最大的中學。關於東吳大學在抗戰期間的遷徙情形參見王國平編著：《教會大學在中國：東吳大學》（河北教育出版社，2003），頁 109-135。

〇年代上海文壇，特別是 1941 年 12 月上海淪陷至 1945 年 8 月日本投降為止的三年八個月期間，被視為當時文壇新秀。主要有施濟美、程育真、湯雪華、俞昭明、楊琇珍、鄭家璦、曾慶嘉七人，作品以小說、散文為主，其中施濟美、俞昭明、楊琇珍三人是經濟系同學。施濟美著有小說集《鳳儀園》、《鬼月》、《莫愁巷》及散文多篇；湯雪華有小說集《劫難》、《轉變》；程育真有長篇《偉大的愛》、小說散文合集《天籟》；鄭家璦有小說集《號角聲裡》；其他則零星發表作品，未見結集。

　　東吳女作家群的出現，有三個主要的形成背景。一是作家胡山源（1897～1988）的鼓勵提攜：胡山源是二〇年代眾多新文學社團之一的「彌灑社」的發起人兼主要成員，四〇年代時，胡山源在東吳大學任教，組織了校內的文學社團「愚社」，施濟美、湯雪華、程育真等人都得到他的指導，他一方面積極鼓勵她們創作，一方面憑藉自己和《紫羅蘭》、《萬象》等刊物的主編周瘦鵑、陳蝶衣的交情，向他們推薦，使得這一批年輕學生在極短時間內成為文壇受到矚目的新秀；二是刊物編輯的成功企劃：上海一批通俗文學刊物如《紫羅蘭》、《萬象》、《春秋》、《幸福》等，對市場走向與讀者口味有著一定的掌握，當看到這群女大學生所寫的關於校園生活、愛情、友情的作品，情感真摯婉柔，文筆清新流利，遂紛紛推出專欄或鄭重予以介紹，如《萬象》推出「女作家特輯」，《小說月報》、《紫羅蘭》以大篇幅刊登她們的作品，因此而牢牢地抓住了當時的新舊讀者市場；三是上海市民情調的需求：這幾位女作家都出身書香門第，家境富裕，

曾有「小姐作家」的稱號，《紫羅蘭》、《萬象》刊出〈小姐作家〉、〈女作家書簡〉等文字，陶嵐影在《春秋》1944年 2 月號裡更直接以〈閒話小姐作家〉為題大談這批作家的日常生活，譚正璧在編《當代女作家小說選》（1944 年）時也稱她們為「上帝的兒女」和「象牙塔」裡的一群[5]。這些稱呼不免給人一種夢幻、唯美、單純、理想的詩意聯想，對市民讀者產生了一種吸引力，加上她們的作品和當時專寫感官追逐、世俗欲望的市民通俗文學大相逕庭，因而迎合了許多在戰爭陰影下渴望自由、嚮往美好的市民心理。當然，戰爭的殘酷無情與隨之而來的悲歡離合，在她們筆下也有婉轉生動的觸及。以上這些個人與時代的印記在她們的作品中深深烙下，使得她們在四〇年代上海特定的時空環境裏脫穎而出，蔚成一時風潮。

　　東吳女作家群初登文壇時均為涉世不深卻有文學興趣和創作衝動的時代新女性，由於她們的寫作題材多為描繪淒婉悱惻的愛情故事，在當時也被視為是上海市民通俗文學隊伍中的一支「閨秀派」作家。包括張愛玲、蘇青、施濟美等年輕女作家一時湧現，且成績斐然，擁有不小的讀者群，尤其是青少年讀者，是淪陷時期上海文壇一個特殊的現象，甚至有時論以「女作家群崛起」對此表示驚嘆。周瘦鵑曾在〈寫

5　陶嵐影此文發表於《春秋》第 1 卷第 8 期；譚正璧所編《當代女作家小說選》（上海：太平洋書局，1944）中入選的女作家有「東吳女作家群」中的施濟美、程育真、楊琇珍、湯雪華、俞昭明，以及張愛玲、蘇青、曾文強、邢禾麗、汪麗玲、嚴文娟、陳以淡、吳克勤、周煉霞、張憬、燕雪曼等十六人。

在《紫羅蘭》前頭〉中得意地說：「近來女作家人才輩出，正不輸於男作家，她們的一枝妙筆，真會生一朵朵花朵兒來，自大可不必再去描龍繡鳳了。」[6]可惜的是，東吳女作家群體的文學活動只維持到 1949 年為止，五〇年代以後就從文壇銷聲匿跡，未見作品發表，如美麗的曇花一現於人們的驚呼聲中，瞬間的輝煌之後，從此成為絕響。

三、園林中的尋夢人：施濟美的文學創作

在這群女作家中，施濟美的作品最多，成就與影響也最大，有「滬上才女」、「東吳才女」之稱。施濟美（1920～1968），曾用名薛采蘩，祖籍浙江紹興，生於北京，長於揚州。她的父親是美國哥倫比亞大學留學生，回國後在外交部工作，母親出身名門，熟讀詩詞，從小就激發了她的藝術天賦。施濟美在上海讀培明女中時開始習作，1939 年入上海東吳大學經濟系就讀，課餘從事小說創作，筆名梅寄詩、方洋等。當時資深作家胡山源在東吳任教，經他指導開始發表作品，從此踏上文壇。

在四〇年代活躍於上海文壇的女作家中，施濟美與張愛玲、蘇青齊名，並稱三大才女，如今，張、蘇二人都已大紅大紫，只有施濟美至今依然少為人知。事實上，施濟美在四〇年代後期上海文壇擁有廣大讀者，作品每一發表都能引起

---

6 引自湯哲聲：〈論四十年代上海「方型刊物」〉，《中國現代文學研究叢刊》2001 年第 2 期，頁 120。

讀者共鳴和讚賞，刊物也會因刊登其作品而銷路大增。1946
年初，上海一家刊物向青年學生調查「我最愛的一位作家」，
施濟美的得票緊隨巴金、鄭振鐸、茅盾之後，名列第四，可
見當時上海青年對她的喜愛[7]。1947 年出版第一本小說集《鳳
儀園》，收十二篇作品；第二年再出版《鬼月》，收中短篇
四篇，同時也在《幸福》連載長篇小說《莫愁巷》。這部近
七萬字的小說，因為《幸福》雜誌的停刊而在第九章後中斷
連載。據《幸福》主編沈寂表示，五〇年代初期，由他介紹
在香港印行過完整的單行本，但已不易覓得，因此長久以來
一直未見「出土」。直到 2010 年春，陳子善教授在香港意外
發現香港大眾出版社印行的十八章本《莫愁巷》，雖易名為
《後窗》，但作者署名仍是「施濟美」。陳子善將這部「流
失」半世紀之久的完整版中篇小說，連同其他新發掘的十九
篇作品合編為《莫愁巷》一書，由上海文匯出版社於 2010
年 7 月初出版。

　　和張愛玲、蘇青不同的是，施濟美的生活態度極為嚴肅，
對民族氣節也十分重視，服膺於胡山源「愚社」標榜「不當
漢奸」、「提倡氣節」的原則，她不在有敵偽嫌疑的刊物上
發表作品，也不在日本人或漢奸投資的公司工作。上海淪陷
期間，張愛玲與胡蘭成的「亂世之戀」，蘇青經常出入漢奸
周佛海、陳公博等人的客廳，都曾引來極大的爭議，但施濟
美因結交一批抗日地下工作的朋友而引起日本特務注意，
1944 年 5 月差點在教書的正中女中被日本憲兵逮捕。她對上

7　見陳青生：《年輪：四十年代後半期的上海文學》（上海人民出版社，2002），
　頁 103。

海畸形的世俗物欲深表反感，也不認同當時流行的市民通俗文學，這種文學態度和張愛玲、蘇青也有所不同。張愛玲、蘇青對亂世中的上海小市民的世俗生活哲學表示認同，對「道德」、「犧牲」、「理想」常帶一絲刻意的嘲弄，留連於欲望、消費、物質、頹廢的上海都市漩流中，但施濟美卻對紙醉金迷的上海感到難以適應，曾說：「上海似乎永遠只是上海而已，不知究竟屬哪一個國度」[8]，她對上海的消費文化和世俗價值始終採取拒絕和反抗的姿態，對堅持知識分子的精神價值有強烈的自我期許，作品中寄寓著對人生理想的讚頌、純潔人性的召喚和聖潔真愛的不懈追求，在當時上海通俗市民文學的主流市場裡，反而因此顯現出一種獨特的面貌、清新的風格，受到讀者的肯定。

身為女性作家，施濟美擅長以哀婉的筆觸描寫女性的愛情悲劇，尤其在展示人物經歷坎坷愛情的痛苦與反抗的心路歷程方面，她筆端總能投注極大的同情。這些平凡而動人的故事，結局往往都充滿揮之不去的無奈與悵惘，但並不令人感到絕望，反而更顯出主人公的承擔、反抗或執著，就如四〇年代的作家、《幸福》雜誌的主編沈寂所說：「所描寫的人物，只有淡淡的哀愁，沒有媚俗和頹廢，有對世俗的感嘆卻不消沉和絕望。……使讀者在窒息的黑暗環境裡眺望即將來臨的曙光。」[9]例如〈悲劇與喜劇〉、〈紫色的罌粟花〉、〈鬼月〉、〈三年〉、〈鳳儀園〉等篇都是施濟美這類愛情故事的代表之作。〈悲劇與喜劇〉（原名〈春花秋月何時了〉）

---

8 施濟美：〈郊遊兩題〉，《春秋》第 1 年第 8 期，1944 年 5 月。
9 沈寂：〈身世淒楚的女作家〉，《新民晚報》，1999 年 1 月 24 日。

中的藍婷為了成全多病的表姐黛華，而和心愛的范爾和分
手，不料九年後兩人重逢，黛華已逝，藍婷也嫁給了篤實的
周醫生，面對舊情人的百般誘惑，藍婷終能看清其真面目而
毅然割捨這段感情，選擇不一定浪漫但卻真實的婚姻，同時，
她並沒有因此而失去對感情的信仰和生活的勇氣；〈紫色的
罌粟花〉描寫二十二歲的年輕姑娘趙思佳對愛情和友誼的忠
貞，她在十七歲時愛上有婦之夫的中學英文老師，引起對方
太太的不滿與羞辱，後來這英文老師因從事抗日工作被日本
人殺害，她從此生活在對那段愛情永遠的追憶中，拒絕了其
他人的追求；〈鬼月〉敘述了一個農村少女海棠為追求真愛，
不惜以死反抗封建包辦婚姻的悲慘故事，當兩人的屍體在河
中浮起，張老爹說：「他們永遠在一塊兒了」，女性面對卑
微命運但又執著不悔的鮮明形象也因此浮現；又如〈三年〉
（原名〈聖瓊娜的黃昏〉）中的女主人公藍蝶，當年為反抗
家庭的包辦婚姻而離家出走，與心愛的人在一起，但不幸愛
人戰死沙場，她迫於生活無奈淪為交際花，後來偶遇酷似初
戀情人的柳翔，但在得知柳翔的前戀人黎蕚病重時，善良的
她決定離開柳翔，把愛情還給黎蕚，自己重新踏上坎坷的漂
泊旅程，徒留下一個美麗而憂傷的回憶，但小說結尾，柳翔
在漂泊三年尋找不到她的行蹤後又回到舊地，彷彿又有一個
未完的可能性在悄悄蘊釀著。衝突與矛盾，痛苦與反抗，犧
牲與承擔，出走與回憶，施濟美筆下的女性時而柔弱，時而
堅強，周旋在男性與命運的漩渦中，形象鮮明且血肉飽滿，
令人留下深刻印象，而這些想像豐富、意境幽遠、情真意切
的愛情悲劇，也深深打動了當年上海廣大的讀者。

　　在施濟美創作的愛情悲劇中,最具代表性的應該是中篇小說〈鳳儀園〉。孀居了十三年的馮太太,氣質出眾,年輕而美麗,住在充滿荒敗神秘氣息的鳳儀園中,原本平靜絕望的心,在遇到了應聘做家庭教師的大學生康平之後,重新燃起了對愛情的渴望,而已有未婚妻的康平也愛上了她,在一次堅決求愛之後,兩人都成了背叛者:馮太太背叛了死去的丈夫、十三年的孤獨自守、原來的自我,而康平背叛了她的未婚妻,但馮太太很快就選擇了退出與犧牲,因為她明白康平愛上的不是真正的她,而是在神祕的園林氣息烘托下風華絕代的外表,而且他能對未婚妻不忠,將來也可能會拋棄她這個幾近中年的女人,於是在短暫的希望之後,她又選擇回到「荒蕪的庭院和雜生的青草」、「凄迷而又哀婉」的鳳儀園,從此「留得殘荷聽雨聲」。因道德壓抑了情欲,因成全放棄了幸福,馮太太這個放逐愛情的悲劇女性人物典型,在施濟美充滿詩意的筆觸下顯得寂寞、痛苦,就如康平眼中初見的馮太太,「有一種難以比擬的孤清,清涼的華貴」。鳳儀園的場景寫的是蘇州,但不妨看作是施濟美和她筆下人物精神家園的象徵。不是沒有欲望,而是不隨欲望墮落,寧願痛苦也守住自己的心靈園林,做一個不向世俗情趣靠攏的尋夢人,或許有人會認為她是男性中心主義下的犧牲者,但實際上她堅持的恰恰是女性獨立的主體立場。

　　施濟美筆下這許多遭際淒楚、情思悲艷的愛情故事,雖然是來自她的虛構與想像,但若知道她真實的人生經歷―特別是在愛情上受到的苦難與堅持,就會同意這些故事中其實大多寄託了她深沉的感喟和真實的影子。她本身的切身之痛

不比筆下那些悲劇女性來得遜色。施濟美的初戀情人（一說
兩人曾訂婚）是中學、大學同學俞昭明的弟弟俞允明，俞允
明是愛國的熱血青年，抗戰期間到武漢大學讀書，一邊求學，
一邊抗日。武漢淪陷後，武漢大學師生流亡到四川樂山，不
久遭到日機轟炸，俞允明不幸遇難。施濟美在滬聞訊，悲痛
欲絕，為了對愛情忠貞不渝，便守身如玉，終身不嫁。對其
不幸身世與至愛深情知之甚詳的沈寂就說：「悲痛的初戀成
為她埋在人生道路上痛苦的種子，在時代風雨中茁長出一朵
朵美麗的鮮花，也就是她筆下一篇篇寄託她相思和哀怨的文
章。小說裡的人物有她自己的影子，她也通過小說抒發出蘊
藏在她心坎裡的隱忍和悵戀。」[10]當我們讀到她的小說〈尋
夢人〉中對蘭園女主人林太太的描寫：

> 夕陽常予人以夢幻，黃昏遂最易逗起哀愁。當胭脂似
> 的落照映上紫藤架的時候，林太太從月洞門裡緩緩的
> 走了出來。她是個豐腴的中年美婦人，一縷玄色的衣
> 裳，走路時也流露出高貴氣息，和端凝文雅的風韻。
> 她走到紫藤架底下，夕陽的餘暉從枝葉縫中射上她的
> 臉，她的臉遂也抹上一層胭脂似的淡紅了。[11]

我們很容易聯想到真實人生中的施濟美，小說中林太太
徘徊在「石榴花開得盛極而衰，紛紛凋謝」的園林裡深情追

---

10 沈寂：〈身世淒楚的女作家〉，《新民晚報》，1999 年 1 月 24 日。
11 施濟美：《鳳儀園》（黑龍江人民出版社、北方文藝出版社，1998），
　　頁 26。

憶自己初戀的情景，完全是作者刻骨銘心的情感投射與反映。有人曾在五〇年代初期見過施濟美，形容她「三十幾歲，身體稍高，樸素清雅，還有些不易察覺的抑鬱；雖然總是默默地微笑著。」[12]不管是林太太、馮太太，還是藍蝶、藍婷、趙思佳，這些為愛所苦、為情所困的悲劇女性的人物原型，其實正是施濟美本人。

施濟美的小說語調溫柔而纏綿，不刻意講求形式的奇特，而是以一種非常女性化的敘事方式在進行，抒情細膩而強烈，有時整篇小說洋溢著詩的美感，寫得好的能體現出（女性）生命內在的深刻體驗，寫得不好的則容易流於感傷的濫情。例如〈井裡的故事〉中描寫克莊回到父親當年住過的老家：「她明知自己只是初來，但是朦朧的心境卻有一番重遊的愁緒，徘徊又徘徊，惆悵又惆悵。那萬紫千紅，那花團錦簇，那鶯的清歌，燕的軟語，那玉笑珠香的華筵，吟詩弄畫的雅集，釵光鬢影的春宴，呼童喚婢的嬉戲，對酒高歌的豪情，那昔日的美景，良辰，盛況，歡心……」[13]過度的文字修飾反給人做作之感。施濟美的古典文學素養甚佳，尤其喜愛詩詞，經常在作品中引用，生動處能營造出特殊的氛圍，但有時不免稍嫌賣弄，例如〈暖室裡的薔薇〉描寫一對好友因鬧彆扭而疏遠，最後又恢復友誼的故事，其中寫道：「好

12　梁永：〈東吳派與女作家施濟美〉，《文藝報》，1990 年 11 月 24 日。
13　這篇小說原載《生活月刊》1947 年第 2 期。見柯靈主編：《上海四十年代文學作品系列‧中篇小說集之一》（上海書店出版社，2002），頁 293。

容易才考完了畢業考。流水帶去了落花，任憑千萬片榆錢，也買不住殘春。告別言旋的時節終於來臨。」[14]讀來生硬而不自然。此外，人物刻畫有時稍嫌平面，題旨也因過於理想化而顯得蒼白，和張愛玲、蘇青小說的高度、深度比起來，確實顯得稚澀不足，但她充滿浪漫情調的抒情韻味，女性特有的細膩觀察與柔美文字，使她的作品具有美和純真的清幽華麗風格。

　　作為東吳女作家群的一員，施濟美在小說中營建了好幾處蘇州園林式的場景，茜沙窗、月洞門、竹林、池水、假山、石橋、亭閣，充滿濃厚的姑蘇園林風情，如鳳儀園、藍園、凌園、費公館的花園等。這些園林多半荒涼、破敗、古老、冷清，與世隔絕，帶點神秘色彩，甚至瀰漫著一股鬼魅氣息，寂寞孤獨的女主人公在其中躑躅、嘆息、徘徊、惆悵，或藉此療情傷、憶往事，或藉此與世俗現實、都市漩流隔離開來，保持純真情感的一方淨土。施濟美在〈尋夢人〉中借人物的口說出：「只有不幸的故事才最動人」，「因為它將是一個永不被遺忘的故事」，這也許可以說明她之所以鍾情於悲劇愛情題材的原因吧。做為一個藝術園林裡的尋夢人，她以不到十年的時間，寫下許多膾炙人口的小說，為自己找到了心靈棲居的所在，也因其較高的文學才情與勤於探索的創作態度，使她的成就高於其他幾位東吳女作家，而成為東吳女作

---

14 這篇小說原載《萬象》1941 年 4 月號。見柯靈主編：《上海四十年代文學作品系列·短篇小說集之一》，頁 180。

家群的代表人物。

第二節 「東吳女作家群」其他
成員的文學創作

一、程育真與湯雪華

除了施濟美之外，這群上海女性的新聲音中，較受到矚目的是程育真（1921－　）與湯雪華。程育真是民初偵探小說名家程小青（1893－1976）之女，受父親影響，曾以「白雪公主」筆名在《偵探世界》上發表過小說〈我是納粹間諜〉。1945 年東吳大學經濟系畢業，曾有一段積極寫作的時期，1948 年赴美留學，與華僑吳某結婚，現定居美國，專業寫作。1939 年 5 月，程育真為父親祝壽，特地在《小說月報》上發表文章〈父親〉，在文章中她自承是「生活在富裕安靜的家庭裡的夜明珠」[15]。她是虔誠的天主教徒，同時又受過良好的音樂薰陶，這使她的作品體現了「宗教的信仰，音樂的愛好」（譚正璧語）此一創作特色。1947 年出版了唯一的一本短篇小說集《天籟》，收有〈白衣天使〉、〈隱情〉、〈音樂家的悲歌〉、〈星星之火〉等。

---

15 此文後來收入程育真於 1947 年 2 月由上海日新出版社出版的小說集《天籟》中，此處轉引自陳青生：《抗戰時期的上海文學》，頁 232。

　　她的作品題材多為和樂的家庭生活、愉悅的學校生活和真誠美好的人間情愛，肯定人性的善和對純潔愛情的追求。例如〈白衣天使〉，描寫一位有愛心的護士，不顧眾人勸阻，進入鼠疫隔離區救護病人，最後卻染疫而犧牲了年輕的生命，在小說中，她宣揚了自己的理念：「這世界就是由相互間的愛心與犧牲同情幫助建造起來的」；小說〈笑〉裡也有類似的句子：「世界缺少愛，那麼你應該把你的愛獻給世界……因為黑夜已深白晝將至。」體現出一種自我犧牲的道德情操，強調以「愛」來對抗黑暗。她常以教徒為小說中的主人公，藉此歌頌宗教的美好並宣揚博愛的教義，有時也以音樂家為主人公，或以音樂的描寫來渲染故事場景的氣氛。最典型的作品是發表於 1943 年 4 月《紫羅蘭》第二期上的〈遺憾〉，描寫一位溫藹富愛心的老教授，因思念死去的女兒而對女主人公幽蘭特別疼愛和提攜，引導她信教，教她提琴演奏，並為她安排一場音樂會，但就在音樂會成功進行後，她才獲知老教授中風去世的噩耗，老教授臨終時吩咐轉言：「親戚朋友都要離開，唯有耶穌永不遠離。」而她凝視遠天，也獻上祈禱：「主啊！老教授長眠了，求你叫我把一顆專一愛老教授的心去愛著大眾，也叫我能更愛著您。」全篇引用多處聖經的文字，表現出對宗教信仰的虔誠，但以小說技巧而言卻是失敗的。這種對宗教、音樂的偏愛與描繪成了程育真小說的特色之一。

　　發表於 1943 年 3 月《小說月報》第三十期的〈聖歌〉，也是程育真結合音樂、宗教、愛情三元素的代表作品，故事敘述一位二十五歲的青年崇宣，不幸得了瘋癲病，在醫院治

療，偶然間聽了女傳道音樂家夏靜雲的歌曲〈耶穌於我〉，深深喜愛，因而想要見見這位在他心目中美麗的女音樂家，遂寫了一封仰慕的信託人送去，但夏靜雲其實是年逾四十的中年婦人，她猶豫後仍決定給他寫封鼓勵的信，表示願意為他唱一曲聖歌，並附了一張二十多歲女兒的照片寄去。崇宣終究不敵病魔死去，但「死得很平安」，夏靜雲也依約為死者唱了最後一曲。故事是浪漫的，有愛與美的情境，結尾寫道：「神聖的詩歌像是一條淺紫的綢帶繫住了人們的心送到遠遠的碧空，溫存在和平安詳寧靜的空氣中。他們暫時忘懷了世界的殘酷，不平，欺詐和死別的痛苦……」16這種對宗教、音樂的偏愛與描繪成了程育真小說的特色之一。從某個意義來說，這群女作家浪漫愛與抒情美的作品也正是「繫住了人們的心」，使讀者「暫時忘懷了世界的殘酷」。

在藝術表現上，程育真以文字清新明麗、故事曲折動人見長，但部分作品不免存在脫離現實、浮泛夢幻的缺失，例如〈新禧〉描寫少女紫棋崇拜年輕畫家章東聲，鼓起勇氣和他見了一面，陷入更深的著迷，卻偶然倚窗望見章東聲和女友坐在三輪車上駛過，一場美夢就此破碎，情節突兀而且凌亂，對少女情懷的刻畫失之浮淺；〈隱情〉也是少女強說愁的作品，寫少女俞楓影因盲腸炎住院，被外科趙醫生從危急中拯救回來，因而心生暗戀，但一直未曾見過面，後來出現一位音樂家柳沙對她展開追求，她卻拒絕了，沒想到這位音樂家就是她愛慕的趙醫生，情節曲折，但欠缺說服力。譚正

16　程育真：〈聖歌〉，見陳子善、王羽編：《小姐集》（北京：人民文學出版社，2007年），頁301。

璧在《當代女作家小說選‧敘言》中對程育真和另一位女作家楊琇珍的創作傾向有精到的觀察，他認為程、楊在「藉文藝來宣揚作者自己所信仰的宗教精神」上和俄國小說家托爾斯泰類似，但托氏作品中「有著濃厚的時代性和社會性」，因為「他有著他所處時代社會的一切人生的體驗」，而程、楊的作品卻只是「隔離時代社會的少女們的理想的憧憬」，甚至有的「完全是超現實的理想的故事」[17]，這個看法是符合事實的。不過，她的一些小說也有反映現實的一面，應該說，這類作品才是程育真小說藝術可貴的部份，例如刊登在《紫羅蘭》第九期的〈自高與自卑〉，描寫女主人公育真在車上偶然結識一位外國女子，應邀到她家中小聚，面對那位洋女子態度高傲的丈夫，在言談中保持了中國人的尊嚴，在一定程度上反映了上海淪陷時期華洋相處的面相，只不過，女主人公以拿出聖經唸出「凡自高的必降為卑，自卑的必升為高」來壓制對方氣燄的方式又陷入她慣用的宗教模式裡了；〈籠羽〉描寫一位少女勇於反抗包辦婚姻並最終取得勝利，這和一般描寫青年男女追求愛情自主卻告失敗的作品有所不同，具有另一層深刻的現實意義。

　　大體而言，程育真的作品要比楊琇珍、俞昭明等其他幾位女作家來得豐富而廣泛，但在現實深刻性上不如湯雪華。她在四〇年代後期曾發表長篇小說《偉大的愛》，可惜結構鬆散，評價不如短篇。

　　湯雪華又名湯鍾圓、湯仙華，曾使用筆名中原、張珞。

---

17 譚正璧的看法引自陳青生：《抗戰時期的上海文學》，頁232。

她是胡山源的學生、寄女,「愚社」成員,得到他較多的指導和讚許。她的作品大多寫於淪陷時期,抗戰結束後,曾在松江等地執教。湯雪華的小說後來結集為《劫難》、《轉變》二書。譚正璧在《當代女作家小說選·敘言》中稱許湯雪華的小說「文字不講技巧,而自然平穩;故事不求誇張,而逼真切實,在平淡中見深刻,在樸素中寫美麗,沒有刺激的力而自會予人以深刻的印象。」由於她的小說對黑暗的社會現實有較多的披露,對下層人民的悲慘生活有深具同情的展現,因而譚正璧認為她是當時所有上海女作家中,在反映社會現實方面堪稱「最成功的一個,而且實際上恐怕也僅有她一個。」[18]這「唯一」與「最成功」是有待商榷的過譽了,但這些評價正說明了湯雪華和施濟美、程育真間的最大不同。例如〈動亂的一角〉寫一位小學教師靠囤貨發了小財,卻引起土匪的覬覦勒索而不得不離家躲逃;〈罪的工價〉寫窮人因飢寒交迫而持刀盜米,被發現後殺了人,最後被捉處死,付出了巨大的代價卻沒有改變原來的困境;其他如〈飢〉、〈生和滅〉、〈牆門裡的一天〉等作品也都以窮人的悲苦遭遇為素材,寫得沉痛,體現了人道主義精神,雖然在表現手法和對題材的深刻掌握上仍不夠純熟,但正如有論者指出的:「儘管這類作品因為缺乏實感,多借新聞素材寫作,情感稍嫌不夠節制,但,一位象牙塔中的人,能夠有這樣一種情懷,卻是難能可貴的。」[19]

---

18 陳青生:《抗戰時期的上海文學》,頁 235。
19 張曦:〈古典的餘韻:「東吳系」女作家〉,《書屋》,2002 年第 9 期,頁 65。

　　和這些表現社會黑暗的作品相比，湯雪華在審視她所熟悉的都會女性生活與心理上就顯得駕輕就熟了，她擅長以詼諧的筆調，從日常瑣事出發，寫出女性對婚姻的複雜感受以及浪費生命的悲劇，例如〈一朵純白的蓮花〉中寫道：「女子嫁人，等於斷送了上帝苦心創造的一件美術品，這是人世間的悲劇。」〈薔薇的悲劇〉裡寫道：「高貴的小姐啊！你有滿房漂亮的東西裝扮身體，竟不夠奢侈，還要撕碎了別人的靈魂來裝飾你自己的靈魂！」又如〈煩惱絲〉中的莫太太，一生豐衣足食，無憂無慮，卻為了一頭細細的髮絲，「到現在，還常在惱著，哭著，笑著，嘆著，操心著，忙碌著。」還有〈芝麻小姐〉寫的是一位相貌醜陋的小姐，偏愛賣弄風騷，結果反而遭人取笑的故事；而詼諧中帶有諷刺的〈猶豫〉，周瘦鵑在《紫羅蘭》上發表此文時曾介紹道：「寫一位時代女兒的擇偶，既要誠懇，又要活潑；既要才貌好，又要金錢多，魚與熊掌，勢難兼得，於是徘徊瞻顧，猶豫不決起來。」〈南丁格蘭的像前〉題材比較特殊，寫年輕的護士以愛愛上猶太人醫生其尼斯，從起初的抗拒、逐漸接受到協助他逃亡，寫出了一段戰火下超越國界的愛情，最後以愛被日本憲兵逮捕、用刑，在醫院離開世界的那一夜，其尼斯醫生和他奧國的未婚妻回來了，以愛就這樣「永遠帶著那個未曾破滅的夢」長眠於掛在牆上的南丁格蘭（爾）的像前。小說反映了孤島時期的特殊背景，對女主人公癡情等待的心理也有不錯的刻畫。可以說，湯雪華的小說已走出了寧靜的校園和溫馨的家庭，反映了當時社會上種種的黑暗與複雜現實，對孤島的特殊背景也有所著墨，沒有太多的夢幻囈語，在這群女作家中

顯得獨樹一格。

二、俞昭明、鄭家璦、楊琇珍、曾慶嘉

　　俞昭明在當時曾與施濟美有「絳樹雙聲，一時瑜亮」之稱，周瘦鵑在 1943 年 8 月出刊的《紫羅蘭》第五期的〈寫在紫羅蘭前頭〉上曾介紹說：「她們倆先頭同在東吳大學唸書，同時畢業，並且同住在一起，又同樣的說得一口流利的北京話，她們的作品，又同樣的散見於各雜誌，不過俞女士因體質較弱，作品比較的少一些。」周瘦鵑並且接著肯定〈望〉這篇小說「情文兼至，意義深長」，寫出了「一位供獻其良人於祖國的賢妻良母型的好女子」。俞昭明曾主編過上海《今日婦女》（1946），不過僅出一期。她的創作也以小說為主，文筆冷靜樸實，用語生動活潑，結構嚴謹，尤其能將社會敏感的現實問題以小說巧妙地表達，技巧上顯得純熟而老練，在這一點上，她與湯雪華較為接近。例如〈梅家酒店〉中酒店客人黃五爺、黃八少、端老的對話就很簡潔而尖銳，思想性和時代性都極為鮮明：

> 「聽說最近城裡的店鋪被債逼得關掉有二三十家，連最老的鋪子瑞和升綢莊都在內，沒有一個生意買賣人不叫苦連天的。」「這年月連有辦法的都感到束手無策，難怪窮人要跳井投河了！」黃五爺不勝感慨地說。「照我看中國這樣攪下去怕要無救，除非有誰起來能夠推翻民國，把這散亂的局面重新團合起來，那

也許還會有點希望。」在端老失望的臉上，因為美麗的想望，也露出了一絲興奮的情緒。「就怕英雄無用武之地。」黃五爺感到民國以來，自己在荷塘灣的勢力削弱了不少，衝口而出說出了這樣一句話。「也許時勢會造英雄。」端老仍舊從好的一方面安慰著自己。「是，中國只要出來一個能降龍伏虎的人，立刻會轉危為安的。」黃八少順著端老的脾胃敷衍著他。[20]

　　這裡反映出當時民眾對抗戰結束後又爆發國共內戰，以及隨之而來的經濟衰退的普遍不滿，對現實的抨擊強而有力。俞昭明擅長刻畫人物的性格與心理，如〈三朵姑娘〉中描寫三位大學生對校外小飯館店主女兒想入非非的微妙心理，當他們自以為非己莫屬時，三朵姑娘卻宣布已和店裡的夥計訂了婚，三人內心的驚訝、失望與酸溜溜的感受鮮活呈現；又如〈梅家酒店〉的梅三姐，精明幹練，潑辣熱情，也有幾分姿色，卻在感情上所託非人，喜歡上花心的李發，最後證實李發和小桃的曖昧關係，一氣之下關上酒店大門，「再也沒開過」。小說對梅三姐的激烈性子描繪十分生動，例如一次鬧酒後，幾位客人眼看著「三姐熱了起來，將脖鈕解了，露出來裡面一段酥胸，襯托著紅撲撲的鴨臉蛋兒」，「大家都有點神志模糊，心裡晃蕩蕩的，說不出的醉意，可誰也強自鎮定著，望著三姐那紅得像五月裡石榴花似的臉，都暗暗地在心裡警戒著自己：『這是一朵火紅的花，火紅的可以燙

20　這篇小說原載 1947 年《巨型》第 3 期。見柯靈主編：《上海四十年代文學作品系列・短篇小說集之四》，頁 153。

手，碰不得。』」對照著梅大爺生前和三姐嘔氣時常指著後院的石榴樹說：「妳那激烈性子，妳那熱火勁兒，就是這火辣辣的石榴花投的胎，哪像個姑娘呀！熱得燙人。」這樣性格的梅三姐，卻陷在盲目的愛情裡不可自拔，小說對其內心的掙扎、不甘、難捨的激烈矛盾心理描寫得入木三分，也表現出她過人的才情，難怪譚正璧會稱讚她：「似很熟識於世情，筆調也很清麗，兼有北方文學的豪放。」和施濟美的「一時瑜亮」之譽，看來並非虛語。

鄭家瑗童年時代在上海度過，後遷居浙江湖州，抗戰爆發後重回上海，1941 年入東吳大學，先後修讀過英文系、社會系，最後在教育系畢業，此後長期在中、小學教書，一度主編《學生日報》文學副刊《初苗》。她的主要創作活動集中在抗戰勝利後的幾年間。除一些散文和書評外，主要以小說創作為主，後曾結集為小說集《號角聲裡》於 1949 年出版。她的文辭平實暢達，描寫也還細膩，部分作品對戰亂的影響有所反映，但題材上相對狹隘，大多偏重於表現男女青年的情感糾葛和戀愛故事，如〈號角聲裡〉、〈陰暗之窗〉、〈霏微園的來賓〉等。由於長期任教的經驗，筆下小說大多以校園為背景，如〈她和她的學生們〉（出書時改題為〈曹老師〉）描寫離婚的曹月清老師為了生活不得不嫁給一個駝背的醬園店老闆，引起學生的非議與嘲弄，特別是她最疼愛的學生李湘表現出強烈的不諒解，但在課堂上一番自我剖白後，學生們終於明白曹老師無奈選擇的心境，當她對學生感嘆地說：「一個女人，為了生活去結婚，那原是最平凡的悲劇，也就是現在中國職業婦女最末的一條出路！你們覺得好笑麼？」

在一定程度上揭露了知識女性深沉多舛的命運，不過小說結尾暗示學生李湘和曹老師之間的母女關係，顯得離奇牽強。大體來說，她對女性心理（特別是青少年女性）有相當真實的掌握與揭示，這也成為其小說的一大特色。

　　楊琇珍是 1943 年東吳大學經濟系畢業，不久便離開上海，作品不多，從 1941 年至 1947 年的創作期，目前所見不到十篇小說，主要發表在《萬象》、《生活》與《申報・春秋》。她常藉作品來宣揚自己的宗教信仰，最典型的是〈聖保羅教堂的晨鐘〉，故事的開展籠罩在宗教聖潔、莊嚴與贖罪色彩的氛圍中。蘇妮與罪犯柯琪在雨夜偶遇，彼此相知，但教堂晨鐘、十字架，在在預示著罪惡的終須面對審判。當教堂鐘聲響起，柯琪「走近床前，那雙濃深而晶亮的黑眼睛，像是在找尋著鐘聲的來處，嘴唇在顫抖著像是低聲的祈禱。」而蘇妮也有著同樣的心理震動：「我也走到床前，聆聽這悠揚而冗長的鐘聲，使我感到了自己的渺小。我的靈魂，像是離開了我的軀殼，追隨那鐘聲的消逝處，深深的去懺悔我的罪惡。」當柯琪最終被捕時，蘇妮在響起的鐘聲中流淚禱告：「願聖靈的上帝赦免我們一切的罪孽……」[21]將情感與宗教融合，以人生的真與善為皈依，楊琇珍的小說流露出一種虔誠信仰下潔白、單純的情思；還有〈玫瑰念珠〉中的女主人公依芙（不知為何楊琇珍竟用本名來命名），因為思念在戰場上失蹤的心上人，便戴著心上人臨別時送她的玫瑰念珠以示等待的決心，小說寫到為她治病、對她有好感的葉醫生請

---

21 楊琇珍：〈聖保羅教堂的晨鐘〉，《萬象》第 2 年第 1 期，1942 年 7 月。

她吃飯時，有以下的對話：

> 「我想妳一定是一個虔誠的教徒，」他說：「這串玫
> 瑰念珠是不是用來記錄唸誦玫瑰經的遍數的？」「是
> 的，不過我不是教徒，更不會唸誦玫瑰經，」我輕聲
> 地：「那串玫瑰念珠是我的一個朋友的。」「那麼，
> 這是紀念品了。」「不，我不希望它是紀念品，」我
> 堅決地說：「總有一天我要還給他的」[22]

　　小說以人物內心意識的流動為主線，襯以淒涼哀傷的場
景，描繪出一股無盡守候的悲愴之美。由於缺乏現實人生的
洗鍊，她的作品往往充滿了脫離現實的少女夢幻式的憧憬，
如〈盧山之霧〉寫年輕護士藍薇在濃霧瀰漫的盧山上照顧病
人唐瑋，不久兩人間產生了似有若無的情愫，最後黯然分手，
全篇如夢似幻，虛無飄渺，對話十足的文藝腔，完全是典型
的言情小說風格，例如以下這一段：

> 我向窗外凝望時，只見對過的山峰，已被濃霧截去了
> 半截。他頹然的坐在椅上，溫柔地：「薇，我除了感
> 激之外，我也不知道應該向妳說些什麼了！不過，
> 薇，將來有一天，或許妳會忘記了我，忘記了我們的
> 友誼，忘記了我們在山上度過的日子；但是，我可以
> 告訴妳，我是永遠不會忘懷的。將來雖然我還不知道

---

22 楊琇珍：〈玫瑰念珠〉，《生活》第 3 期，1947 年 9 月 20 日。

漂泊在人間的哪一角，可是，我將永遠為妳祝福。」
「瑋先生，請您別這樣說，您不是早就說過我們是朋友嗎？我們永遠是好朋友。」他親切地凝住著我，柔聲地：「薇，讓我們一塊兒隱居起來吧！」「是的，讓我們隱居起來吧！」我忘情地緊緊的握住他的雙手。[23]

不容否認，這樣生澀且近乎濫情的作品，呈現的是一位涉世不深、閨秀小姐的愛情想像，浪漫得近似不食人間煙火。她的言情之作，擁有女大學生編織美好愛情的純淨美感，缺乏的是深刻複雜的人性刻畫與藝術審美的豐富性、多元性。

曾慶嘉儘管作品不多，且不免觸及男女情愛的題材，但已能將視野從身邊瑣事跳開，關注社會現實，同時技巧也相對成熟，使她的小說不見初寫者的生澀稚弱，也無脫離現實的夢囈，而是對社會有較深刻的認識，對女性微妙的心理也能充分掌握，如〈從夏天到秋天〉寫交際花；〈娼婦〉寫被迫淪落的妓女；唯一的中篇小說〈女人的故事〉對婚姻、戀愛有所嘲弄與思索；〈山崗上的故事〉則寫山區貧苦平民的悲慘生活，可以看出，曾慶嘉的小說具有精巧的藝術構思，以及憎恨黑暗、蔑視庸俗的思想傾向，在這方面，她表現出和湯雪華、俞昭明一致的創作風格。可惜的是，楊琇珍、曾慶嘉二人的作品均未見結集，難以作較全面而深入的探討。

---

23 楊琇珍：〈盧山之霧〉，原載《萬象》1942 年 6 月號。見柯靈主編：《上海四十年代文學作品系列‧短篇小說集之一‧喜事》（上海書店出版社，2002 年），頁 301。

三、不該被遺忘的存在

　　四〇年代的上海文壇，一方面因為政治、戰爭的複雜對立與鬥爭，一方面因為商業性娛樂化導致的讀者通俗化傾向，呈現出多元、豐富與複雜的文學樣貌，作為一個繁榮、喧囂、主流的文學中心，每一個上海作家，對都市的漩流與政治的風暴都無法置身事外或全身而退，即使是正在大學就讀或初出校門的年輕女作家也不例外。我們可以看到，在她們的小說中，有對孤島生活、日軍侵略、國共內戰的反映，也有對黑暗現實的不滿和對受屈辱人民的同情。然而，在戰爭年代，審美藝術追求趨於一致，控訴吶喊成為時代的最高音時，這群女作家的作品提供了另一種詩意的美感，清新的氣息，使因連年戰亂而對時局失望、無奈、痛苦的人們，有了另一種選擇，可能是逃避，也可能是嚮往。

　　在她們擅長編織的愛情故事裡，或許有蒼白的囈語，不食人間煙火的夢幻，但也有對純潔之愛的勇敢追求，對親情、友誼的謳歌。和當時主流的現實主義作品相比，她們的作品沒有赤裸裸的戰爭殘酷描寫，也沒有宣傳呼籲的八股教條，而和上海大量充斥的描繪感官肉欲的作品相比，她們的作品又顯得清雅脫俗，靈秀純真，給人心靈的撫慰，宛如一座清幽雅緻的園林，讓許許多多尋夢的人有休憩、作夢的角落。這也許就是她們的作品在當時廣受歡迎的原因。在短暫的十年裡，她們的青春才華有了一次光亮的展現，但在主流的文學史論述裡，她們的身影顯得渺小而孤單，不過，她們優雅

的存在姿態與純淨的文學美聲，已經為她們佔有了一個小小的位置，雖然也只能在邊緣。

特殊的時代產生特殊的文學。這群作家在四〇年代上海文壇是一道秀麗的風景線，引人注目，也締造了一定的聲勢，但她們畢竟年輕，缺乏人世較豐富的歷練，也尚不足以形成個人圓熟的藝術風格，這使她們無法成為一代大家，但勇於探索的創作精神與表現，稱她們為有才華的作家應是允當的。她們的作品說明了上海文壇並未因時局的驟變而蕭條沉寂，也豐富了海派文學的多元型態，同時提供了女性文學生動而精緻的文本，對她們的忽視與遺忘將是文學史自身的損失。

在上海淪陷期短暫的平和狀態下，她們躍上文壇，才華迸射，但卻是曇花一現，因著種種原因，1949 年後紛紛停筆進而消失在文壇，從此，她們的人與作品遂長期湮沒在文學史的視野裡，不見天日。對於程育真，因為父親程小青的緣故，我們至少知道她目前定居美國，1983 年曾在美國紐約整理了其父詩詞遺作數百首，編訂成《繭廬詩詞遺稿》，分贈海內外親屬友好，用以紀念其父九十周年誕辰。至於為愛守貞、終身不嫁的施濟美，1949 年後還曾發表數量不多的散文和詩歌，但她的作品被批判為「小資產階級情調」，她因此擱筆，退出文壇，專心投身於教育事業，執教於中學，然而，革命的浪潮終究沒放過她，「文革」風暴一起，她又被誣為「修正主義教育路線」，遭到非人的迫害和侮辱，含冤抱恨，於 1968 年 5 月 8 日懸樑自縊身亡，直到十年浩劫過後才得平反昭雪。如今，她的小說有《鳳儀園》兩種不同版本的問世，一如上海古籍出版社《鳳儀園》的編選者盛曉峰所說：「作

為一位曾經在中國現代文學史上產生過一定影響的女作家，文學史家們應該對她的存在給予一定的關注。」只是，這群女作家中的其他幾位呢？她們的生平在文學史裡常只是簡單的「不詳」二字，我們不禁要詢問，她們後來的遭遇為何？還有文學活動嗎？她們的作品何時也可以重印問世，讓讀者重新認識這批曾經在上海享有盛譽的女作家呢？

看來，對施濟美和東吳女作家群的尋找與鉤沉，現在只是開始而已，而且是艱難的開始。還好，這批女作家美麗而渺遠的身影，近幾年來開始逐漸清晰，陳子善、陳學勇、王羽等學者對相關史料的勤力挖掘與用心整編，陸續出版了《小姐集》、《太太集》、《閨秀集》、《莫愁巷》等幾近絕版的作品集，使我們得以看到四〇年代與張愛玲、蘇青們不同的另一種女作家的文學風情。由於複雜的歷史原因，這批女作家在文學史上消失了那麼多年，陳子善因此感嘆道：「歷史並不總是公正的，至少在某一階段是如此。」但在 21 世紀的今天，看著這些被遮蔽一甲子的作品再度陸續問世，我們還是得同意：「歷史畢竟還是公正的」[24]。

---

24 陳子善：《小姐集‧序》，頁 1、3。

後　　記

　　對於這本小書能在山東文藝出版社出版，我深感榮幸。

　　對於策劃這套叢書的北師大李怡教授，我要表達由衷的謝意。2013 年 7 月，他應夏潮基金會的邀請，來政大文學院交流一個月，由我負責接待，當時安排他住進我們學校的學人宿舍。有好幾個晚上，我到他住的地方，一起討論、擘劃與民國文學相關的議題與構想，教學、辦刊物、舉行會議等，激切高昂的語調我至今依然記得，那是一種對學術研究將有所突破的興奮心情。夜深，我告辭準備返家，他又送我走一段路，交談的依然是民國文學種種，許多的計畫開始要啟動，許多的見解正待發而為文。這種激動的心境已經許久不曾有過，大概只有在撰寫博士論文時感受過這種蓄勢待發的亢奮情緒。

　　正是在這樣密集的討論之後，我才放下心中原有的顧慮，決心對民國文學概念的提出展開較積極的思考與行動，我和李怡教授同時在北師大、政大各自提出設立「民國歷史文化與文學研究中心」的計畫，並獲得兩校的支持。政大的中心於 2013 年 9 月經文學院院務會議通過設置，2014 年 6 月正式召開第一次的會員會議，宣告中心的正式誕生。在該年的 7 月，我應邀到四川宜賓參加「國民革命與中國現代文

學國際研討會」，政大的中心和北師大的中心同時列名主辦單位，這是政大的中心第一次正式亮相。現在，本中心已經發行「民國歷史文化與文學研究中心通訊」，舉辦過一系列「一杯清茶說民國」演講活動，也正在籌備《民國文學與文化研究》半年刊，希望能聚集更多能量一起對這個學術議題進行深入、多元、長久的探討。「民國」作為一種方法、視角，我相信可以為現代文學研究的深化開闢出一條可行的通路。

暫且不管「民國」在政治、社會上的功與過，以文學而論，不能不承認從 1919 年至 1949 年的三十年，確實是一段文學的黃金歲月，那樣激動人心的思潮起伏，那樣繁複多變的技巧表現，那樣多元喧嘩的觀點碰撞，乃至於那樣壁壘分明的文學路線之爭，在中國歷史上大約只有春秋戰國時代可堪比擬。在動盪不安的時代，民國文學竟能留下如此豐富的遺產與典範，只能說是一種幸運。在民國文學的繁華盛世裡，大量湧現的社團流派是最有說服力的見證。大大小小的社團，林林總總的流派，主流與邊緣的文學論爭，推進了文學的向前發展，也締造了屬於民國文學獨特的生動面貌。

從 1997 年撰寫博士論文《白馬湖作家群研究》開始，我就對文學史上存在的一些邊緣作家群體產生興趣，我認為過去對文學流派的研究多半集中於旗幟鮮明、口號響亮、宗旨明確的社團與流派，而其他規模較小、無嚴謹組織的旁支分流則相對顯得寂寞許多，這不能不說是一種缺憾。於是，完成白馬湖作家群研究之後，我陸續研究了立達文人群、開明派文人、東吳女作家群，事實上，他們的聚散分合、文學活動、交游往來與主流社團、流派的興衰起落，可以相互印證、

對照。為文學流派研究提供一個非（外）主流的參照系，正是我研究邊緣作家群體的初衷。因此，當李怡教授向我邀稿時，我很快就決定了這樣的編寫計畫。書中的文章或許不多，但走在「人少的地方」，自認還是看到了一些別處不易見到的風景。

　　湖畔詩社雖是一個正式的社團，但規模極小，而且很快風流雲散，不過，其中洋溢的青春氣息打動了我，於是我也對這個社團進行了史料與觀念上的討論。至於跨越清末民初的南社，規模不小，人數眾多，產生了一定的影響力，不能說是「邊緣」，但在 1923 年解散之後，很快地又成立了新南社，新南社的成員兩百多人，和南社全盛時期的上千人相比，給人曲未終卻人已散之感，出過一期《新南社月刊》，一年之後就劃下句點。新南社在 1920 年代當然是個極其邊緣的文人社團，為了讓讀者了解南社及新南社的發展脈絡，所以本書也將研究南社的文章一併納入。至於〈南社因我而內訌〉一文，是我在研究南社資料時，發現成舍我老先生可能是當時南社在台灣唯一健在的人，他是台灣的世新大學（當時為世界新聞專科學校）創辦人兼董事長，我說明來意，他很親切地接見了我，侃侃而談南社與柳亞子，頗有遇見知音之感。這篇文章發表於 1989 年 11 月 13 日的《中央日報》，那年老先生高齡九十一，兩年後過世。

　　書中的文章都曾在報刊、學報、學術會議上發表過，包括台灣的《國文天地》、《中國現代文學》半年刊、《中國現代文學理論》季刊、《中央日報》，大陸的《文藝爭鳴》、《現代中文學刊》、《勵耘學刊》等，我要藉此機會向許多

協助過我的編者們致謝。書中文章寫作的時間跨越二十幾個年頭，如今編輯成書，體例上難免有所疏漏，也很難構成一個嚴密完整的體系，只能祈求方家指正與包涵了。

在 2010 年出版的《精神家園》一書中，我曾有感而發地寫下這一段話：

> 想起蘇軾貶謫海南的詩〈汲江煎茶〉，其中有幾句寫道：「活水還須活水烹，自臨釣石汲深清。大瓢貯月歸春甕，小杓分江入夜瓶。」這詩中自得其樂、豁達超脫的境界，自是庸碌如我難以企及的。如果學術研究這條路，是汲取江水煎茶的過程，那麼我這些年來不改其志地在現代文學領域的耕耘，大約就像是在深夜江面釣磯上，寂寞一人，彎身用大瓢小杓汲取清流。收在這書中的幾篇文章，當然不是能夠貯月的大瓢之水，而只能是浩浩長流的一杓水波，是否達到「深清」的意境，亦未可知，但這些裝入夜瓶的小杓水，確實讓我在許多寂靜的夜裡，感受到學術生命的潮湧，觸摸到藝術審美的律動，聆聽到創作心靈的召喚。其實，這樣也就足夠了。史鐵生小說〈命若琴弦〉中的老瞎子對小瞎子說，要想睜開眼看看這個世界，得盡力一根一根地彈斷一千兩百根琴弦才行，當然，那只是虛設的目的，就像老瞎子彈斷了師父交代的一千根弦，依然不能看見一樣，然而，「目的雖是虛設的，可非得有不行，不然琴弦，拉不緊就彈不響。」這是令我著迷不已的神話寓言，因為我在故事中看到

了自己的來時路，也預見了自己的未來。

　　此刻，我的心境依然如此。面對未來，我將一根一根地彈起學術生命的琴弦，在「過程」中體會艱辛與困惑，踏實與喜悅，至於「目的」答案是不是一張無字的白紙，看來也沒那麼重要了。

　　張堂錡　寫於 2015 年春天，政大百年樓

台灣版後記

　　本書原由山東文藝出版社於 2016 年 1 月出版，列入李怡、張中良教授主編的《民國歷史文化與中國現代文學研究》共 10 冊的叢書中，為了促進兩岸學術的交流與對話，山東文藝出版社特別授權台灣的文史哲出版社將其中 6 冊印行台灣版，列入由本人和李怡教授共同主編的《民國文學與文化系列論叢》。以這六本書為基礎，未來計畫納入有關民國文學研究的其他成果，持續充實這套叢書的出版，相信對兩岸民國文學研究的提升與深化必然會產生相當的助益。

　　我要特別感謝李怡教授，是他引發了我對民國文學研究的興趣與使命感，這幾年來，我們分別在北師大、政大成立了「民國歷史文化與文學研究中心」，同時共同舉辦會議、創辦《民國文學與文化研究》學術半年刊、合作編寫相關的書籍，而且在政大中文研究所我陸續開設了「民國文學專題：觀念與方法」、「民國文學專題：作家與文本」課程，獲得了學生不錯的迴響和認真的研習。這些個人學術上的發展，雖說是在多年研究現代文學的基礎上成形，但引進「民國」的視角後，確實讓我的學術研究有一種打通任督二脈的生機感與突破感，這種學術趣味的開展所帶來的活力，使我目前的現代文學研究充滿挑戰與樂趣。

　　其次，我也要感謝山東文藝出版社，能在這家重量級的出版社出版拙作，我感到榮幸，特別是責任編輯王月峰，他不僅擔任了這本書最初的編校工作，而且也是他的積極聯繫，才有了這次版權交流的美好經驗。最後，要特別感謝文史哲出版社的彭正雄社長，若不是他二十多年來的支持和鼓勵，我的學術道路不會走到今天，當年是他出版了我的第一本學術專書《黃遵憲及其詩研究》，給了我在學術研究上的信心。如今，他一如既往，在多次合作之後，又一口承諾不計成本地支持這套叢書的出版，他的文化熱忱與提攜情誼，深深鼓舞了我和一些學界的同行。以一家民間出版社的條件，他所表現出的開闊視野與文化使命，早已成為台灣文化出版事業的一頁傳奇，相信這套書在他的運籌帷幄下，將會有一番嶄新的氣象和深遠的影響力。

　　走進民國，走進現代，其實是走同一條道路，只是看到了不同的風景，有了不同的感受，而且最終有了不同以往的收穫。這是學術研究的意義所在，也是迷人之所在。

　　　　張堂錡　寫於 2016 年 7 月，政大百年樓